中国人民大学科学研究基金重大规划项目：
实现小农户与现代农业发展有机衔接研究

张　琛◎著

非农就业、土地资源配置与农户全要素生产率

OFF-FARM EMPLOYMENT, LAND ALLOCATION AND
TOTAL FACTOR PRODUCTIVITY OF FARMERS

经济管理出版社
ECONOMY & MANAGEMENT PUBLISHING HOUSE

图书在版编目（CIP）数据

非农就业、土地资源配置与农户全要素生产率/张琛著 . —北京：经济管理出版社，2022. 9
ISBN 978-7-5096-8704-8

Ⅰ.①非… Ⅱ.①张… Ⅲ.①农村劳动力—劳动力转移—影响—农户—全要素生产率—研究—中国 ②土地资源—资源配置—影响—农户—全要素生产率—研究—中国 Ⅳ.①F323.5 ②F323.211

中国版本图书馆 CIP 数据核字（2022）第 165131 号

组稿编辑：曹　靖
责任编辑：郭　飞
责任印制：黄章平
责任校对：董杉珊

出版发行：经济管理出版社
　　　　　（北京市海淀区北蜂窝 8 号中雅大厦 A 座 11 层　100038）
网　　址：www. E-mp. com. cn
电　　话：(010) 51915602
印　　刷：唐山昊达印刷有限公司
经　　销：新华书店
开　　本：720mm×1000mm/16
印　　张：16
字　　数：305 千字
版　　次：2022 年 10 月第 1 版　2022 年 10 月第 1 次印刷
书　　号：ISBN 978-7-5096-8704-8
定　　价：88.00 元

序

　　毫无疑问，农村劳动力大量向城镇流动，从而推动人口城镇化是改革开放以来最重要的社会经济现象之一。但由于城乡之间的"藩篱"进入21世纪以后才开始慢慢"拆除"，因此，20世纪劳动力向城镇流动的速度比较缓慢，1985、1986、1987、1988四个年度外出农民工的数量分别仅为800万人、900万人、1050万人、1025万人，到了1999年才达到5240万人，2002年达到10470万人，2021年达到29251万人。大量劳动力流向城镇带来了什么影响？最根本的是农业现代化水平的提高。根据农业农村部提供的数据，2021年，全国农作物耕种收综合机械化率超过72%，其中，小麦超过了97%，玉米超过了90%，水稻超过了84%。当然，也可以说农业机械化进一步促进了劳动力进城，两者是相辅相成的。

　　农村劳动力的大量进城也造成了农村的"空心化"和"老龄化"。近年来的春节"返乡体"文章大多谈及乡村的衰落或凋敝现象，这都是事实。最近，在一个微信群里，一位村党支部书记发言说："全县进行全员核酸检测，在村里居住的卧床不起的都入户做了，应当说只要留在村里的全部都做了，并且统计数字是精准的，可在村里做核酸的人数只有户籍人口的40%，并且是老人居多，还有部分是在家上网课的学生和因疫情出不去打工的青壮年。如果没有疫情，村里常住人口也就30%左右。"农村确实是这种情况，在这样的人口结构下，如何建设乡村成为很多农村基层干部包括相当多理论工作者下乡调研后提出的问题。如果我们反过来问：让农村劳动都回到乡村，就能够实现乡村振兴吗？我想，回答应该是一致的：不能。只有农业人口比重进一步下降，才有可能实现乡村振兴。你看，如果换一个思路，当下的乡村人口不是少了而是多了，还应该继续减少。是不是我们进入了一个死循环？记得有一次在学院召开的研讨会上，陈剑波校友说："这不正是我们要的吗？不正是我们多年努力的结果吗？"

　　劳动力大量向城镇流动还造成了农户兼业化。按照全国农村固定观察点的数据测算，2003年，纯农户（总收入中超过80%的收入来自农业）、一兼农户（总收入中50%~80%的收入来自农业）、二兼农户（总收入中20%~50%收入来自农业）、非农户（总收入中不到 20% 的收入来自农业）的比例分别为 11.18%、23.14%、32.40% 和 33.28%；到了 2016 年，上述比例变为 2.90%、9.85%、23.21% 和 64.04%，是不是感到很沮丧？是不是感到中国农业现代化和乡村振兴一样，建设任务艰巨？在一个研讨会上，我说了这个结果，中国社会科学院农村发展研究所的张晓山学者说："这正是发展规律，为什么要沮丧？"

党的十九大报告指出："要坚持农业农村优先发展，按照产业兴旺、生态宜居、乡风文明、治理有效、生活富裕的总要求，建立健全城乡融合发展体制机制和政策体系，加快推进农业农村现代化。"我的理解是，乡村振兴、农业农村现代化是一枚硬币的两面，是一回事。因此，前面两类现象实际上表现的是一个问题，就是"劳动力都走了，农业农村现代化怎么办"。但就农业现代化而言，不管学术上怎么定义，我们首先要的肯定是粮食和主要农产品的供给，不仅要完全满足需求，而且要按照习近平总书记的要求，"中国人的饭碗任何时候都要牢牢端在自己手上。……我们的饭碗应该主要装中国粮"，"确保谷物基本自给，口粮绝对安全"。单从粮食产量来看，2004～2021 年，只有 2016 年和 2018 年略低于上一年，其余都高于上一年。因此，说粮食生产"17 连丰"是没有问题的。据统计年鉴，其他主要农产品也是连丰。那么，既然劳动力都进城了，农村变得"空心化""老龄化""妇女化"了，这些年复一年、不断增长的农产品是谁生产出来的？难道都是那些老人、妇女生产出来的？我想，这就是"真实世界的经济学"，我经常讲要从矛盾中选择选题，这就是矛盾了。

我很高兴，张琛在跟着我攻读博士学位过程中，认识并找到了这样的选题。进入 21 世纪以来，中国农业进入转型发展的时期，必然会出现诸如前面提及的看似矛盾却又符合发展规律的一系列问题，抓住其中之一深挖下去，就有可能挖出一个"金矿"。我想，我应该祝贺张琛。现在，他在博士学位论文基础上修改而成的著作《非农就业、土地资源配置与农户全要素生产率》即将出版，邀我作序，我是非常乐意的。张琛在读书期间很用功，跟我去了很多地方进行调研，基本功扎实。他毕业后到中国社会科学院人口与劳动经济研究所工作，和我是同行了，希望他的学术之路越走越宽，能够出版更多更有分量的著作。

是为序。

魏后凯

2022 年 9 月

前　言

自改革开放以来，中国政策制度不断放活，越来越多的农民"洗脚上田"，先后经历了"离土不离乡"和"离土又离乡"的发展阶段。在农业劳动力向非农部门转移的过程中，与劳动要素密切相关的土地要素配置方式也随之转变，传统的"人地关系"格局被逐渐打破，"以地谋发展"的模式正在衰竭，中国农业发展急需新的发展动能。农业全要素生产率作为衡量一个国家或地区农业经济发展的重要依据，提高农业全要素生产率是中国农业经济增长动能的关键所在。农户作为农业生产的基本单元，如何提高农户全要素生产率显得尤为重要。因此，从人地关系变化为切入点分析农户全要素生产率具有重要的现实意义。本书正是在这个背景下，以农户土地要素配置为出发点，通过构建理论分析框架和基于全国农村固定观察点农户面板数据展开了大量实证研究。

首先，本书将土地要素配置分为"种不种""种什么""谁来种"三种情况，构建了非农就业对土地资源配置的作用机制理论模型，提出了非农就业影响土地资源配置的理论假说，并基于全国农村固定观察点微观农户面板数据，在纠正了以往研究关于全国农村固定观察点面板数据衔接偏误的基础上，采用多种估计方法对研究假说进行实证检验。其次，本书提出了土地资源配置影响农户全要素生产率的理论假说，结合全国农村固定观察点数据，采用宏观校准模型测度土地要素得到有效配置对农户全要素生产率的提升程度，测算了不同情况下土地资源配置对农户全要素生产率的影响程度。最后，本书结合实地调研案例素材，进一步论证了土地要素有效配置对于农业增产增效的作用。

通过以上分析，本书解释了"在劳动力转移数量不断增加的背景下，为什么中国农户全要素生产率仍实现稳中有升"的问题，即农村劳动力要素的转移改变了农村"人地关系"。"地随人动"是指通过实现土地要素再配置，推动土地向有能力种地的主体集中，促进了宏观层面农户"加总"全要素生产率水平的升高。本书的结论具有如下含义：第一，大量农村劳动力转移出去已是不争事实，兼业农户是农户未来的主流类型。发展农业社会化服务，以提升数量和质量并重为落脚点。创新符合新型农业经营主体发展的体制机制，鼓励支持新型农业经营主体衔接进而带动小农。在构建完备的风险防范体系前提下，鼓励、支持工商资本进入农业农村，为兼业农户提供丰富非农就业机会，加强对兼业农户的技能培训。第二，纯农户中种粮农户的经营规模将会增加，多措并举设计针对种粮农户的扶持政策。有序引导有能力的农户适度扩大农业经营规模，重点依托政府和市场等多方主体为种粮农户提供全方位服务。转变农业经营方式，发挥规模效应并降低经营成本。第三，鼓励土地集中到有能力的经营者手中，做到政策与市场保障"双管齐下"。扎实推进农村土地确权登记颁证政策，鼓励土地流转的政策方向不能变，重点破解土地流转面临的难题和发展农业社会化服务体系。第四，应全面加强对小农户的扶持。改造小农的发展路径，不是消灭小农，而是改善小农户发展的条件。重点要加大对土地密集型农户的扶持力度，以提升土地密集型农产品品质为核心。

本书研究得到了中国人民大学科学研究基金重大规划项目"实现小农户与现代农业发展有机衔接研究"、研究阐释党的十九大精神国家社会科学基金专项课题"实现小农户和现代农业发展有机衔接"（项目批准号：18VSJ062）和国家自然科学基金青年项目"机会不平等对农民工社会融入的影响及作用机理研究"（项目编号：72203232）的资助。

由于笔者水平有限，编写时间仓促，所以书中错误和不足之处在所难免，恳请广大读者批评指正！

张媒

2022 年 9 月于北京

目　录

第1章 绪论

1.1 选题背景与问题提出

1.1.1 选题背景

党的十九大报告中提出健全农业社会化服务体系，实现小农户和现代农业发展有机衔接，是实现乡村振兴战略的重要举措。实现小农户与现代农业发展有机衔接这一重要历史判断，是中共中央、国务院在新形势下顺应中国基本国情和历史发展的重要结晶，也是马克思主义理论中国化在中国农业领域中的重要理论创新，既符合新时期中国农业现代化的发展方向，也充分体现了中共中央对小农户的高度重视程度和历史决心。不抛弃小农而是提升小农户竞争力，将小农户引入现代农业的发展轨道，既顺应了亿万农户的历史新期盼，又避免了现代农业因摒弃小农而成为无本之木、无源之水。实现小农户和现代农业发展有机衔接这一判断是要求充分发挥现代农业的涓滴效应，依托产业带动、科技带动实现小农户增产提效，也是现代农业发展的总要求。

小农户作为农业生产的重要微观主体，当前的状况是数量众多并且长期存在。按照世界银行（2008）的标准，2公顷（30亩）以下农户为小农户，而当前接近九成的农户经营面积在30亩以下。国家统计局第三次农业普查数据显示①，2016年全国农业经营户为20743万户，其中规模农业经营户为398万户，小农户所占比例高达98.1%。此外，农业规模化经营的主体发展速度较为缓慢，截止到2016年，中国土地经营面积在30亩以上的农业经营主体约为1077万家，50亩以上的数量为356.6万，小农户仍是目前中国农业经营主体的重要组成部分（孔祥智，2017）。

---

① 资料来源：http://www.stats.gov.cn/tjsj/tjgb/nypcgb/qgnypcgb/201712/t20171214_ 1562740. html。

实现小农户与现代农业发展的有机衔接，一个可行的路径是依托现代农业的发展实现农户农业全要素生产率水平（Total Factor Productivity）的提升。目前，农业全要素生产率在学术界已成为学者判断一个国家或地区农业经济发展质量的重要衡量指标（McMillan 等，1989；Gautam 和 Yu，2015）。采用全要素生产率反映微观主体的生产状况已得到了学术界的普遍认可。因此，可以肯定的是农户农业全要素生产率水平能够反映出当前农户农业生产的状况，提升农户农业全要素生产率理应是实现小农户与现代农业发展有机衔接的重要衡量标志。

1.1.1.1　城镇化快速发展的背景下农户分化趋势明显

随着中国经济的快速增长，社会生产力水平的不断提升，社会结构开始趋于转型，城镇化进程加快。《中华人民共和国 2018 年国民经济和社会发展统计公报》① 显示，2021 年中国城镇常住人口城镇化率为 64.72%，较改革开放初期 17.9%的城镇化率实现了大幅提升。城镇化的快速发展，提供了大量的就业机会，大量农户得到了非农就业的机会。根据全国农村固定观察点数据②测算，近年来，农户全年农业劳动天数逐年下降，非农劳动时间占比呈现逐步提升的趋势（见表1-1）。具体来看，2003~2016 年农户从事农业劳动的时间从 2003 年的 44.06%下降到 2016 年的 29.81%，而非农工作时间则呈现快速上升的趋势，由 2003 年的 55.94%增加到 2016 年的 70.19%。2016 年样本平均农户的农业劳动时间为 68.836 天，较 2003 年的 100.896 天下降了 46.57%。2016 年样本平均农户的非农劳动时间为 162.107 天，较 2003 年增加了 34.02 天，增加了 26.56%。

表 1-1　全国农村固定观察点农户劳动时间分配情况 单位：天，户，%

年份	农业劳动时间	农业劳动时间占比	非农劳动时间	非农劳动时间占比	农户样本数
2003	100.896	44.06	128.087	55.94	15423
2004	107.362	45.96	126.230	54.04	19865
2005	104.558	44.43	130.750	55.57	21007
2006	100.013	42.35	136.151	57.65	20317
2007	94.306	39.48	144.535	60.52	21254

---

① 资料来源：http://www.stats.gov.cn/tjsj/zxfb/201802/t20180228_ 1585631.html。
② 农业农村部全国农村固定观察点数据是经由中央书记处批准建立，由中共中央政策研究室和农业部具体组织领导，在全国范围连续跟踪调查数据。农村固定观察点每年调查 20000 户农户左右，覆盖农户家庭生产、消费、就业、生活和其他各项活动信息，这对于从全国层面上分析当前农户的现状极其具有代表性。采用农业农村部全国农村固定观察点数据进行农户分析已被认为是当前分析中国农户经济特征的重要数据来源（Benjamin 等，2005；Giles 和 Mu，2017）。

续表

年份	农业劳动时间	农业劳动时间占比	非农劳动时间	非农劳动时间占比	农户样本数
2008	92.219	39.36	142.099	60.64	20647
2009	90.926	38.08	147.851	61.92	21147
2010	86.131	36.50	149.837	63.50	20424
2011	82.577	34.93	153.859	65.07	19902
2012	81.022	34.29	155.285	65.71	19997
2013	77.602	32.55	160.815	67.45	20404
2014	74.067	31.54	160.739	68.46	20619
2015	71.210	30.63	161.281	69.37	20066
2016	68.836	29.81	162.107	70.19	20520

资料来源：笔者根据全国农村固定观察点数据计算所得。

随着农户非农就业时间比例的不断增加，工资性收入逐步成为农户家庭收入占比中最大的一部分，农户分化趋势势在必行。目前学术界一般将农户划分为四类，即纯农户、一兼农户、二兼农户和非农户。具体来看，农户类型划分的依据分为两类（中共中央政策研究室农业部农村固定观察点办公室，1997；张琛等，2019），类型一是将农业收入占家庭总收入的80%以上称为纯农户、50%~80%称为一兼农户，20%~50%称为二兼农户，20%以下称为非农户；类型二是将农业收入占家庭总收入的95%以上称为纯农户、50%~95%称为一兼农户，5%~50%称为二兼农户，5%以下称为非农户。根据上述两种划分方式，表1-2显示了全国农村固定观察点不同类型农户的占比情况。从表1-2的结果中可以明显地看出，当前中国农户分化呈现明显特征。随着时间的推移，纯农户、一兼农户和二兼农户无论在类型一还是在类型二中，所占比例均呈现逐年下降的趋势，而非农户的占比则呈现逐年增加的趋势。按照类型一的划分，2016年非农户的占比达64.04%，而按照类型二的划分，非农户的占比达41.05%。

表1-2 全国农村固定观察点农户分化情况 单位:%

年份	类型一				类型二			
	纯农户占比	一兼农户占比	二兼农户占比	非农户占比	纯农户占比	一兼农户占比	二兼农户占比	非农户占比
2003	11.18	23.14	32.40	33.28	3.92	30.40	48.74	16.93

续表

年份	类型一				类型二			
	纯农户占比	一兼农户占比	二兼农户占比	非农户占比	纯农户占比	一兼农户占比	二兼农户占比	非农户占比
2004	11.45	26.36	31.43	30.77	3.35	34.45	45.20	16.99
2005	10.24	22.78	32.85	34.13	2.80	30.22	49.07	17.91
2006	9.35	20.93	32.98	36.75	2.43	27.84	50.02	19.71
2007	8.96	19.86	31.65	39.52	2.45	26.38	49.20	21.97
2008	7.62	19.38	31.96	41.03	1.73	25.27	49.64	23.35
2009	7.64	17.34	31.34	43.68	1.76	23.22	49.64	25.38
2010	7.42	16.53	29.44	46.61	1.63	22.32	49.39	26.66
2011	6.80	15.62	29.21	48.38	1.46	20.96	49.72	27.86
2012	6.69	14.85	28.05	50.41	1.38	20.16	49.25	29.21
2013	5.92	13.13	26.13	54.82	1.12	17.93	47.79	33.16
2014	5.75	12.11	24.81	57.33	1.20	16.66	45.58	36.56
2015	4.27	10.53	23.32	61.88	0.83	13.96	46.28	38.92
2016	2.90	9.85	23.21	64.04	0.64	12.11	46.20	41.05

注：类型一是以80%、50%和20%为标准进行划分，类型二是以95%、50%和5%为标准进行划分。
资料来源：笔者根据全国农村固定观察点数据计算所得。

1.1.1.2 现代农业发展进入快车道

自改革开放以来，现代农业发展呈现快速发展的趋势，一方面表现在农业总产值和粮食综合生产能力快速提升，另一方面表现在农业基础设施和农业装备条件的完善。

自中华人民共和国成立以来，中国农业总产值由1978年的1397亿元增加到2018年的113579.53亿元，粮食产量也由1978年的30476.5万吨增加到2018年的65789.22万吨。自改革开放以来，以家庭联产承包责任制为主的制度革新，重塑农村微观经营主体，极大地释放了农业生产力。进入21世纪后，党和政府一系列惠农政策的出台，我国农业总产值呈现较快的发展态势，年平均增长率在10%以上。粮食综合生产能力的快速提升不仅得益于生物化学技术的发展，也是实现"手中有粮，心中不慌"目标的具体要求。20世纪80年代的"分田到户"极大地释放了农业生产力，中国主要农产品产量快速增长，逐步改变了长期短缺的状况。随着"三农"工作力度不断加强，农业综合生产能力得到了显著提高，实现了主要农产品由长期短缺向总量平衡、丰年有余的转变。

党和政府大力加强以农田水利设施为重点的农业基础设施建设，农业基础设施条件得到大幅改善，抗御自然灾害能力明显增强，明显改变了部分地区"靠天吃饭"的不利局面。此外，农业机械的快速发展也为中国农业装备条件的完善夯实了基础，农业生产基本由以人、牲畜为主的耕作形式转变为以机械作业为主的耕作形式。农业机械主要环节的农业机械化作用水平得到快速增加，2016年农机总动力达11.44亿千瓦，主要农作物的机耕、机播和机收水平分别达81.40%、52.76%和56.01%，较2003年增加了34.53%、26.05%和36.99%，年平均增长率均超过5%以上（路玉彬和孔祥智，2018）。农业科技水平的快速提升也进一步加速改造了传统农业，现代农业的发展迈向了"快车道"。以机械技术、生物科学技术和信息技术为主的技术革新，结合近年来出现的大数据、物联网、云计算、基因组等新技术在农业领域的逐步应用，现代农业的发展将迈入新时期。

1.1.1.3 土地资源配置还不尽如人意

在新型城镇化快速发展的背景下，大量农村劳动力转移到城市，"农村空心化"的现象越发突出（项继权和周长友，2017），不同类型的农户在进行农业决策中也存在差异。由于农业生产的比较效益低下，许多农户家庭青壮年劳动力选择进城打工，选择放弃对土地的精耕细作，随之而来的是土地该怎么种的问题？依据Hsieh和Klenow（2009）的资源配置框架，当要素的边际产出价值相等的时候才能实现该资源最有效的配置。如果要素的边际产出价值离散程度不等于0，意味着存在土地要素没有得到有效配置。基于此，按照Hsieh和Klenow对资源配置的定义，将农户对土地要素的配置大体上有以下三种情况：第一种情形是土地要素"种不种"的问题，即农户土地是否得到种植；第二种情形是土地要素"种什么"的问题，即种植何种类型农作物；第三种情形是土地要素"谁来种"的问题，即土地的经营主体是农户还是其他经营主体的问题，如农户是否采用流转或者入股的方式由新型农业经营主体（或新型服务主体）生产经营。

针对第一种情形，有学者对武陵山片区八个地方的土地撂荒情况调研发现，土地撂荒比例在3%~18%，超过七成的土地撂荒是由于种粮比较效益低下和劳动力转移所导致（姜保国等，2013）。也有学者的调查研究表明，在235个调查村庄中，78.3%的村庄出现耕地撂荒现象，此外当前中国山区县农地的撂荒比例达14.32%，主要集中在西部山区，且非农就业越方便的地区土地撂荒的比例越高（李升发等，2017）。第二种情形则是反映当前中国农户农业生产的缩影。尤其是当前农村"993861部队"生动形象地反映了当前中国农业生产的状况，根据第六次人口普查数据显示，农村老龄化比例达14.98%，较第五次人口普查增加了4.07%，高出城市老龄化人口比例2.07个百分点。越来越多的农户采用购买农业机械服务的方式进行农业生产，进而会对种植结构产生影响。随着农业供给侧结构性改革的深入推进，农户土地"种什么"的问题显得尤为重要。"种什么"重点考虑的是如何实现土地种植结构的优化。采用土地流转或者入股等多种形式的第三种情形，从 20 世纪 80 年代便得到了中央层面的认可，1984 年中央一号文件指出鼓励土地逐步向种田能手集中。然而，土地流转比例并没有呈现想象中的快速增长，2008 年土地流转比例仅为 8.9%，2016 年比例达 35.1%，只有 1/3 的耕地进行了土地流转。农业规模化经营虽然发展迅猛，但规模经营户仅占农业经营户的比例不足 2%①。"谁来种"重点考虑的是如何让有经营能力的农户来种植更多的土地。

1.1.2　问题的提出

在城镇化快速发展的大背景下，在农户分化趋势日益明显和现代农业发展迈入新阶段的新形势下，尤其是城镇化发展以新型城镇化发展为依托，着重解决"三个一亿人"② 转移问题，农业生产中劳动力资源离开农村已成为不争的事实，还需要转移约 1 亿农村劳动力。如何引导小农户进入现代农业的发展轨道上，尤其是在城乡融合发展的大背景下，在农户不断分化的情况下，实现小农户与现代农业发展的有机衔接，已成为当前理论层面和政策层面热议的话题。

Brown（1995）抛出了"谁来养活中国"的命题，大量农村劳动力转移到城市，农户类型中纯农户和一兼农户的主要精力是放在农业生产中，二兼农户的主要精力已经不完全是在农业生产中，非农户的农业生产已被高度边缘化，体现为周末农业、体验农业、休闲农业。因此，不同类型的农户应该如何从事农业生产，需要深入思考，尤其是在当前中国农业纯农户比例越来越低，非农户比例越来越大的背景下，并不是所有农户都需要从事农业生产，应该有序引导不同类型的农户合理地对接现代农业。有学者认为中国的农业仍将以小规模、相对劳动密集的经营为主，小农户是中国农业的一条重要出路（黄宗智，2006），尤其是在中国农业面临着大规模非农就业机会、人口自然增长率放缓和农业生产结构转型的三大历史性变迁交汇，以市场化为导向兼种养结合、绿色发展的小规模家庭农场是重要出路（黄宗智和彭玉生，2007）。高原（2014）基于鲁西北地区粮食生产的研究发现，小农户以围绕家庭劳动的生产为出发点，做到主、辅劳动力之间的最佳分工，实现了小块土地的最大产出，符合中国地少人多的国情要求。因此，许多学者呼吁国家应该重视对农户家庭经营行为的扶持力度（Hart，2002；

---

① 资料来源：国家统计局网站：http://www.stats.gov.cn/tjsj/tjgb/nypcgb/qgnypcgb/。
② "三个一亿人"指的是促进约 1 亿农村转移人口落户城镇，改造约 1 亿人居住的城镇棚户区和城中村，引导约 1 亿人在中西部地区就近城镇化。

黄宗智和高原，2013；姚洋，2017）。党的十九大报告提出实现小农户与现代农业发展有机衔接，正是在对中国农业经营清晰定位的基础下，指明了未来一段时期小农户在农业生产中的地位。作为中国农业生产经营主体的重要主体，衡量小农户从事农业生产的重要指标是其在农业生产中的全要素生产率。

传统观点指出农业"过密化"式的增长是没有发展的增长（黄宗智，1986），在"过密化"式的增长下，劳动力过分投入被锁定在土地要素之中，无法有效释放劳动力的价值。随着农村劳动力的不断转移，中国农业的发展是以劳动力为能动变量，并伴随农业资本有机构成逐步提升的过程（孔祥智等，2018），虽然当前中国农业全要素生产率呈现增速放缓的情况（Gong，2018），但仍保持着较高的增速。随着农户分化的态势日趋明显，在劳动力转移数量不断增加的背景下，为什么农业全要素生产率仍出现稳中有升？这就需要从"人地关系"的角度来考虑①。农村劳动力要素的转移造成了"人地关系"的改变，本书认为"地随人动"的土地要素再配置能够实现全要素生产率水平的提升。未来，如何进一步培育农业农村发展新动能，不容忽视的一点是充分发挥要素配置产生的新动能。

全要素生产率已成为新常态经济增长的动力，越在较高经济发展阶段，越需要靠提升全要素生产率的形式实现经济的增长。因此，实现农业的增产提效，一条重要的路径是提升微观经营主体的农业全要素生产率。农户作为农业生产经营的重要微观单元，引导小农户纳入现代农业的发展轨道的基本要求是如何提升农户农业生产的全要素生产率。在中国农业全要素生产率呈现增速放缓的大背景下（Gong，2018），已有研究通过采用随机前沿生产函数的方式对农户的全要素生产率进行测度，研究发现农户与农户之间农业全要素生产率增长率存在很大差异（许庆，2013）。那么，农户与农户之间农业全要素生产率产生差异的原因是什么呢？

一般来说，提升全要素生产率通常有以下两条路径：一条路径是技术进步，另一条路径是提升要素的配置效率。针对全要素生产率的测算，Kumbhakar 和 Lovell（2003）将全要素生产率的变化分解为技术变化、技术效率变化、规模效

---

① 需要说明的是，机械是劳动力的重要替代要素（周振等，2016）。在城乡融合的大背景下，大量劳动力要素释放出来，不可否认的是机械发挥了巨大作用。但是，要素具有边际收益递减的规律，机械要素作用于农业生产实现产出增长的一个前提条件是机械要素与土地要素的合理匹配（蔡键和唐忠，2016）。此外，对于劳动密集型农产品，机械化水平相对土地密集型农产品较低，机械与劳动力的替代效果也较低，如苹果种植中的套袋、茶叶的采摘，单纯从机械化与劳动力替代的角度探究失之偏颇，最终的落脚点仍是"人地关系"的改变，即劳动力要素的释放促进了机械对劳动的替代、机械与土地的互补关系导致了"人地关系"的改变。

率变化和配置效率变化四个方面，并得到了学者的广泛运用。现有研究针对这一问题进行了有益的解释，农户与农户之间技术进步率的差异较小，导致全要素生产率存在差异的原因是要素配置效率的差异（许庆，2013）。李谷成等（2007）通过对湖北省微观农户面板数据研究发现，农户的要素配置效率是决定农户全要素生产率的重要因素，要素配置效率与全要素生产率两者呈现正向关系。Key 等（2008）通过对美国生猪行业全要素生产率分解发现，要素配置效率是影响全要素生产率的重要因素。Deininger 等（2014）基于河北、陕西、辽宁、浙江、四川和湖北 6 个省份微观农户数据研究发现，要素配置效率水平的提升是影响农户生产率水平提升的重要因素。

农户要素配置效率的差异决定着全要素生产率的差异。农户在农业生产过程中的要素配置是一个联动的过程，并不是单一要素所能决定的。因此，农户的生产行为是多要素联合配置的行为（杜鑫，2013）。本书认为，土地要素是决定农户实现要素配置合理化的关键因素：这是因为土地作为农户农业生产中最为重要的生产资料，农业生产中农户要考虑如何实现与自身经营面积相匹配的劳动力和资本投入。换句话说，农户要素配置合理性的落脚点是土地要素的配置。因此，农户要素配置效率水平提升的关键是土地的要素配置。当前中国农户土地要素的配置存在不同程度的扭曲。土地要素的有效配置能够实现农业全要素生产率水平的提升，这一结论无论是在西方国家还是在中国都得到了学者的认可。已有研究证实了如果土地资源得到了有效配置，将能够显著地提升中国农业部门全要素生产率（盖庆恩等，2017；Adamopoulos 等，2017）。根据全国农村固定观察点数据测算，近年来，不同类型的农户土地要素的配置情况存在差异（见表1-3），这里以农户的土地转出状况为例。

表 1-3　全国农村固定观察点农户土地转出情况　　　　单位:%

年份	类型一				类型二			
	纯农户	一兼农户	二兼农户	非农户	纯农户	一兼农户	二兼农户	非农户
2003	13.69	15.32	20.52	54.38	16.56	14.70	25.87	67.41
2004	15.49	20.06	22.77	54.62	16.38	19.00	26.63	65.69
2005	11.97	20.17	26.36	63.92	24.47	17.45	33.25	74.92
2006	12.42	21.62	28.77	63.73	18.33	18.88	35.02	74.66
2007	30.51	38.65	34.56	68.29	30.82	36.96	42.92	76.73
2008	18.14	30.13	34.97	71.05	20.40	26.39	42.56	78.87
2009	29.78	28.30	36.24	71.39	48.76	28.11	45.66	79.54

续表

年份	类型一				类型二			
	纯农户	一兼农户	二兼农户	非农户	纯农户	一兼农户	二兼农户	非农户
2010	33.52	31.54	35.74	72.83	35.89	31.74	45.48	80.56
2011	25.83	31.14	35.05	71.06	29.87	30.14	42.11	78.86
2012	35.65	31.91	36.05	72.33	37.66	32.65	43.88	80.30
2013	26.76	31.17	29.02	68.08	30.98	30.50	35.61	77.14
2014	8.03	20.32	26.36	63.80	6.08	15.85	34.75	70.59
2015	12.33	18.09	24.52	62.19	8.65	17.06	33.32	69.16
2016	20.99	22.97	31.43	72.06	14.00	22.82	40.73	78.99

注：类型一是以 80%、50% 和 20% 为标准进行划分，类型二是以 95%、50% 和 5% 为标准进行划分。

资料来源：笔者计算所得。

由表 1-3 的结果可以得出，无论是类型一还是类型二，纯农户和一兼农户的土地转出比例较低，以经营土地为主，二兼农户土地转出比例小幅增加，而非农户土地转出的比例呈现快速上升的趋势。由此可以得出，当前纯农户和一兼农户仍以自己经营土地为主，二兼农户虽然仍以自己经营土地为主但是转出比例逐渐增多，非农户则是基本不经营土地。2016 年非农户更是将超过 70% 的土地流转出去，自身种植土地面积占经营土地面积的比例不及 20%。

根据 Hsieh 和 Klenow（2009），在最优配置状态下微观经济主体的各种资源边际产出应该是相等的，那么生产率水平较低的农户理应放弃土地种植或是减少土地种植面积，而是将土地流转给生产率高的微观主体。如果并没有出现这种情况，意味着农户存在土地资源错配。那么，对不同情况下的土地资源配置情况，如果能够实现土地要素的有效配置，能够实现农户全要素生产率多大程度提升？现有研究针对这方面的探讨还较为薄弱。尤其是在当前农户存在不断分化的大背景下（张琛等，2019），农户分化的衡量方式是非农收入占家庭收入比重，宏观经济对农业生产的影响远大于农业生产对宏观经济的影响，农户土地资源配置必然会受到非农就业的影响。往往非农就业收入越高的农户对土地的依赖性较弱，但是又因为土地对于农户的"情结"，农户并没有实现土地资源的有效配置。那么，非农就业是如何影响农户土地资源配置的呢？非农就业对不同情况下的土地资源配置又会产生何种影响？现有研究虽然在这方面展开了大量有益的探讨，但研究结论存在明显的分歧：学者认为非农就业对农户土地资源配置的结论存在差异。虽然非农就业对土地种植与否的结论较为一致，例如 Zhang 等（2014）基于 330 户农户 1423 块的地块数据，实证结果表明非农就业是影响农户土地撂荒的重要因素，从事非农就业的农村劳动力更倾向于不耕作土地。但是，非农就业与农户土地种植结构以及土地流转的结论存在明显不一致的结论。

现有研究存在以下四个方面的不足：一是现有研究鲜有从"人地关系"变化的角度研究农户全要素生产率，没能回答人地关系改变是如何实现农户全要素生产率提升这一问题；二是鲜有研究从要素错配的角度出发，从农户分化的背景下探究土地资源配置与农业全要素生产率的影响，即便是已有研究分析探讨了土地资源配置与农户全要素生产率两者之间的关系，也存在样本使用偏误以及忽略了不同情况下的土地资源配置对全要素生产率的提升效果；三是当前非农就业对农户土地资源配置的研究结论差异很大，尤其忽略了非农就业与土地资源配置的作用机理；四是现有研究的研究方法与研究数据仍存在一定的改进空间。此外，鉴于不同类型农户的劳动力要素和土地要素的配置情况，在乡村振兴的大背景下，该如何设计出小农户与现代农业发展有机衔接的政策路径？本书在农户分化的大背景下，以土地资源配置为切入点，以农户全要素生产率提升为目标，探究小农户与现代农业发展有机衔接的实现路径。

针对现实状况和文献研究现状，为了回答本书提出的问题"在城镇化快速发展的大背景下，在农户分化趋势日益明显和现代农业发展迈入新阶段的新形势下，在劳动力转移数量不断增加的背景下，为什么农业全要素生产率仍会出现稳中有升"，具体来看，需要从以下三个方面入手：

第一，证实非农就业会对农户土地资源配置产生影响，针对土地资源配置的多种情况，需要进一步厘清非农就业影响农户不同土地资源配置类型的机制。

第二，如果上述命题得以论证，需要进一步论证如下命题："土地资源得到有效配置能够实现农户全要素生产率产生效率提升（Efficiency Gains）"。

第三，依据劳动力和土地要素设计出引导小农户与现代农业发展有机衔接的政策路径。

1.2 研究界定与意义

1.2.1 研究界定

小农户作为中国农业经营最为重要的经营主体，尤其是党的十九大报告中指出实现小农户与现代农业发展有机衔接，更肯定了小农户在现代农业发展中的目标定位。纵观发达国家和发展中国家农业发展的经验，小农户为实现农业的发展起到了巨大的作用。具体来看，小农户指的是经营面积在 2 公顷（30 亩）以下的农户（世界银行，2008）。进一步按照类型划分，从兼业程度可以将小农户分为纯农户、一兼农户、二兼农户和非农户；从农产品种植类型可以将小农户划分为劳动密集型生产型农户和土地密集型生产型农户。因此，本书所提及的小农户是按照世界银行的定义，即经营面积在 30 亩以下的农户。

非农就业指的农户在非农领域就业，重点关注的是就业的非农化。现有研究针对非农就业的定义存在差异，有学者以"非农劳动力与家庭总劳动力之比"作为衡量农户非农就业的指标（Kung，2002；钱龙和洪名勇，2016）。也有学者以"非农就业时间占总就业时间比例"作为衡量农户非农就业的指标（林坚和李德洗，2013；Yang 等，2016）。还有学者从收入的角度通过非农收入这一指标作为衡量农户非农就业的指标（钟甫宁和纪月清，2009；Huang 等，2011；文红星和韩星，2018）。由于农户从事非农就业存在区域上的差异，即可以在本乡镇内从事非农就业、在本乡镇外从事非农就业。因此，本书依据数据的可得性，采用非农就业时间比例和非农就业劳动力比例两种度量方式并将非农就业进一步划分为在本乡镇内从事非农就业以及在本乡镇外从事非农就业两种类型，以解决以往研究中对非农就业的研究不足。

资源错配是相对于资源实现有效配置的概念，指的是在资源没得到充分配置的情况下，具体表现为各种要素的边际产出存在差异。根据 Hsieh 和 Klenow（2009）的研究，在资源得到最有效配置的状态下，不同种资源的边际产出应该是相等的，如果出现各种资源边际产出不一致的情况，则说明存在资源错配。这里以资源 L 和资源 M 为例，如图 1-1 所示。当资源 L 和资源 M 的配置处于最优状态时，资源 L 和资源 M 的边际产出理应是相等的，此时资源 L 和资源 M 的边际产出曲线相交于点 A，资源 L 和资源 M 的使用量为 $O_L O^*$ 和 $O_M O^*$。如果资源没有实现有效配置，如资源 L 和资源 M 的使用量为 $O_L O$ 和 $O_M O$ 时，这时资源 L 和资源 M 的总产出为曲边梯形 $LO_L OB$ 和曲边梯形 $OCMO_M$ 之和，较资源配置最优状态的总产出（曲边梯形 $LO_L O^* A$ 和曲边梯形 $O^* AMO_M$ 之和）减少了曲边三角形 ABC 的面积。在本书中，土地资源配置主要分为农户土地"种不种""种什么""谁来种"三种情况。在 Hsieh 和 Klenow（2009）的研究基础上采用土地要素边际产出价值的离散程度作为反映土地要素是否得到有效配置的衡量指标。

农户全要素生产率。全要素生产率作为分析经济增长源泉的重要指标，主要是用于衡量生产过程中投入与产出效率。经济学家在分解决定经济增长的因素时发现，生产要素投入（资本、劳动、人力资本）的增长并不能完全解释产出的增长，因而把生产要素贡献之外的那部分增长源泉归因于全要素生产率的提高。农户全要素生产率是指农户在农业生产过程中，全部生产要素的投入量都不变时，

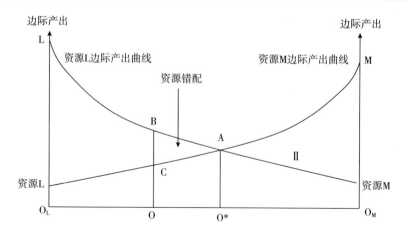

图 1-1　资源错配示意图

而生产量仍能增加的部分。农户全要素生产率的测度方式按照定义采用产出增长率与要素增长率的差值计算。

1.2.2　研究意义

本书具有如下两方面的研究意义：

理论意义。本书从要素配置角度揭示了实现中国农业全要素生产率增长的源泉——要素有效配置，从人地关系改变的角度证实了要素有效配置是实现农户全要素生产率提升的关键因素，并进一步厘清了非农就业对不同情况下土地资源配置的作用机制。在已有研究的基础上，通过构建宏观校准模型，测度出如果土地资源得到合理配置对农户全要素生产率水平提升的作用效果。从农户资源配置的角度，证实了非农就业通过影响农户土地资源配置进而影响农户全要素生产率。

现实意义。本书结论具有以下三方面的现实意义：一是为实现农业生产中的增效提供实践依据。农户全要素生产率提升一直是实现农业增效的重要标志，尤其是培育农业农村发展新动能，提升农业全要素生产率具有重大的现实意义。本书从要素配置出发，通过合理土地资源配置进而匹配劳动力要素和资本要素，从要素配置的角度开辟出提升农业全要素生产率的一条新路径。二是有利于从城乡关系的角度看待农业，做到"跳出农业看农业"。非农就业是影响农户土地资源配置的重要因素，同时也是判断农户分化的重要衡量指标。本书为实现要素之间在城乡有序流动提供了一个出发点，即非农就业的农户通过合理配置土地提升全要素生产率，合理地释放优质要素资源，有序向城市转移，实现农户家庭要素的合理配置。三是为当前中国农村转型发展的研究提供了一个新视角。尤其是改革开放 40 多年以来，中国已经进入依靠创新驱动的全面转型新时期，尤其是在农村劳动力日益离开农业生产，农业规模化经营成为趋势的大背景下，为小农户在农村转型中该何去何从，提供了一个实践蓝本。

1.3 研究目的与研究内容

1.3.1 研究目的

围绕本书的研究问题，本书的研究目的是：在城镇化快速推进和农户分化的大背景下，以农户土地资源配置为切入点，并将农户土地资源配置分为三种类型，即"种不种""种什么""谁来种"，从土地与劳动力要素匹配的角度出发，一方面构建出非农就业对土地资源配置的作用路径，厘清非农就业影响农户不同类型土地资源错配的机理；另一方面重点探究土地要素得到有效配置对农户全要素生产率的影响，实证测度土地资源得到有效配置能够实现农户全要素生产率产生多大程度的提升。具体来看：

第一，证实非农就业会对农户土地资源配置产生影响，针对土地资源配置的多种情况，进一步厘清非农就业影响农户不同土地资源配置类型的机制。

第二，在现有研究的基础上，采用宏观校准模型研究农户土地要素得到有效配置能够实现农户全要素生产率产生多大程度的效率提升（Efficiency Gains）。

第三，依据劳动力和土地要素设计出引导小农户与现代农业发展有机衔接的政策路径。

1.3.2 研究内容

针对本书的研究目标，本书的核心研究内容如下：

第一，针对非农就业、土地资源配置以及农户全要素生产率三者之间关系的文献进行系统的梳理，探究支撑本书的理论分析框架，指出已有研究存在的不足。

第二，在已有研究的基础上，构建出"农户分化—非农就业—土地资源配置—农户全要素生产率"的理论分析框架，在农户分化的大背景下，从非农就业影响土地资源配置以及土地资源配置影响农户全要素生产率两个维度出发，提出本书的研究假说。

第三，借助全国农村固定观察点的微观数据对当前农户的非农就业状况、土地资源配置状况进行重点分析描述。并结合理论分析框架，通过构建计量经济学模型探究非农就业对农户不同类型土地资源配置的影响效果，证实本书提出的研究假说。此外，在已有研究的基础上构建两部门模型分析土地资源如果得到有效配置对农户全要素生产率的影响效果，并考虑不同情况下农户土地要素配置得到有效配置的效率提升，对本书的研究假说进行证实。

第四，结合实地调研资料，对当前土地资源配置的实践进行案例分析，基于案例研究的视角进一步充实研究结论。

第五，针对实证研究和案例研究的研究结果，得出本书的研究结论，并提出具有针对性的政策建议。

针对上述研究内容，具体来看，本书的逻辑如下：

第1章绪论。根据数据统计描述本书的研究背景，提出研究问题，并对概念进行了研究界定，指出了本书的研究目标、研究思路和数据来源。

第2章文献综述。分别从非农就业对农业生产的影响、土地资源配置的影响以及影响农户全要素生产率三个角度对已有研究进行归纳。在对已有文献梳理的基础上，在总结已有研究不足的基础上，提出本书的研究创新和研究重点。

第3章理论分析。在文献综述的基础上，结合经济学相关理论（如农户模型、资源配置理论等）构建本书的理论分析框架，并在理论分析框架的基础上提出本书的研究假说。

第4章非农就业与农户土地种植决策。本章重点分析非农就业对农户土地资源配置的第一种类型，即土地"种不种"的问题，对本书提出的研究假说予以证实。本章是本书实证分析核心内容之一。

第5章非农就业与农户土地种植结构。本章重点分析非农就业对农户土地资源配置的第二种类型，即土地"种什么"的问题，对本书提出的研究假说予以证实。本章是本书实证分析核心内容之一。

第6章非农就业与农户土地流转。本章重点分析非农就业对农户土地资源配置的第三种类型，即土地"谁来种"的问题，对本书提出的研究假说予以证实。本章是本书实证分析核心内容之一。

第7章土地资源配置与农户全要素生产率。本章在已有研究的基础上，构建两部门的均衡模型分析采用宏观校准的方式探究土地资源得到有效配置对农户全要素生产率的影响效果，尝试对不同类型的土地资源配置进行进一步分析测算。本章是本书实证分析核心内容之一。

第8章农户土地规模化经营的实践经验。本章结合实地调研的案例分析，对黑龙江仁发现代农业农机专业合作社、河南省荥阳市新田地种植专业合作社、山东省供销合作社以及湖南锦绣千村农业合作社等案例分析，探究实现土地资源有效配置路径。

第 9 章研究结论及政策含义，总结本书的研究结论并提出与此相关的政策启示。

1.4　研究思路、方法与数据

1.4.1　研究思路

本书的研究思路如图 1-2 所示。

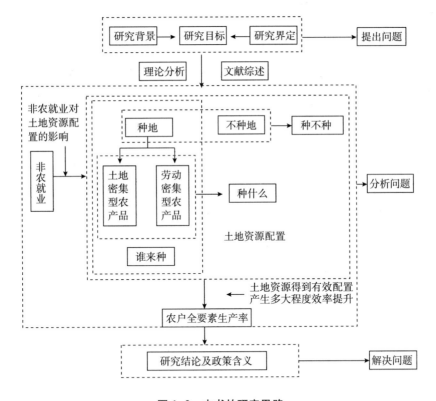

图 1-2　本书的研究思路

1.4.2　研究方法

结合本书的研究内容，本书主要采用以下两种研究方法：

第一，计量分析方法。计量分析方法是通过构建计量模型进行因果分析，对本书提出的研究假说进行验证，本书采用的计量方法主要包括以下几种：

（1）面板数据固定效应模型和面板数据二阶段最小二乘法。面板数据固定效应模型主要用于分析非农就业对农户土地资源配置的影响，具体指的是分析非农就业对土地资源配置的影响。面板数据工具变量模型主要考虑到非农就业与不同情况土地资源配置可能存在的内生性问题。

（2）面板数据 Bootstrap-xttobit 二步法和面板数据 Bootstrap-xtlogit 二步法。面板数据 bootstrap-xttobit 二步法和面板数据 Bootstrap-xtlogit 二步法主要用于分析非农就业对农户土地资源配置的影响，具体表现为研究非农就业对农户种植决策、种植结构以及土地流转的影响。具体来看，借鉴 Amemiya（1983）、Strauss（1986）的研究方法，一方面采用面板数据最小二乘估计方法得出非农就业拟合值，另一方面将非农就业拟合值代入面板数据固定效应模型中，用 bootstrap 反复抽样 100 次的方法，使用农户层面随机效应的 Tobit 或者 logit 方法进行估计，以作为潜在内生性估计的稳健性检验。

（3）宏观校准模型。为了考虑非农就业带来土地资源配置改变所产生的全社会经济影响，本书基于计划行为者社会福利最大化理论，通过宏观校准模型反映资源配置对农户"加总"全要素生产率的影响效果，并通过不同参数模拟的方式进行校准分析。

第二，案例研究方法。案例研究方法用于解决"为什么"和"怎么样"的问题，能够通过对事物实际状况进行有效的探索和分析，进而能够提炼出揭示复杂现象的理论或规律。尤其在多个案例研究结论指向同一结论的时候，案例研究的可信程度将会更高，更能够揭示某个现象或提炼出规律（Eisenhardt，1991）。

1.4.3 数据来源

微观数据：本书的微观数据采用的是全国农村固定观察点微观农户数据。全国农村固定观察点是 20 世纪 80 年代中期经中央书记处批准建立，由中共中央政策研究室和农业部具体组织指导，在全国各省份连续跟踪的一项农村调查工作，在微观层面上提供了农户全景性的生产生活数据资料，目前已成为研究中国农户家庭生产、生活、消费、就业等微观经济活动的重要调查资料，对于全面了解当前中国农户的状况具有重要的研究价值。全国农村固定观察点数据从 1986 年正式开始运行，覆盖全国 31 个省份 355 个行政村和 2 万多户农户，展开了连续跟踪调研。全国农村固定观察点办公室根据经济形势的变化，针对实际情况对问卷进行修改调整，其中 2003 年、2009 年和 2018 年对调查问卷进行大幅修改。根据数据的可获得性，本书的样本时间跨度为 2004～2015 年，采用期初土地面积、期末土地面积、土地块数和房屋面积四个指标通过构建欧几里得距离值进行匹配的情况下选取了 10 个省份的数据，具体包括：山东、江苏、浙江、安徽、河南、吉林、黑龙江、四川、贵州和陕西，充分考虑到东部、中部、西部和东北地区的差异。需要说明的是，本书使用的数据是全国农村固定观察点数据，全国农村固定观察点系统调查的农户均是经营规模较小的农户。根据《全国农村固定观察点调查数据汇编（2000—2009 年）》和《全国农村固定观察点调查数据汇编（2010—2015 年）》的资料，全国农村固定观察点农户平均规模在 7~8 亩，符合本书对小农户的定义。

宏观数据：本书的宏观数据主要来自历年《中国统计年鉴》《中国农村统计年鉴》《全国农产品成本收益资料汇报》等。

案例调研数据：本书在案例分析部分涉及的数据来自课题组近年来的实地调研资料。

1.5　可能的创新之处

本书可能的创新点是回答了人地关系改变是如何影响农户全要素生产率提升这一问题，并实证测度出土地资源得到有效配置以及不同情境下土地资源得到有效配置对农户全要素生产率的效率改进程度，证实了扶持小农户的政策是符合经济学含义的。具体来看，现有研究中存在以下四方面的不足：

第一，鲜有从人地关系变化的角度探究其对农户全要素生产率的影响，没能回答人地关系改变是如何实现农户全要素生产率提升这一问题。

第二，现有研究鲜有从要素错配的角度出发，从农户分化的背景下探究土地资源配置与农业全要素生产率的影响，即便是已有研究分析探讨了土地资源配置与农户全要素生产率两者之间的关系，也存在样本使用偏误以及忽略了不同情况下的土地资源配置对全要素生产率的提升效果。

第三，当前非农就业对农户土地资源配置的研究结论差异很大，尤其忽略了非农就业与土地资源配置的作用机理。

第四，现有研究的研究方法与研究数据仍存在一定的改进空间。

本书尝试对已有研究的不足进行有益改进：

第一，将农户的非农就业分为外出务工和本地非农就业两种类型，探究非农就业对土地资源配置的影响，着重分析作用机制。

第二，采用 2004~2015 年 9 个省份全国农村固定观察点连续跟踪面板数据解决现有研究中存在的样本问题，并通过一系列样本匹配的方式（采用期初土地面积、期末土地面积、土地块数和房屋面积四个指标通过构建欧几里得距离值进行匹配）对全国农村固定观察点的数据进行匹配，尽可能降低以往研究中关于采用全国农村固定观察点数据出现的样本偏误问题。

第三，在模型估计中充分考虑到非农就业对农户不同情况下的土地资源配置的影响，并采用 Hsieh 和 Klenow（2009）提出的资源错配分析框架重点探究不同情况下，如果农户土地要素得到有效配置，能够实现全要素生产率提升的程度。政策启示方面，在党的十九大报告中提出实现小农户与现代农业发展有机衔接的这一重大论断下，本书在农户分化的大背景下，从农户土地和劳动力要素的角度构建出小农户与现代农业发展有机衔接的不同路径。

第2章 文献综述

2.1 非农就业与农业生产

2.1.1 非农就业相关理论

非农就业本质是农户劳动力配置行业从农业部门逐步变为非农部门，核心是劳动力资源的重新配置。从城乡要素流动的角度来看，非农就业是三大农村优质要素（人、土地和资本）向城市流动的最直接体现形式，尤其是随着户籍制度逐步放开，农村劳动力在城市非农部门就业的枷锁得到了逐步消除。尤其是在新型城镇化大背景下，当前我国还需要促进约1亿农村转移人口落户城镇，可以预期的是越来越多的劳动力将会转移到非农部门。当前针对劳动力转移的理论可以分为以下三种：第一种是以Lewis（1954）、Fei 和 Rains（1961）提出的二元模型为核心的"刘易斯-拉尼斯-费景汉"模型（简称LRF模型）；第二种是以Harris 和 Todaro（1970）提出的"哈里森-托达罗"（简称HT模型）模型；第三种是以Stark（1991）和Taylor 等（2003）为代表的新迁移经济学理论。

首先，在LRF模型中，Lewis（1954）将经济部门分为农业部门和非农部门，农业部门内存在大量的剩余劳动力。农业部门的剩余劳动力边际生产率趋于零，不会对农业部门产生影响。当非农部门的工资水平高于农业部门，农业部门的剩余劳动力将会转移到非农部门。由于Lewis（1954）提出的二元模型存在诸多问题，Fei 和 Rains（1961）在Lewis的基础上，认为农村劳动力转移到非农部门经历了三个阶段。Fei 和 Rains指出，农村劳动力转移共分为以下三个阶段：第一阶段是农业中边际生产率为零的劳动力从农业部门转移到非农产业，不会影响到农业生产，即此时非农部门产品的相对价格没有发生变化；第二阶段是农业剩余劳动力的边际生产率不为0，但低于非农部门的工资率。当这一部分劳动力从农业转移到非农部门，农业部门的总产出会降低进而导致非农部门产品的相对价格降低；第三阶段是农业部门劳动力的边际生产率高于非农部门工资率，此时农业部门劳动力不再短缺，非农部门需要吸引农业部门劳动力进入工业部门。

其次，在 HT 模型中，Harris 和 Todaro（1970）并不认同 LRF 模型中农业部门劳动力转移到城市的前提假设：工资差距，而是由农业部门与非农部门的预期收入差距决定的，这就需要考虑到农业部门劳动力在非农部门中从事工作的概率、非农部门工作的收入和支出以及在农业部门的收入和支出。当农业部门的劳动力预期城乡收入差异的净贴现值（即劳动力在非农部门与农业部门的实际工资率差值与迁移成本的差值）大于零时，农业部门的劳动力会选择向非农部门转移，反之农业部门的劳动力选择不向非农部门转移。

最后，在新迁移经济学理论中，以 Stark（1991）为代表的学者认为农业部门劳动力的转移，决策的基本单元是家庭，并非是个体微观决策。农业劳动力决定是否转移到非农部门，考虑到家庭内部资源的有效配置状况，一方面是实现转移个体的利益最大化，另一方面也要保证家庭面临着的风险最小化。与农户模型相结合，新迁移经济学得到了广泛运用，如 Taylor 等（2003）、Wouterse 和 Taylor（2008）分别采用新迁移经济学理论对中国和布基纳法索农村劳动力转移进行了研究。

2.1.2　非农就业的现状

随着中国城镇化进程的快速发展，农户非农就业的现状也发生了转变。一部分学者从农户类型的变化来判断非农就业的变化，这是因为基于农业收入占家庭总收入的比例可以对农户类型进行分类（中共中央政策研究室农业部农村固定观察点办公室，1997；张琛等，2019）。农户类型也呈现如下特点：纯农户的比例逐渐下降，二兼农户和非农户的比例不断上升。如史清华和张惠林（2000）基于山西省农村固定观察点 13 年的数据分析发现，由纯农户演化成非农户的比例占非农户程度较高农户的 1/6，兼业户演化为非农户的比例最多，超过了 20%。李宪宝和高强（2013）根据《全国农村社会经济典型调查数据汇编（1986—1999年）》和《全国农村固定观察点调查数据汇编（2000—2009 年）》的资料研究发现，纯农户的比值呈现先下降后上升的趋势，在 1997 年下降到最低值，而农业兼业户与非农兼业户的比重呈现小幅波动趋势，从 2003 年之后两者比例呈现快速上升的趋势。苏群等（2016）基于全国农村固定观察点 2003~2011 年的数据，测算结果表明，纯农户与一兼农户占比降低了接近 5%，二兼农户与非农户的占比分别增加了 5%。黄祖辉等（2012）基于中国五省份 2004~2008 年固定观察点的数据统计发现，农户家庭更倾向于减少从事农业的劳动时间，更倾向于增加外出务工的劳动时间，也表明了农户分化的特征。王春超（2007）对湖北省

2004 年和 2005 年 3300 户的统计分析发现，纯农户减少比例最高，为 5.94%，而农业兼业户和非农兼业户分别增加了 1.48% 和 3.12%。此外，Ma 等（2004）基于全国普查的数据测算发现，20 世纪 90 年代农村家庭纯收入中工资收入的占比从 1990 年的 20% 增加到 2000 年的 31%，非农收入占家庭收入的比例得到了快速增加，也从侧面说明兼业化在农户家庭收入中来源的重要性。张琛等（2019）基于全国农村固定观察点的数据研究发现，当前纯农户比例不断下降而非农户的比例不断上升，未来兼业农户将是农户的主流类型。

一部分学者从劳动力存量的方式来判断非农就业情况，非农就业的数量不断增加。如童玉芬（2010）采用农村劳动力总量与农业劳动力规模的差值作为判断农村非农劳动力规模存量的指标，研究发现 1978~2008 年农村非农劳动力规模存量年平均增速为 8.71%，远高于城市化的增速，其中 2008 年农村劳动力规模存量占农村劳动力比值接近五成。龙冬平等（2014）采用农村人口非农从业人数占农村人口从业人数的比值作为衡量非农就业的指标，研究发现 1978~2011 年中国农村人口非农化呈现快速增长的趋势，并呈现明显的阶段性特征，即呈现从最初倒 "U" 形增长到波动中增长再到平稳增长三个阶段。

2.1.3　非农就业对农户生产的影响

已有文献研究表明，在以非农就业为核心的农户分化中，兼业化生产是当前农户家庭经营的最重要的方式之一。那么，非农就业是否会对农户生产产生影响？基于国内外文献的梳理，具体来看，非农就业对农业生产率、农业生产性投资和农业收入产生影响。

首先，非农就业与农业生产率。国内外大量文献针对非农就业与农业生产效率展开了广泛的研究。一部分学者认为非农就业对促进农户农业生产率具有显著的正向影响。Tijani（2006）对尼日利亚稻农的数据研究发现，非农就业对于提升稻农生产效率具有显著的正向影响。Haji（2007）采用非参数 DEA 模型对埃塞俄比亚的蔬菜种植户生产效率的测算结果表明，非农就业是影响蔬菜种植户生产效率的重要因素，且这一因素是具有正向影响的。Taylor 和 López-Feldman（2010）基于墨西哥农户数据，技术无效率项中的非农就业收入的估计系数为负，且通过了 1% 水平显著性检验，说明非农就业对于促进农户生产效率的提升具有重要意义。Bojnec 和 Fertö（2013）采用随机前沿分析方法探究了 2004~2008 年斯洛文尼亚农场生产效率的影响因素，研究发现非农就业能够显著促进农场生产效率水平的提升。Abebe（2014）采用随机前沿生产函数和工具变量估计方法对埃塞俄比亚农户的研究表明如果农户能够接触到非农就业机会，将会有助于提升农业生产效率。Ahmed 和 Melesse（2018）基于埃塞俄比亚 355 个玉米种植户数据，采用随机前沿生产函数模型和倾向得分匹配研究发现，非农就业对于促进玉米种植户生产效率具有显著的正向影响，考虑到样本选择性偏误，从事非农就业的玉米种植户生产效率高出没有从事非农就业的生产效率6.23个百分点。有关针对中国的研究中，一些学者的研究结论也表明了非农就业是促进生产效率水平提升的重要因素。例如，Wu 和 Meng（1996）采用1993~1994年中国微观农户的数据研究发现，劳动力外出务工有助于中国粮食生产水平的提升。Zhang 等（2016）基于江苏省四个村庄三轮调研数据，采用随机前沿分析方法和面板数据分位数回归研究发现，非农就业机会是影响农户生产效率的重要因素。而一部分学者则对非农就业促进农户农业生产率持质疑态度。Kumbhakar 等（1989）对美国犹他州奶农的数据研究发现，非农就业对于生产效率具有显著的负向影响。Fernandez-Cornejo（1992）对佛罗里达农户的数据研究发现，Tobit 模型中是否从事非农就业变量的估计系数为负，但没有通过显著性检验，说明并不能得出非农就业能够促进生产效率水平提升的结论。Chavas 等（2005）对冈比亚微观农户的数据实证结果表明，非农就业对农业生产效率的提升效果并不明显。Kilic 等（2009）采用随机前沿分析方法和工具变量法对阿拉巴马州农户的实证结果发现，并没有证据能够得出非农就业能显著促进农户生产效率水平的提高。Bozoğlu 和 Ceyhan（2007）对土耳其数据研究发现，非农就业对于技术无效率具有显著正向影响，意味着非农就业不利于提升生产效率。Chang 和 Wen（2011）采用随机前沿分析方法对中国台湾2073户稻农数据的研究发现，非农工作并没有提升稻农生产效率。Lien 等（2010）对挪威粮食种植户1991~2005年面板数据的研究发现，非农就业对于提升粮食种植户生产效率并没有一致的结论。有关针对中国的研究中，一些学者的研究结论也对非农就业促进农户农业生产率持怀疑态度。例如，Rozelle 等（1999）基于中国535户玉米种植户861个地块数据，研究发现非农就业对于中国玉米单产具有不利影响，当非农就业劳动力数增加1人，玉米产出将下降14%。Feng 等（2010）基于江西省三个村庄52户农户215块地块的数据研究发现，非农就业对于水稻产出的提升并没有效果。李谷成等（2009）基于湖北省农户的面板数据研究发现，非农就业对于提升土地产出率和劳动生产率并没有显著的正向影响。钱龙和洪名勇（2016）基于CFPS2012数据研究发现，非农就业对于提升农户劳动生产率和土地产出率具有抑制效应。Yang 等（2016）基于中国5个省份农户连续5年面板数据，采用具有随机相关效应的随机前沿模型研究发现，无论是外出务工还是在本地务工都不会对粮食技术效率产生不利影响，换句话说并没有得出非农就业能够促进技术效率水平提高的结论。

其次，非农就业与农业生产性投资。国内外大量文献针对非农就业与农业生产性投资展开了广泛的研究。一部分学者认为非农就业对促进农户生产性投资具有显著的正向影响。Lucas（1987）考察了在非洲南部国家的农户非农就业与生产性投资两者的关系，实证结果表明非农就业与生产性投资两者之间具有显著的正向关系。Adams 等（2010）对危地马拉的研究发现，外出务工通过汇款的方式实现了农户生产性投资水平的增加。Pfeiffer 等（2009）对墨西哥农户的研究发现，非农就业对于农户增加生产性投入具有显著的积极作用。Oseni 和 Winters（2009）研究发现，从事非农就业的尼日利亚农户会显著地增加农作物的支出，尤其是有机肥的使用。Anríquez 和 Daidone（2010）基于加纳第四轮生活标准调查数据，研究发现非农就业机会的增加会显著地提升农户对农业生产资料的需求。Gedikoglu 等（2011）基于美国爱荷华州和密苏里州的农户研究发现，非农就业对于农户采用资本密集型生产性投入（如将粪便注入土壤）有显著的积极影响。Dedehouanou 等（2018）对尼日尔的农户研究发现，非农就业有助于农户增加对粮食作物和经济作物的生产性资料投入。有关针对中国的研究中，一些学者的研究结论也表明了非农就业是农户增加生产性投资的重要因素。例如，张永丽（2009）对我国西部地区 8 个村庄的研究发现，劳动力非农就业有助于提升农户家庭的收入水平，对于促进农业生产性投资（如租用农业机械、增加农药化肥投入等）也是具有正向显著影响。纪月清和钟甫宁（2013）采用安徽省农户微观数据，研究发现当非农就业机会增加后，农户会显著地增加农业机械服务的投入。苏卫良等（2016）基于连续追踪的中国江苏省农户数据，通过似不相关托宾模型得出的研究结论与纪月清和钟甫宁（2013）的研究结论相一致，即非农就业会显著地增加农户农机服务的支出。方鸿（2013）基于 2001~2009 年中国省级层面面板数据对非农就业影响地区农户平均农业生产性投资水平进行了实证分析，研究结果表明增加非农就业机会有助于显著地提升农户平均农业生产性投资水平。钟甫宁等（2016）基于农业部农村固定观察点的数据研究发现，劳动力非农就业有助于农户增加机械要素的投入。Ma 等（2018）基于中国农户的微观数据，采用处理效应模型研究发现，在控制了样本选择性偏误后非农就业对于促进农户化肥和农药支出具有显著的正向影响。而也有一部分学者的研究发现非农就业并不会增加农业生产性投资。Ahituv 和 Kimhi（2002）对以色列两个时期的数据研究发现，并没有证据表明非农就业能够显著地增加农户生产性投资。Damon（2010）对萨尔瓦多农户研究发现，非农就业并不会影响农户的生产性投入，两者之间的关系并不具有显著的关系。Chang 和 Mishra（2012）对美国农户的研究发现，非农就业会显著地减少农户肥料的投入。Mathenge 等（2015）对肯尼亚玉米种植户的研究发现，非农就业会显著地降低农户肥料的投入量。有关针对中国的研究中，一些学者的研究结论也对非农就业促进农户农业生产性投资持怀疑态度。例如，刘承芳和樊胜根（2002）基于江苏省六县市微观农户数据研究发现，农户非农就业机会增加与对农机具等固定资产投资两者之间呈现相反的关系。许庆和章元（2005）的研究结论也证实了这一观点，他们认为农户从事非农就业的机会越多，更不倾向于对长期性固定投资进行投资。De Brauw 和 Rozelle（2008）的研究发现，非农就业与农户生产性投资两者之间并没有显著关系。Feng 等（2010）对中国江西农户的研究发现，从事非农就业的农户更倾向于减少化肥的投入。Shi 等（2011）的研究结论与 Feng 等（2010）的研究结论相一致，非农就业与化肥投入量两者呈现显著的负向关系。Wachong Castro 等（2010）基于中国甘肃省张掖市 317 户农户的数据研究发现，非农就业与土地平整投资没有显著相关关系，但是与农户每亩灌溉使用量具有显著的负向关系。Yin 等（2018）对中国河北省 258 户农户数据研究也发现，非农就业会显著地降低农户的灌溉水平。也有一部分学者研究发现非农就业在类型上、时间上对农户生产性投资存在差异。在类型上，非农就业对于农户农业生产性投资存在差异，例如，Phimister 和 Roberts（2006）对英格兰和威尔士 2419 个农场研究发现，随着非农劳动力数量的增加，化肥的投入量会显著降低，而对环境有害的农作物保护性投入会显著增加。Kilic 等（2009）对阿拉巴马州农户的数据研究发现，农户非农就业获得的收入并不会用于购买农业生产性资料，但是对于从事农业商品化经营的农户，非农就业则会显著地增加农户生猪的投入。在时间上，非农就业对于农户选择长期投入还是短期投入的影响也存在差异。例如，Kousar 和 Abdulai（2015）对巴基斯坦农户的研究发现，非农就业会增加农户长期性固定资产的投入（如土壤改良等），而会减少短期固定资产的投入（如化肥等）。

最后，非农就业与农业收入水平。国内外大量文献针对非农就业与农户农业收入水平两者的关系展开了广泛的研究。一部分学者认为非农就业是农户农业收入水平提高的重要因素。例如，Taylor（1992）的研究结论表明非农就业通过汇款的方式对于农户家庭农业收入水平的提升具有"双重效应"，即短期的间接效应和长期的积累效应。Bezemer 等（2005）对格鲁吉亚农户的数据研究发现，非农就业有助于实现农户获得更高的农业收入。McCarthy 等（2006）基于阿尔巴尼亚 3599 户农户家庭数据，研究发现非农就业有助于实现农户农业收入水平的提升，且这一结果通过了显著性检验。Taylor 和 López-Feldman（2010）对墨西哥移民数据的实证结果表明，非农就业的农户往往具有较高的农业收入水平。Hoang 等（2014）基于越南农户三期的数据研究发现，非农就业并没有降低农户的农业收入。一些学者针对中国的研究中也得出了这样的结论。而也有一部分学者的研究发现非农就业并不会增加农户农业收入。例如，Croll 和 Ping（1997）基于中国 4 个省份 8 个村庄的数据研究发现，非农就业对于提升农户农业收入水平具有异质性，并没有证据证实两者之间存在显著的正向影响。Taylor 等

（2003）采用中国农村劳动力外出务工的数据研究发现，农户非农就业会使家庭农业收入下降，即便考虑到汇款的方式，结果仍是非农就业不利于农户农业收入水平的提升。王子成（2012）基于 2006 年中国综合社会调查数据，探索了农村劳动力非农就业对农户家庭收入的影响，研究结论表明外出务工对农户家庭收入具有显著的负面影响。

2.2　非农就业与土地资源配置

2.2.1　非农就业对土地种植决策的影响

随着工业化与城镇化进程的加速，农户从事非农就业面临着"离土离乡"，势必会对土地的依赖性有所降低。兼业农户因从事非农就业更倾向于降低对农村土地的依赖性，进而会影响农户对土地的种植决策（刘同山等，2013；刘同山，2016），已有国内外学者对非农就业与农户土地种植决策进行了大量的有益探讨。一部分学者从农户土地撂荒的角度进行探讨。有调查研究表明在 235 个调查村庄中，78.3%的村庄出现耕地撂荒现象，此外当前中国山区县农地的撂荒比例达14.32%，主要集中在西部山区，且非农就业越方便的地区土地撂荒的比例越高（李升发等，2017）。段方利等（2007）认为，由于大量农村劳动力外出务工成为农民工，大量家乡土地出现了弃耕、撂荒的现象。曹志宏等（2008）的分析表明，由于当前农业收入占农民总收入的比例不断降低，农户农业生产积极性的下降，是造成土地撂荒的重要原因。田玉军等（2010）对宁夏回族自治区农户的研究结论发现，劳动力转移有助于农户放弃质量较差的耕地，选择将其撂荒。方利平等（2011）的调查发现，中国湖南省部分农户因为外出务工所获得的高收入，不愿意从事农业生产，土地撂荒的现象常常出现。胡敏和王成超（2013）依据1978~2008 年福建省长汀区社会统计资料和农户调查数据，探究了农业劳动力非农转移对农户耕地撂荒的影响，研究发现，自 21 世纪以来非农劳动力数量的增加，耕地撂荒面积数量也不断增加，较高的务农机会成本是造成农户耕地撂荒的重要因素。郑兴明和吴锦程（2013）基于福建农户的数据研究发现，农户家庭非农劳动人口的比例与耕地撂荒发生概率两者呈正相关。谢秋山和赵明（2013）基于 CGSS2010 的数据，采用 Multinomial Logistic 模型研究发现，家庭外出劳动力数量越多的农户家庭，土地撂荒的可能性越高。Zhang 等（2014）基于 330 户农户 1423 块的地块数据，实证结果表明非农就业是影响农户土地撂荒的重要因素，从事非农就业的农村劳动力更倾向于不耕作土地。Zou 等（2018）的研究发现，收入水平较高的农户不太可能撂荒农地。而龙开胜和陈利根（2011）的研究发现，由于土地种植的适宜性，农户因外出务工的原因导致土地撂荒的担忧是多虑的。也有一部分学者从农户退出土地的视角进行探讨。例如，Glauben 等（2006）以西德农户为例，研究发现在农场数量减少的县中，非农就业加速了农户农场的退出。王兆林等（2011）对重庆市 1829 户农户的微观调研数据，运用有序 Probit 模型研究发现，主要成员定居城镇、具有稳定的非农收入来源的农户家庭往往更愿意退出自身承包的土地。张学敏和刘惠君（2013）对河南、湖南、四川、重庆四省份超过 1000 户农户的数据分析也表明，家庭人均非农收入水平越高的农户越倾向于退出承包地。罗必良（2013）基于广东省农户的样本统计发现，家庭务农人数对农户选择放弃土地承包经营权的意愿两者之间具有正向关系。刘同山等（2013）基于国务院发展研究中心课题组对全国性的农户调研数据，采用结构方程模型研究发现，家庭和个体市民化能力越强的农户，越倾向于放弃农村承包地。高佳和李世平（2015）基于陕西 580 户农户的微观农户数据，通过建立 Logistic 回归模型研究发现，农业收入占家庭收入比例越低的农户，其退出土地承包经营权的意愿也越高。刘同山（2016）基于河北、山东、河南三省份 620 户农户，采用 Mvprobit 模型研究了非农就业对于农户处置承包地的意愿，研究结论表明非农就业较为稳定的家庭，选择直接出售或被政府征用的方式处置土地的意愿越高。

2.2.2 非农就业对土地种植结构的影响

根据新迁移经济学理论，非农就业虽然改变了农户家庭劳动力的转移，但也会通过汇款的形式对家庭予以补贴，进而有可能因改变了农户效用最大化的投入产出组合，对农户土地种植结构产生影响。当前针对非农就业与农户土地种植结构的研究中，重点关注的是非农就业是否会对农户农业种植结构产生影响。一部分学者对非农就业会对农户农业种植结构产生影响这一结论持肯定态度。

在粮食作物种植结构方面，不同学者的研究结论存在差异。例如，陈风波和丁士军（2006）基于江汉平原水稻种植户的数据，研究发现从事非农就业的农户更倾向于改变水稻种植的品种，即将双季稻改种为单季稻。Kuiper（2005）对中国江西省的研究也得出了这一结论。陆文聪等（2008）采用 1978~2006 年 29 个省份的数据，采用空间误差模型研究发现，非农就业对于中国粮食作物的生产集中度具有显著的负向影响，即非农就业会不利于粮食作物种植面积的增加。刘乃全和刘学华（2009）基于"良田种树风"的现象，通过对案例的深入剖析研究认为，"弃粮种树"是在面临劳动力外出务工的约束下所做出综合决策的显现。有学者对阿尔巴尼亚和墨西哥农户的实证研究发现，家庭成员中有外出务工的农户种植业播种面积显著地低于家庭成员中没有外出务工的农户种植业播种面积，更倾向于增加以经济作物为主的资本密集型的农作物种植（Miluka 等，2007；Schmook 和 Radel，2008）。Wouterse 和 Taylor（2008）基于布基纳法索的农户数据，研究发现外出务工的农户家庭更倾向将汇款用于牲畜的养殖，而对粮食种植面积有所减少。Damon（2010）对萨尔瓦多农户的研究发现，非农就业的农户家庭更倾向于对自身农业生产进行结构调整，更倾向于种植具有较高附加值的经济作物。杨进等（2016）基于全国农村固定观察点 5 个省份 2004~2008 年微观面板数据，实证结果表明农户非农就业会显著地降低粮食作物的种植比例，与之相对应的是有助于提高经济作物的种植比例。而田玉军等（2009）、钟甫宁等（2016）和 Qian 等（2016）的研究则得出了相反的结论。田玉军等（2009）基于宁夏回族自治区的统计数据和微观农户的数据，研究发现以劳动力机会成本上升为代表的非农就业会造成农户对土地利用方式的转变，尤其是选择劳动力生产率高的作物，降低劳动生产率低的作物种植面积。钟甫宁等（2016）基于全国农村固定观察点的数据研究发现，农村劳动力外出务工会促使种植结构的调整，并不是降低粮食作物播种面积，而是通过增加机械要素的方式提高了粮食播种面积比例。Qian 等（2016）基于中国江西省 230 户农户的数据，研究结论表明非农就业的家庭更倾向于增加粮食作物的播种面积，而不是增加资本密集型的牲畜养殖。

在非农就业与农户种植多样性方面，一部分学者研究发现，非农就业与种植多样性两者之间具有负向关系。钟太洋和黄贤金（2012）基于江苏省泰兴市和宿豫区的农户问卷调查，采用 Poisson 回归方法研究发现非农就业会显著地降低农户种植结构的多样性。Nguyen 和 Grote（2015）对越南农户的数据研究发现，劳动力外出务工会对农作物种植的多样性具有滞后效应，且估计系数为负并通过了显著性水平检验，说明两者之间具有负向影响。也有一部分学者的研究发现，非农就业对于改变农户种植结构的影响并不显著。例如，De Brauw（2007）基于计量经济学的方法对越南农户非农就业对农户生产进行了实证分析，研究发现非农就业对于农户种植结构的调整影响程度较弱，虽然降低了种植面积并没有充足证据证实进行农业结构调整。王翌秋和陈玉珠（2016）基于江苏、河南两省份农户的调查数据研究发现，非农就业并不会显著地影响粮食作物的种植概率及比重，主要原因是机械对劳动力的有效替代，只有当家庭多数成员外出才会对种植结构产生影响。

2.2.3 非农就业对土地流转的影响

土地要素作为农户最为重要的要素，不仅具有社会保障功能，而且还能赋予农户获得财产性收入。非农就业的家庭关于土地要素的配置，除了选择土地是否种植（"种不种"）、改变种植结构（"种什么"），还存在一种"谁来种"的情况，即土地流转。当前有关非农就业与农户土地流转的研究，得到了国内外学者的广泛关注。总体来看，已有研究存在分歧。一部分学者对非农就业能够促进农户流转土地持肯定态度。Yao（2000）基于浙江省三个县农户的两期面板数据，研究发现劳动力市场的放开所导致的非农就业将有助于实现农户进行土地流转。Kung（2002）基于中国农户的实地调查数据，以从事非农行业白天工作的人数作为衡量非农就业的指标，实证结果表明积极参与非农劳动力市场的农户家庭，确实有助于土地的流转。Feng 和 Heerink（2008）基于 2000 年中国三个村庄农户的数据研究发现，非农就业与土地流转两者存在高度的相关关系，计量研究表明两者之间呈现负向关系。Kimura 等（2011）通过构建理论模型研究发现，外出务工的高工资率有助于促进土地租赁市场的发展，农户家庭从事非农就业被证实是实现土地流转的重要因素。Huang 等（2012）基于 2000 年和 2008 年的中国农户两期追踪数据，通过构建非农就业与农户土地流转的计量经济学模型，研究发现非农就业对于促进农户土地流转具有显著的正向影响。黄祖辉等（2014）采用 2011 年江西省 325 户农户 783 块地块的投入产出数据，研究发现非农就业不仅能够提高农业劳动生产率，而且有助于农户农地流转。李明艳等（2010）基于 2005 年中国江西省的调研数据，研究结论也得出了与黄祖辉等（2014）一致的结论。孙小龙和郭沛（2015）基于吉林、山东和陕西 429 户农户的微观数据，实证结果表明家庭非农就业人数与农户发生土地流转行为概率两者呈现显著的正向关系，即非农就业人数越多，土地转出面积越大。张璟等（2016）利用中国农户的调研数据研究发现，非农就业对于农户土地流转具有显著的正向影响，工具变量估计结果也证实了这一结论。Yan 和 Huo（2016）采用 Double-hurdle 模型，实证结果表明非农就业是影响农户土地流转决策和土地流转规模的重要因素。Che（2016）基于中国农户数据，采用 IV-probit 模型研究发现，无论是劳动力外出务工还是在本地从事非农就业都有助于农户土地流转的发生。Ji 等（2018）和 Su 等（2018）对中国农户数据的研究均发现，非农就业对于农户土地转出具有显著的正向影响，但是对土地的转入没有影响，这一结论与陈飞和翟伟娟（2015）的研究结论相一致，他们认为非农劳动的收入水平与就业机会是农户土地流转的主要诱因。王亚辉等（2018）采用非农收入占比作为衡量农户家庭非农就业的指标，研究结论表明在考虑到地形差异（平原、丘陵、山区）的情况下，非农就业对于土地流转的效果都是正向影响，这一效果均通过了显著性水平检验。Zou 等（2018）基于 2015 年 9 个省份农户调研数据，研究发现，非农就业降低了雇工工人进行生产的可能性，但增加了转出农地的可能性。也有一部分学者对非农就业促进农户土地流转的观点持怀疑态度。叶剑平等（2006）基于全国17 个省份的土地调查数据，研究发现，与 1999 年相比，2005 年样本农户非农就业比例快速增长，由 1999 年的 65.1% 增加到 2005 年的 83.2%，但是农地流转比例并没有得到显著增加。钱忠好（2008）的研究结论表明，非农就业并不会促进农户流转土地，而是出于家庭收益最大化的考虑，最终的结果是家庭成员一部分非农就业、一部分经营农业。闫小欢和霍学喜（2013）基于河南省 479 户农户的数据研究发现，由于土地的社会保障功能与其生产功能难以相互剥离出来，因此需要农户不愿意长期流转土地。苏群等（2016）基于 2003～2011 年全国农村固定观察点的数据研究发现，由于农户兼业化的现状，非农就业并不必然导致土地流转行为的发生。张璟等（2016）的研究在考虑到兼业收入比重的情况下，研究表明非农收入占家庭总收入比例小于 50% 的农户，转出土地的概率较低。

2.3　资源配置与全要素生产率

2.3.1　资源错配与全要素生产率

资源错配指的是资源没有实现有效配置（Efficient Allocation）。资源错配分为两种形式：一种是 Hsieh 和 Klenow（2009）提出的"内涵型错配"（Misalloction on the Intensive Margin），指在生产技术是凸的情况下，各种生产要素的边际产出如果是不相同的，即存在"内涵型错配"；另一种是 Banerjee 和 Moll（2010）提出的"外延型错配"（Misalloction on the Extensive Margin），指在生产技术是非凸的情况下，如果某个主体是规模报酬递增，采用边际产出相等的法则并不能实现最优产出水平，只有当所有资源集中在这一主体才能够获得更高的产出。换句话说，当所有要素边际产出都相等时，如果重新将要素进行分配，仍能够提升产出水平。不论是"内涵型错配"还是"外延型错配"，如果能够改善要素错配程度，就能够实现全要素生产率水平的增加。

针对资源错配与全要素生产率的研究得到了国内外学者的广泛关注，主要是针对制造业企业的数据进行研究。Hsieh 和 Klenow 作为资源错配的开创性研究者，他们采用全要素生产率的离散程度作为衡量资源配置效率的指标，研究结果表明如果中国的资源配置效率达到美国水平，全要素生产率水平能够提升至少30%；如果能完全消除要素市场存在的扭曲状况，制造业的全要素生产率能够提升 86.6%～115%。沿着 Hsieh 和 Klenow 的研究路线，许多学者对资源错配与全要素生产率展开了丰富研究。具体来看，现有研究主要从劳动力、资本和土地三个方面展开研究：

第一，劳动力要素错配。在发展中国家，劳动力市场的扭曲所造成的资源错配对于全要素生产率的影响是不容忽略的。例如，Micco 和 Repetto（2012）以智利为例，研究结论发现，智利劳动力市场扭曲程度较高，如果能够采取相应的举措纠正智利劳动力市场扭曲，那么智利的全要素生产率水平能够提升 25% 左右。袁志刚和解栋栋（2011）以中国为例，研究发现 1978~2007 年中国劳动力因部门间的工资差异导致的错配，对全要素生产率具有显著负向影响，影响效果在 2%~18%。盖庆恩等（2013）基于 1980~2009 年中国宏观经济数据研究发现，劳动力市场的扭曲阻碍了中国经济结构的转型，如果劳动力市场扭曲得到消除，中国的劳均产出能够增加接近 20%。Brandt 等（2013）测算了 1985~2007 年中国分部门和分省份的劳动市场扭曲，研究结果发现因劳动力要素的扭曲导致了对于加总生产率具有不利影响。盖庆恩等（2015）基于 1998~2007 年中国工业企业数据库中的企业层面面板数据，研究发现如果能够消除劳动力市场的扭曲，全要素生产率能够提升 33.12%。

第二，资本要素错配。韩立岩和王哲兵（2005）基于资本配置效率模型，研究发现中国资本配置效率较低，存在资本错配的现象。Brandt 等（2013）基于中国分省份、分部门的数据测算了资本要素扭曲对于加总生产率的影响，研究发现两者存在显著负向关系。鲁晓东（2008）基于 1995~2005 年中国省级层面面板数据，研究发现中国金融体系存在资本错配的现象，对经济增长起到了牵制效应。朱喜等（2011）基于 2003~2007 年全国农村固定观察点的数据，探究了要素错配与农业全要素生产率两者之间的关系，研究发现，如果能够解决资本与劳动力要素的扭曲，就能够实现农户农业全要素生产率增加 20% 以上，其中非农就业机会、金融市场和土地规模是导致农户要素错配的重要因素。王林辉和袁礼（2014）采用 1978~2010 年中国八大产业的面板数据测算了资本错配对全要素生产率的影响，研究结果表明，资本配置效率阻碍了全要素生产率的增长，导致了全要素生产率下降了 2.6%，实际产出是潜在产出的 70%~89%。姚毓春等（2014）基于中国 2004~2010 年 19 个行业的面板数据，研究发现如果资本错配能够得到改善，能使中国产出效率提高 1.37 个百分点。

第三，土地要素错配。赵小凤和黄贤金（2012）对江苏省的调研发现，2009 年苏北地区的工业用地的平均产值为每公顷 3361.79 万元，远低于苏中和苏南地区，如果能够实现土地资源的重新配置，就能够为经济增长提供动力。李力行等（2016）的实证结果发现，一个城市以协议方式出让的土地占比与工业企业的资源配置效率两者呈负向关系，土地要素没有得到有效配置，如果能够实现土地资源的有效配置，就能够实现整体生产率水平的提升。张雄等（2017）基于四大不同产业的 607 个样本企业的研究发现，土地资源要素投入相对扭曲系数越大的企业，其导致的总体经济效率损失值越大。

2.3.2　影响农业全要素生产率的因素

农业全要素生产率已成为研究农业经济增长的重要源泉，当前有关农业全要素生产率的研究得到了学术界的广泛关注。全要素生产率变化可以分解为技术变化、技术效率变化、规模效率变化和配置效率变化四个方面（Kumbhakar 和 Lovell，2003）。鉴于此，本部分从技术变化、技术效率变化、规模效率变化和配置效率变化四个方面探究影响农业全要素生产率的因素。

第一，技术变化。技术变化主要表现在技术进步上。Mao 和 Koo（1997）基于中国农业 1984~1993 年省级面板数据，采用数据包络分析方法研究发现技术进步是促进农业全要素生产率水平增长的最为重要的因素。陈卫平（2006）采用非参数的 Malmqusit 指数法对 1990~2003 年中国农业全要素生产率进行了测度，研究表明，1990~2003 年中国农业技术进步指数年均增加 5.48%，是实现农业全要素生产率增长的最为重要驱动因素。与陈卫平（2006）的研究时间相似，Chen 等（2008）采用产出导向型数据包络分析对 1990~2003 年中国农业全要素生产率的驱动因素进行测算，研究结果也表明农业技术进步是提升农业全要素生产率的首要因素。一些学者采用随机前沿估计方法测算了中国农业全要素生产率，研究结论也表明实现农业全要素生产率水平的提升，需要充分发挥农业技术进步的优势（全炯振，2009；Wang 和 Rungsuriyawiboon，2010；Gautam 和 Yu，2015；Diao 等，2018）。Gautam 和 Yu（2015）基于中国与印度农业全要素生产率的比较研究发现，中国农业全要素生产率的增长主要源泉是农业的技术进步。Diao 等（2018）对 1995~2014 年中国农业全要素生产率的测算结论与 Gautam 和 Yu（2015）的结论相一致，即中国农业全要素生产率增长的重要动能是农业技术进步。

第二，技术效率变化。技术效率变化反映着实际产出与理想产出两者之间距离的变化。全炯振（2009）基于 1978~2007 年省级面板数据，采用 SFA - Malmquist 生产率指数模型，研究发现农业技术效率对于农业全要素生产率变化，两者呈现负向关系，农业技术效率年均增长率为-5.5%。张乐和曹静（2013）基于随机前沿生产函数的方法对 1991~2010 年中国农业全要素生产率变化进行测度并进行分解，研究发现技术效率对于农业全要素生产率的影响具有负向影响，技术效率变化对于年均降低了农业全要素生产率增长数值达 1.87%。Gautam 和 Yu（2015）的研究进一步发现，技术效率变化对于中国农业全要素生产率的增长效果并不明显，甚至出现了停滞的状态。Diao 等（2018）的研究结论表明，技术效率变化对于中国农业全要素生产率的增长效果并不理想。

第三，规模效率变化。规模效率变化反映着规模扩张对于全要素生产率的影响。许多学者针对中国的研究发现，规模扩张是阻碍农业全要素生产率增长的重要因素。例如，Brümmer 等（2006）基于距离生产函数方程对中国农业全要素生产率进行了分解，研究发现在不同时期规模效率对于农业全要素生产率的增长具有负向影响。Chen 等（2008）的研究也发现规模效率的恶化对于农业全要素生产率的负面影响，需要通过结构调整的方式予以解决。张乐和曹静（2013）的实证结论表明，规模效率的变化年均降低农业全要素生产率增长达 5.72%。Diao 等（2018）的研究结论表明，规模效率对于中国农业全要素生产率的增长效果不佳。

第四，配置效率变化。配置效率反映的是要素的配置情况，要素实现配置有效有助于实现最优产出水平。张乐和曹静（2013）在研究中考虑到配置效率，结论表明配置效率是促进中国农业全要素生产率水平增加的重要因素，配置效率变化能够实现农业全要素生产率增长年均贡献 8.37 个百分点。也有学者把微观农户作为研究对象，研究发现农户与农户之间技术进步率的差异较小，导致全要素生产率存在差异的原因是要素配置效率的差异（许庆，2013）。李谷成等（2007）通过对湖北省微观农户面板数据，研究发现农户的要素配置效率是决定农户全要素生产率的重要因素，要素配置效率与全要素生产率两者呈现正向关系。Key 等（2008）通过对美国生猪行业全要素生产率分解发现，配置效率是影响生猪养殖户全要素生产率的重要因素。Deininger 等（2014）基于中国河北、陕西、辽宁、浙江、四川和湖北 6 省份微观农户数据研究发现，要素配置效率水平的提升是影响农户生产率水平提升的重要因素。

2.3.3　土地资源配置与农业全要素生产率

在有关土地资源错配与农业部门全要素生产率的研究中，已有许多学者对其进行了有益的探讨。例如，Adamopoulos 和 Restuccia（2014）基于菲律宾的微观农户数据，研究发现土地要素的配置不当阻碍了农业全要素生产率的提升，如果能够消除要素扭曲能够实现菲律宾农业全要素生产率增加 17%。Chen（2017）通过建立两部门一般均衡模型采用跨国数据探究土地资源得到配置对农业生产率的影响，研究结果发现有确权能够实现农业生产率水平的提升达 82.5%，其中 42% 的增值是消除了土地配置不当。Restuccia 和 Santaeulalia-Llopis（2017）基于马拉维的农户数据，研究发现土地要素的错配是影响农业全要素生产率的重要因素，如果能够实现土地要素的配置合理，将会实现加总农业产出增加 2.6 倍。Ayerst 等（2018）以越南为例，探究了资源错配对农业全要素生产率的影响，研究结果表明如果能够实现要素的合理配置，就能够实现越南农业全要素生产率在

2006~2010 年增加 68%，在 2012~2016 年增加 80%。针对中国的研究中，一些学者对要素错配与中国农业全要素生产率进行了研究。陈训波（2012）基于 2004~2010 年中国省级面板数据对农业的资源配置扭曲情况进行分析，研究发现，消除要素扭曲能够实现农业全要素生产率增加 6%~36%，土地要素的再配置是消除要素扭曲的关键因素。Adamopoulos 等（2017）基于农业农村部全国农村固定观察点 1993~2002 年的数据，研究发现农户土地要素的配置不当导致了农业加总全要素生产率水平的降低，如果能够消除要素扭曲，就能够实现农业全要素生产率增加 40%~120%。盖庆恩等（2017）基于 2004~2013 年全国农村固定观察点的数据研究发现，如果土地要素能够得到有效配置，能够实现农业部门的全要素生产率提高 1.36 倍，加总的劳动力生产率增加 1.88 倍。Han 等（2018）基于 2012 年中国家庭调查数据（CFPS2012），研究发现土地要素存在配置扭曲，如果能够实现土地要素的再配置，就能够实现产出水平的增加 26%~151%，通过土地流转的方式是一条可行性路径。

2.4　文献评述

农户分化是中国农业发展进入新阶段所出现的状况，农户分化的本质是农户收入占比的变动，主要表现特征为非农就业。农户分化后，土地要素对于农户的重要程度也存在差异。土地要素的配置不当阻碍了农业全要素生产率水平的提升，产生了效率损失。因此，如何针对不同农户类型制定不同的政策，是实现小农户与现代农业发展有机衔接的重要路径。

基于此，文献综述部分按照非农就业与农业生产、非农就业与土地资源配置（农户土地"种不种""种什么""谁来种"）、土地资源配置与全要素生产率三条逻辑主线展开文献综述。通过文献综述，发现已有研究在非农就业与土地资源配置、土地资源配置与全要素生产率等方面针对中国的研究展开了丰富的讨论，但存在以下四个方面的不足：

第一，有关非农就业对农业生产率研究还没有得到一致的研究结论，尤其是没有回答人地关系改变是如何影响农户全要素生产率。具体来看，关于非农就业与农户农业生产率两者的关系还没有得出一致的结论。一部分学者认为非农就业对促进农户农业生产率具有显著的正向影响，另一部分学者则表示反对。Wu 和 Meng（1996）、Zhang 等（2016）的计量研究结果表明两者具有显著的正向关系，而 Rozelle 等（1999）、Feng 等（2010）、Yang 等（2016）的研究结论并没有得出上述结论。虽然有学者认为分析非农就业对农业生产率的影响需要考虑到土地流转的情况（Kung，2002；钱龙和洪名勇，2016），但是已有研究仍然忽略以下三点问题：一是没有将非农就业进行细致划分，忽略了外出务工和本地非农就业的区别，不能笼统用如非农劳动力个数等指标作为衡量非农就业的数据。二是现有研究多是基于截面数据研究，缺乏面板数据对农户非农就业与农业生产率两者之间的讨论，难以动态地分析两者之间的关系，进而可能会忽略一些不可观测因素对估计结果的影响。倘若采用面板数据，能够固定住一些不随时间推移而变化因素对估计结果的影响，也能够反映出两者之间的动态关系。三是劳动力转移带来了人地关系的转变，大多数实证研究中都没有回答人地关系改变是如何影响农户全要素生产率，而是当前非农就业对农户土地资源配置的研究结论差异很大。

第二，鲜有研究从要素错配的角度出发，探究不同类型的土地资源配置对农户全要素生产率的影响。已有研究如 Adamopoulos 等（2017）和盖庆恩等（2017）通过构建两部门模型研究了土地资源配置不当与农业全要素生产率两者的关系，是这一领域的开创性研究，得出的结论对于认识当前中国农业要素配置和如何实现农业结构转型具有重要的意义，但仍存在以下的改进空间：Adamopoulos 等（2017）和盖庆恩等都忽略了农户分化的情况，也忽略了农户土地资源配置中的前两种情形，即"种不种"和"种什么"的问题，而是将统一从事农业生产样本作为农业部门的生产者。

第三，当前非农就业对农户土地资源配置的研究结论差异很大，尤其忽略了非农就业与土地资源配置的作用机理。有关非农就业与土地种植决策的影响，现有研究结论较为一致，非农就业会影响农户土地种植决策，更倾向于退出承包土地，甚至将土地撂荒。而有关非农就业与土地种植结构以及土地流转，现有研究的分歧仍较大，一部分学者认为非农就业能够实现农户种植结构调整和土地流转，另一部分学者认为非农就业对结构调整和土地流转的影响效果不明显。一方面，现有研究大多忽略了非农就业的类型，较少有将农户非农就业划分为外出务工和本地非农就业（Shi 等，2007；Che，2016；Su 等，2018），即便是将非农就业进行划分，研究样本也多是截面数据或者两期的追踪数据，仍然可能会出现潜在的内生性问题；另一方面，现有研究忽略了农户土地资源配置的多种情况（"种不种""种什么""谁来种"），仅是从某一方面进行探究，忽略了不同情况下非农就业对农户土地资源配置的影响。尤其是对非农就业与土地要素配置，现有研究多是分别探究非农就业与土地种植决策、种植结构和土地流转的影响，但忽略了背后作用机制，此外面板数据的估计中也忽略了自变量与因变量两者的潜在内生性关系。

第四，现有研究的研究数据和方法仍存在一定的改进空间。一是非农就业在农户土地资源配置的已有研究中，多是基于截面数据的实证研究，鲜有基于面板数据进行探究。考虑到因变量离散特征或具有截断特征，基于面板数据固定效应忽略了因变量取值的特点，难以实现农户层面的面板数据 Tobit 模型和 Logit 模型的固定效应。二是 Adamopoulos 等（2017）和盖庆恩等（2017）虽然都是采用全国农村固定观察点的微观农户面板数据，但是对数据使用可能存在偏误，即存在样本选择偏误的问题。这是因为全国农村固定观察点的数据虽然根据农户的编码（省码、村码和户码）能够生成唯一的 ID，进而构成面板数据，但倘若不做数据处理，构成的面板数据仍可能存在这种问题：虽然是同一个农户编码，但并不是同一个农户特征，可能是数据录入的偏误，也可能是样本农户退出和进入所导致的。已有研究中也有部分学者对此问题进行了深入的探讨（朱喜等，2011；Zhang 等，2014；张琛等，2019；张云华等，2019）。而遗憾的是，上述研究都忽略了这一点。

针对现有研究存在的不足，本书采用如下方式予以解决：一是将农户的非农就业分为外出务工和本地非农就业两种类型，探究非农就业对土地资源配置、农户全要素生产率的影响。二是采用 2004~2015 年全国农村固定观察点连续跟踪面板数据解决现有研究中存在的样本问题，并通过一系列样本匹配的方式（采用期初土地面积、期末土地面积、土地块数和房屋面积四个指标通过构建欧几里得距离值进行匹配）对全国农村固定观察点的数据进行匹配，尽可能降低以往研究中关于采用全国农村固定观察点数据出现的样本偏误问题。三是采用多种实证模型探究非农就业对不同情况土地资源配置的影响。四是采用 Hsieh 和 Klenow（2009）提出的资源错配分析框架，分析不同情况下如果土地要素实现有效配置进而实现农户全要素生产率水平的提升程度。以期通过上述方式能够尝试性解决已有研究的不足，从"农户分化—非农就业—土地资源配置—农户全要素生产率"的角度，通过农户要素配置的特征探究小农户与现代农业发展有机衔接的实现路径。

第3章 理论分析

3.1 农户非农就业的演化逻辑

农户非农就业的演化逻辑本质是农户分化的体现。研究农户非农就业的演化逻辑本质是探究农户分化的演化逻辑。随着经济社会的快速发展，中国农户分化呈现"纯农户—兼业户—非农户"的演化过程。本章将分别从经济学和管理学两个维度出发探讨农户分化的演化逻辑。

3.1.1 农户分化的演化逻辑经济学分析

根据新迁移经济学的理论，分析农户分化演化的逻辑需要在家庭收益最大化和风险最小化的基础上考虑如何实现家庭效用最大化。鉴于农户家庭行为决策有多种选择，一是选择只从事农业经营（即纯农户），二是选择既从事农业经营又从事非农就业（即兼业户），三是选择不从事农业经营只从事非农就业（即非农户），在这里我们不考虑农户不从事任何经营活动的这种情况。本章在 Heitmueller（2005）模型的基础上，假定农户家庭行为决策有以下两种：选择从事农业生产和从事非农就业，以满足家庭效用最大化。假定农户选择从事农业生产的概率为 η（r），选择从事非农就业的概率为 1-η（r）。通过文献梳理，非农工资率提升与农户非农就业两者呈现正向关系（Dustmann 和 Weiss，2007；张琛等，2017）、制度政策因素也是影响农户非农就业的重要因素，制度环境越差越不利于农户非农就业，反之则有利于实现农户非农就业（徐家鹏，2013；Cortina，2014）。因此，在这里 r 表示影响农户非农就业选择的因素（如非农工资率和制度政策环境①）。农户选择从事农业生产所获得预期收益为π_1，选择从事非农就业所获得预期收益为π_2，其中预期收益指的是从事农业生产（或非农就业）所获得的收入与成本的差值。随着劳动力市场的逐步放开与农业生产比较效益的不断下滑，π_2逐步大于π_1。本章假定农户的期望效用函数形式表示：

$$V(\pi_1,\ \pi_2;\ \eta(r))=E(\eta(r)u(\pi_1)+(1-\eta(r))u(\pi_2)) \tag{3-1}$$

其中，$u(\pi_1)$表示农户选择从事农业生产的效用函数，$u(\pi_2)$表示农户选择从事非农就业的效用函数。农户效用函数满足$u'(\pi)>0$，$u''(\pi)<0$及$u_1(0)=u_2(0)=0$。

进一步地，本章设定农户效用函数为$u(\pi,\ \rho)=\dfrac{(\rho+\pi)^{1-\theta}}{1-\theta}$。其中，$\theta$表示农户的风险规避系数，$\theta$满足$\theta>0$且$\theta\neq1$。因此，农户的期望效用函数可表示为：

$$V(\pi_1,\ \pi_2;\ \eta(r))=E\left(\eta(r)\frac{(\rho+\pi_1)^{1-\theta}}{1-\theta}+(1-\eta(r))\frac{(\rho+\pi_2)^{1-\theta}}{1-\theta}\right) \tag{3-2}$$

在第一种情形下，当农户只选择从事农业生产而不选择从事非农就业，即$\eta(r)=1$，则此时农户的期望效用函数为$u(\pi_1)$。在第三种情形下，当农户选择只从事非农就业，即$\eta(r)=0$，则此时农户的期望效用函数为$u(\pi_2)$。在第二种情形下，将式（3-2）转变可得式（3-3）：

$$CE(\pi_1,\ \pi_2;\ \eta(r))=\left[\eta(r)(\rho+\pi_1)^{1-\theta}+(1-\eta(r)(\rho+\pi_1)^{1-\theta}\right]^{1/(1-\theta)}-\rho \tag{3-3}$$

其中，$CE(\pi_1,\ \pi_2;\ \eta(r))$表示采用确定的货币数值满足农户期望效用值的等价形式。将$CE(\pi_1,\ \pi_2;\ \eta(r))$对$\eta(r)$求偏导数，可得式（3-4）和式（3-5）：

$$\frac{\partial CE(\pi_1)}{\partial\eta(r)}=\frac{((\rho+\pi_1)^{1-\theta}-\rho^{1-\theta})(\eta(r)(\rho+\pi_1)^{1-\theta}+(1-\eta(r))\rho^{1-\theta})^{1/(\theta-1)-1}}{1-\theta} \tag{3-4}$$

$$\frac{\partial CE(\pi_1,\ \pi_2)}{\partial\eta(r)}=\frac{(\rho+\pi_1)^{1-\theta}-(\rho+\pi_2)^{1-\theta})(\eta(r)(\rho+\pi_1)^{1-\theta}+(1-\eta(r))(\rho+\pi_2)^{1-\theta})^{1/(\theta-1)-1}}{1-\theta} \tag{3-5}$$

式（3-4）和式（3-5）中，由于农户选择从事非农就业所获得预期收益大于从事农业生产的预期收益，即$\pi_1<\pi_2$，因此可以得出$\partial CE(\pi_1)/\eta(r)$和$\partial CE(\pi_1,\ \pi_2)/\eta(r)$均大于0。由式（3-5）可以得出式（3-6）：

$$\frac{\partial CE}{\partial r}=\frac{\partial CE}{\partial\eta(r)}\times\frac{\partial\eta(r)}{\partial r}\propto\frac{\partial\eta(r)}{\partial r} \tag{3-6}$$

---

① 现有研究表明风险不确定性也是影响农村劳动力转移的重要因素（Dustmann，1997；Akgüc 等，2016）。本章认为农村劳动力非农就业的风险不确定性是制度政策因素的表现，倘若制度政策较为完善，如社会保障体系的完善，会降低农村劳动力的非农就业风险。

由式（3-6）可以得出，$\partial CE/\partial r$ 与 $\partial \eta(r)/\partial r$ 两者呈正比例关系，这说明影响农户选择非农就业的因素决定着农户最终的期望效用值大小。因此，非农就业工资率和制度政策因素是影响农户分化的重要因素，即农户分化的演化历程，伴随的是非农工资率水平的不断上升和制度政策环境的不断完善。

3.1.2 农户分化的演化逻辑管理学分析

农户家庭不仅可以作为一个经济分析单元，也可以看作一个管理学分析对象，即农户家庭内部如何通过合理地配置各种要素实现自身效用水平的提升。随着多学科交叉研究的不断深入，探究微观主体成长演化的重要理论由原先管理学中的战略管理理论逐步转变为融合多学科的组织生态学理论。例如，侯杰等（2011）结合5家中小企业的案例探究了企业成长的演化机制。张琛和孔祥智（2018）基于组织生态学的理论研究了农民专业合作社成长演化的机制。

农户分化的演化路径可以分为以下三条路径：第一，由纯农户分化为一兼农户；第二，由纯农户分化为一兼农户并进一步演化为二兼农户；第三，由纯农户分化为二兼农户并进一步演化为非农户。本章在侯杰等（2011）、张琛和孔祥智（2018）研究的基础上，根据组织生态学中的"变异—演化—发展"的研究主线着重通过分析农户分化的变异因素，来揭示农户分化背后的演化逻辑。

本章将农户分化的演化逻辑变异因素总结为以下两个方面的因素：一是制度政策的放活；二是农业转型发展的驱动。

3.1.2.1 制度政策的放活

改革开放初期，农户基本上以从事农业经营为主，劳动力流动受到限制。随着制度政策的逐步开放与放活，农村劳动力开始逐步流动，非农收入占比不断上升。改革开放到20世纪80年代初，国家对农村劳动力转移处于管控状态。1981年12月30日，国务院出台了《关于严格控制农村劳动力迁向城市和农业人口转为非农业人口的通知》，指出1978~1980年非农人口共增加了1800万人，平均每年增加接近600万人。政府出于对农业提供商品粮和副食品的定位需要以及城市负担能力的实际情况，要求严格控制从农村招工、认真清理企事业单位使用的农村劳动力和加强户籍制度管理。随着农村商品生产和商品交换的迅速发展、乡镇工商业的蓬勃发展，越来越多的农户转向农村集镇务工、经商，迫切需要解决迁入集体落户的问题。1984年10月13日，国务院出台了《关于农民进镇落户问题的通知》，逐步放活对入城农户的限制，并鼓励支持有经营能力和有技术专长的农户进入集镇落户。在这一时期，1986年7月12日，出台了《国营企业实行劳动合同制暂行规定》，在第二十三条中指出，从农村招用的户、粮关系不变的劳动合同制工人……他们的劳动报酬、保险福利待遇，按照国家有关规定执行。

同年 10 月 1 日，在国务院出台的《国营企业招用工人暂行规定》中也指出，企业招用工人，应当公布招工简章，符合报考条件的城镇待业人员和国家规定允许从农村招用的人员，均可报考，这为农村劳动力的转移开辟了政策保障通道。

进入 20 世纪 90 年代后，劳动力向城镇转移的数量开始增加，也是得益于制度政策的放活。1990 年 4 月 27 日，国务院在《关于做好劳动就业工作的通知》中指出，合理控制农村劳动力的转移，减轻城镇就业压力……农村劳动力向城镇转移，要同建设事业的发展和城镇的承受能力相适应……防止出现大量农村劳动力盲目进城找活干的局面，同时也要求对农村劳动力进城务工通过多种手段实行有效控制、严格管理。控制农村劳动力的盲目流动是 20 世纪 90 年代初期的政策着力点。

1992 年，党的十四大为中国改革开放和现代化建设进入新阶段奠定了基础。1993 年，中共十四届三中全会审议通过了《中共中央关于建立社会主义市场经济体制若干问题的决定》，明确指出逐步改革小城镇的户籍管理制度，允许农民进入小城镇务工经商，发展农村第三产业，促进农村剩余劳动力的转移。1994 年 8 月 8 日，劳动部出台了《促进劳动力市场发展，完善就业服务体系建设的实施计划》，要求开展农村劳动力跨地区流动有序化工程和农村劳动力开发就业试点工作。同年 11 月 17 日，劳动部出台了《农村劳动力跨省流动就业管理暂行规定》，明确指出本地劳动力无法满足需求……用人单位可跨省招用农村劳动力。中共中央办公厅、国务院办公厅于 1995 年 9 月 19 日出台了《关于加强流动人口管理工作的意见》，指出促进农村剩余劳动力就地就近转移……允许农民进城务工经商，兴办企业，并根据一定条件，允许农民在小城镇落户，并同时要求实行统一的流动人口就业证和暂住证制度。随后，小城镇户籍制度改革开始逐步启动。1997 年 6 月 10 日，《国务院批转公安部小城镇户籍管理制度改革试点方案和关于完善农村户籍管理制度意见的通知》中指出，从农村到小城镇务工或者兴办第二产业、第三产业的人员可以办理城镇常住户口。20 世纪 90 年代中后期国家对于农村劳动力转移的政策由"严格控制"逐步转变为"规范引导"，这进一步为农村劳动力从事非农就业提供了契机。

进入 21 世纪，国家一系列政策文件的出台，逐步取消了对农村劳动力流动的限制。在《中华人民共和国国民经济和社会发展第十个五年计划纲要》中，在城镇化战略第三节中指出取消对农村劳动力进入城镇就业的不合理限制，引导农村富余劳动力在城乡、地区间的有序流动。2003 年 1 月 5 日，国务院办公厅发布《关于做好农民进城务工就业管理和服务工作的通知》，要求各地不仅要取消对农民进城务工就业的职业工种限制，而且要切实解决拖欠和克扣农民工工资问题、改善农民工的生产生活条件。2004 年 12 月 27 日，国务院办公厅发布《关于进一步做好改善农民进城就业环境工作的通知》，要求做好促进农民进城就业的管理和服务工作和切实维护农民进城就业的合法权益。从 2004 年起，中央连续出台了 15 个关于农业农村发展的中央一号文件。2004 年中央一号文件指出，进城就业的农民工已经成为产业工人的重要组成部分……健全有关法律法规，依法保障进城就业农民的各项权益。推进大中城市户籍制度改革，放宽农民进城就业和定居的条件。2005～2007 年中央一号文件都要求加强农民转移就业培训和权益保护，通过农村劳动力转移培训阳光工程加快农村劳动力转移。2008 年中央一号文件指出，改善农民工进城就业和返乡创业环境……全面加强农民工权益保障。2009 年中央一号文件和 2010 年中央一号文件都要求要不断扩大农村劳动力就业，健全农民工社会保障制度，切实保障农民工的各项权益。2012 年中央一号文件更是明确指出，鼓励涉农行业兴办职业教育，努力使每一个农村后备劳动力都掌握一门技能，这为农村劳动力通过学习技能日后从事非农就业提供了制度保障。2013 年中央一号文件提出要有序推进农业转移人口市民化，2014 年中央一号文件更是指出要加快推进农业转移人口市民化。2015～2017 年中央一号文件都关注了如何实现农民工职业技能提升，如何维护农民工合法劳动权益，开展新生代农民工职业技能提升计划和建立农民工工资正常支付的长效机制是重要的举措。2018 年中央一号文件则要求大规模开展职业技能培训，促进农民工多渠道转移就业，提高就业质量。从对 2004 年以来历年中央一号文件的梳理可以发现，以人为本的科学发展观在农村劳动力转移过程中体现得淋漓尽致。国家对农村劳动力转移由"规范引导"转变为"服务保障"再转变为"带动提升"，多渠道提升农民工的职业技能培训，为农村劳动力的非农就业夯实了基础。

因此，制度政策的放活是农户分化的演化逻辑首要变异因素，正是劳动力要素市场由限制到放活再到逐步完善，为农户分化奠定了基础。

3.1.2.2　农业转型发展的驱动

以生产力变革为驱动因素所导致生产关系、资源配置方式和经济结构的转变，是一个国家或某个部门在实现现代化进程中所必然经历的过程。中国农业部门经历了上述这种变化，称为农业转型发展。自改革开放以来，中国农业发展符合诱致性技术变迁理论，具体来看是以土地要素为基础变量，以劳动力要素为最能动变量，要素之间相互替代的农业技术变迁路径（孔祥智等，2018）。农业转型包括以下四个方面：农业现代化发展中的农业资本有机构成变化、城镇化快速发展、农业产业内部结构变化和农村就业结构的变化。

首先，自改革开放以来，农业现代化水平不断迈向新台阶，并同时伴随农业资本有机构成的提升。按照马克思（2004）的定义，农业资本有机构成指的是由农业资本技术构成决定并且反映农业技术构成变化的资本价值构成。农业资本有机构成数值越大，意味着单位劳动力占用的农业生产资料越多，农业资本有机构成与中国农业现代化的过程是同步的（孔祥智等，2018）。孔祥智等（2018）对改革开放以来的农业资本有机构成的测算发现，改革开放以来农业资本有机构成总体呈上升趋势，但到 2008 年以后则出现下降的势头，根本原因在于农村劳动力成本在 2008 年后呈现快速上升的趋势，具体结果如表 3-1 所示。我们认为，2008 年前后出现的大批农民工返乡创业是造成农业资本有机构成下降的重要因素，同时这也是影响农户分化的重要因素：农民工返乡创业带动了农村内部就业结构的变化，进而会影响农户家庭收入结构的变化。许多媒体报刊都报道了返乡创业带动当地农户致富的例子，如光明网以《返乡创业一人带动致富一方》[①] 报道了周口郸城县新东方农民专业合作社理事长王某返乡创办新东方农民专业合作社，吸纳带动返乡农民工 120 人，有效解决本村和周边村庄劳动力的非农就业问题。中国人民大学课题组对河南省荥阳市新田地种植专业合作社的跟踪调研也发现，返乡创业的合作社理事长李某于 2011 年 3 月 26 日创办合作社。与当地普通农户种植玉米所需工时相比，新田地合作社社员种植玉米每亩能节省 9 个工（张琛和孔祥智，2018），农业生产的省工意味着农户有更多的时间选择外出务工或者闲暇，这为农户选择外出务工或在本地务工提供了便利条件。

表 3-1　1978~2016 年有关数据统计　　单位:%，元，万人

年份	城镇化率	农村居民人均工资性收入	城镇居民人均工资性收入	乡村就业人员数	第一产业就业人员数	农村劳动力转移人员数
1978	17.92	88.3	343.4	30638	28318	2320
1979	19.99	100.7	405.0	31025	28634	2391
1980	19.39	106.4	477.6	31836	29122	2714
1981	20.16	113.8	500.4	32672	29777	2895
1982	21.13	142.9	535.3	33867	30859	3008
1983	21.62	57.5	572.9	34690	31151	3539
1984	23.01	66.5	660.1	35968	30868	5100
1985	23.71	72.2	569.4	37065	31130	5935
1986	24.52	81.6	910.0	37990	31254	6736
1987	25.32	95.5	752.9	39000	31663	7337
1988	25.81	117.8	826.1	40067	32249	7818
1989	26.21	136.5	933.8	40939	33225	7714
1990	26.41	138.8	1028.0	47708	38914	8794

① 资料来源：http://difang.gmw.cn/ha/2017-05/25/content_ 24598601.htm。

年份	城镇化率	农村居民人均工资性收入	城镇居民人均工资性收入	乡村就业人员数	第一产业就业人员数	农村劳动力转移人员数
1991	26.37	151.9	1147.6	48026	39098	8928
1992	27.63	184.4	1452.4	48291	38699	9592
1993	28.14	194.5	1799.2	48546	37680	10866
1994	28.62	263.0	2427.0	48802	36628	12174
1995	29.04	353.7	2990.4	49025	35530	13495
1996	29.37	450.8	3349.5	49028	34820	14208
1997	29.92	514.6	3735.7	49039	34840	14199
1998	30.40	573.6	3806.2	49021	35177	13844
1999	30.89	630.3	4008.4	48982	35768	13214
2000	36.22	702.3	4480.5	48934	36043	12891
2001	37.66	771.9	4829.9	48674	36399	12275
2002	39.09	840.2	5740.0	48121	36640	11481
2003	40.53	918.4	6410.2	47506	36204	11302
2004	41.76	998.5	7152.8	46971	34830	12141
2005	42.99	1174.5	7797.5	46258	33442	12816
2006	43.90	1374.8	8767.0	45348	31941	13407
2007	44.94	1596.2	10234.8	44368	30731	13637
2008	45.68	1853.7	11299.0	43461	29923	13538
2009	46.59	2061.3	12382.1	42506	28890	13616
2010	47.50	2431.1	13707.7	41418	27931	13487
2011	51.27	2963.4	15411.9	40506	26594	13912
2012	52.57	3447.5	17335.6	39602	25773	13829
2013	53.73	3652.5	16617.4	38737	24171	14566
2014	54.77	4152.2	17936.8	37943	22790	15153
2015	56.10	4600.3	19337.1	37041	21919	15122
2016	58.52	5021.8	20655.0	36175	21496	14679

注：①城镇化率数据来自历年《中国统计年鉴》；②农村居民人均工资性收入和城镇居民人均工资性收入数据来源于历年《中国统计年鉴》和国家统计局数据；③乡村就业人员数、第一产业就业人员数来源于历年《中国人口和就业统计年鉴》；④农村劳动力转移人员数为乡村就业人员数与第一产业就业人员数的差值。

其次，城镇化的快速发展对农户分化起到了"拉力"。自改革开放以来，中国的城镇化水平呈现高速发展的态势，从1978年的17.92%快速增长到2016年的58.52%（见表3-1）。城镇化的发展离不开劳动力要素的贡献，这就为农村劳动力提供了大量的非农就业岗位，进而对农村家庭收入结构产生影响。许多学者

的研究结论都表明非农就业的工资率的快速上升是影响农户非农就业的关键因素
（Mesnard，2004；Dustmann 和 Weiss，2007）。张琛等（2017）通过数理模型推
导得出劳动力非农就业的关键因素在于外出就业工资率与本地就业工资率两者的
比率。根据表 3-1 的数据统计，可以看出改革开放以来城镇就业工资水平一直高
于农业劳动力工资，直接反映的是表 3-1 中乡村就业人员数和第一产业就业人员
数的逐步下降，两者的差值（农村劳动力转移人员数）呈现不断上升的趋势。
表 3-1 中第一列的城镇化率与最后一列的农村劳动力转移人员数两者呈现同步变
化的趋势，这也进一步表明城镇化的发展对农村劳动力起到了"拉"力的作用。

再次，农业产业结构变化对农户分化起到了"推力"。自改革开放以来，随
着农业生物化学技术的进步和农业机械技术的进步，在保证大农业健康发展的同
时，农业产业的内部结构也发生了变化，结构不断优化（见表 3-2）。具体来看，
中国农业发展取得了可喜的成绩，按照不变价格计算（以 1978 年为基准），中国
农林牧渔总产值由 1978 年的 1397 亿元增加到 2016 年的 17850 亿元。从农林牧渔
业占农业总产值的比重来看，这一比重从 1978 年的 79.99% 逐步下降到 2016 年
的 52.89%，下降了 27.1 个百分点。采用农林牧渔总产值与第一产业就业人员数
的比值作为农业劳动生产率的指标，剔除了价格因素后从表 3-2 可以得出，中国
农业劳动力生产率和农业综合机械化率两者均呈现快速上升的趋势，1978 年农
业劳动力生产率为 493.33 元/人，2016 年农业劳动生产率为 8303.87 元/人，年
均增长 7.71%；农业综合机械化率由 1978 年的 0.20 增加到 2016 年的 0.65，年
均增长 2.2%。农业产值占比下降、农业劳动生产率和农业机械化率水平的快速
上升意味着农业生产中不再像以前需要大量的农业劳动力，大量农村劳动力从农
业生产中解放出来，加上制度政策的放活，为农户分化起到了推动作用。此外，
农业内部种植结构也发生了变化。粮食作物的种植比例由 1978 年的 80.34% 逐步
下降到 2016 年的 75.30%，经济作物的种植比例也随之上升了 5.04%，主要原因
在于粮食生产的比较效益下降，农户转而选择种植经济效益更高的经济作物，由
于经济作物的农业机械化率水平较低，从事经济作物种植的农户不得不选择雇工
这一形式，这也为农户增加工资性收入开辟了新渠道。

表 3-2　1978~2016 年农业产业结构变化情况　　　　单位：亿元，%

年份	农林牧渔总产值	农业综合机械化率	农业产值占比	林业产值占比	牧业产值占比	渔业产值占比	粮食作物种植比例	经济作物种植比例
1978	1397	0.20	79.99	3.44	14.98	1.58	80.34	19.66
1979	1666	0.21	78.07	3.58	16.82	1.53	79.45	20.55

续表

年份	农林牧渔总产值	农业综合机械化率	农业产值占比	林业产值占比	牧业产值占比	渔业产值占比	粮食作物种植比例	经济作物种植比例
1980	1755	0.21	75.63	4.23	18.42	1.71	78.10	21.90
1981	1942	0.19	75.02	4.53	18.44	2.00	76.59	23.41
1982	2168	0.19	75.11	4.43	18.39	2.06	75.59	24.41
1983	2354	0.18	75.44	4.63	17.64	2.30	75.98	24.02
1984	2679	0.19	74.05	5.03	18.27	2.65	75.20	24.80
1985	2761	0.19	69.25	5.21	22.06	3.48	72.51	27.49
1986	2874	0.20	69.07	5.01	21.82	4.10	73.90	26.10
1987	3121	0.22	67.59	4.75	22.85	4.81	74.13	25.87
1988	3295	0.24	62.52	4.69	27.29	5.50	73.36	26.64
1989	3111	0.25	62.75	4.36	27.55	5.34	74.75	25.25
1990	3538	0.27	64.66	4.31	25.67	5.36	75.59	24.41
1991	3643	0.28	63.09	4.51	26.47	5.93	74.82	25.18
1992	3813	0.30	61.51	4.65	27.08	6.75	73.66	26.34
1993	4024	0.30	60.07	4.49	27.41	8.02	73.62	26.38
1994	4644	0.31	58.22	3.88	29.66	8.24	72.98	27.02
1995	5122	0.32	58.43	3.49	29.72	8.36	73.32	26.68
1996	5197	0.33	60.57	3.48	26.91	9.04	74.98	25.02
1997	5380	0.35	58.23	3.44	28.73	9.60	75.22	24.78
1998	5595	0.38	58.03	3.47	28.63	9.87	75.81	24.19
1999	5669	0.39	57.53	3.61	28.54	10.31	75.39	24.61
2000	5738	0.32	55.68	3.76	29.67	10.89	72.26	27.74
2001	5987	0.32	55.24	3.59	30.42	10.75	70.67	29.33
2002	6315	0.32	54.51	3.77	30.87	10.85	69.21	30.79
2003	6764	0.32	50.08	4.18	32.13	10.57	66.23	33.77
2004	7946	0.34	50.05	3.66	33.59	9.95	67.69	32.31
2005	8497	0.36	49.72	3.61	33.74	10.18	69.47	30.53
2006	8660	0.39	52.74	3.95	29.61	9.73	69.92	30.08
2007	9900	0.42	50.43	3.81	32.98	9.12	70.38	29.62
2008	11090	0.46	48.35	3.71	35.49	8.97	71.15	28.85
2009	11622	0.49	50.99	3.63	32.25	9.32	72.61	27.39
2010	12921	0.52	53.29	3.74	30.04	9.26	73.20	26.80

续表

年份	农林牧渔总产值	农业综合机械化率	农业产值占比	林业产值占比	牧业产值占比	渔业产值占比	粮食作物种植比例	经济作物种植比例
2011	14378	0.55	51.64	3.84	31.70	9.31	73.66	26.34
2012	15419	0.57	52.47	3.85	30.40	9.73	74.09	25.91
2013	16295	0.59	53.09	4.02	29.32	9.93	74.59	25.41
2014	16837	0.62	53.58	4.16	28.33	10.11	75.10	24.90
2015	17389	0.64	53.84	4.14	27.82	10.16	75.51	24.49
2016	17850	0.65	52.89	4.13	28.28	10.35	75.30	24.70

注：①农林牧渔总产值的数据来自历年《中国农村统计年鉴》；②农业产值占比、林业产值占比、牧业产值占比和渔业产值占比根据历年《中国农村统计年鉴》数据计算可得；③农业综合农业机械化率来源于历年《中国农业统计资料》。

最后，农户就业结构的变化是农户分化的另一个"推力"。农户就业结构的多元化为农户非农就业开辟了多条路径，因此能够充分反映出农村本地非农产业的发展情况。鉴于现有统计资料没有针对农户就业结构的详尽统计，本章基于全国农村固定观察点的微观农户数据分析农户就业结构的变化情况。全国农村固定观察点是 20 世纪 80 年代中期经中央书记处批准建立，由中共中央政策研究室和农业部具体组织指导，在全国 31 个省份连续跟踪的一项农村调查工作，能够充分反映出农户生产生活的情况，目前共覆盖全国 31 个省份 355 个行政村和 2 万多户农户。

改革开放初期农户就业结构较为单一，仅从事农业生产，农户分化状况还不明显。鉴于全国农村固定观察点办公室于 2003 年对问卷进行大幅修改，对农户家庭劳动力信息进行了详细调查。值得注意的是，根据经济形势的变化，全国农村固定观察点数据在 2009 年对调查问卷进行了大幅修改。其中，2003~2008 年农户问卷中"从事主要行业"这一问题共有六个选项（农业、工业、建筑业、运输业、商业饮食服务业、其他）。2009 年之后的农户问卷"从事主要行业"这一问题共有 12 个选项（农林牧渔业、采矿业、制造业、电力、燃气及水的生产和供应业、建筑业、交通运输仓储和邮政业、批发和零售业、住宿和餐饮业、租赁和商务服务业、居民服务和其他服务业、其他）。为了便于分析的一致性，本章以 2003~2008 年农户问卷的问题选项为基准，将 2009 年之后的农户问卷选项按照"农业、工业、建筑业、运输业、商业饮食服务业、其他"进行匹配，具体结果如表 3-3 所示：

表 3-3　农户就业结构的变化情况　　　　　　单位：%

年份	农业	工业	建筑业	运输业	商业饮食服务业	其他
2003	35.79	19.13	7.51	3.81	13.61	20.14
2004	36.99	17.97	7.85	4.09	13.87	19.24
2005	36.84	18.60	8.27	3.92	13.48	18.89
2006	36.39	18.35	8.47	4.17	13.64	18.99
2007	35.12	18.63	8.66	3.90	13.32	20.37
2008	32.51	19.42	9.32	4.12	13.43	21.20
2009	30.59	21.96	10.25	6.86	17.29	13.05
2010	29.70	21.57	10.12	6.17	18.47	13.97
2011	29.10	21.71	10.68	5.76	18.19	14.56
2012	29.15	22.08	10.92	5.42	17.42	15.01
2013	27.15	21.09	10.73	5.28	18.95	16.80
2014	26.49	20.39	11.18	5.14	19.24	17.56
2015	25.34	20.12	11.17	5.11	20.16	18.09
2016	24.43	19.31	11.62	4.94	21.04	18.66

资料来源：以上数据由笔者根据全国农村固定观察点数据计算所得。

　　由表 3-3 可知，2003~2016 年农户家庭就业结构呈现以下三个方面的特征：一是从事农业的比例不断下降。2003 年农户家庭从事农业的比例为 35.79%，占比最高，而到了 2016 年这一比例下降到 24.43%，降低了 11.36 个百分点；二是农户在第二产业从事比例总体呈现上升趋势，但是在不同行业中存在差异，其中从事工业的比例基本保持不变，从事建筑业和运输业的农户比例不断上升；三是服务业已成为农户就业的重要行业。由表 3-3 可以看出，2003 年商业饮食服务业的就业比例为 13.61%，2016 年这一比例上升到 21.04%，增加了 7.43 个百分点。根据全国农村固定观察点数据分析可得，当前农业就业结构具有多元化的特征，不同的就业结构意味着农户家庭收入存在差异，这也推动了农户的分化。

　　基于上述分析，农户分化的演化逻辑的另一个重要变异因素是农业转型发展的驱动。农业现代化发展中的农业资本有机构成意味着农业现代化的发展，通过"涓滴效应"影响着农户分化；城镇化快速发展的"拉力"与农业产业内部结构变化、农村就业结构变化的"推力"影响着农户分化。

　　因此，农户分化的逻辑如图 3-1 所示：

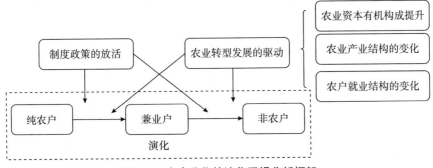

图 3-1　农户分化的演化逻辑分析框架

根据张琛和孔祥智（2018）提出的组织成长演化模型：组织因变异因素实现自身演化，因演化而发展，再因内外部因素的变化再次变异，进而再一次演化和发展。农户分化的演化逻辑也是如此：制度政策的放活和农业转型发展的驱动两大变异因素推动着农户由纯农户向兼业户再向非农户不断演化。农户由纯农户向兼业户再向非农户的过程意味着只从事农业生产的农户比例不断降低，从事非农就业的农户比例呈现不断增加的趋势，也会对农业产业结构和农户就业结构产生影响，对农户分化的"推力"效应更加明显，即农户因外部环境的变化再次演化。具体来看，一是农户分化带来的一个直接影响是从事农业生产的农村劳动力数量减少，劳动力与机械要素替代便会发生，具体表现在表 3-2 中农业综合机械化率的不断增加。在农户分化和农业机械化发展存在结构性矛盾的背景下，农户会尽可能提高机械化程度较高作物的种植比例，农业产业结构也会发生转变。二是农户分化意味着从事非农就业的农村劳动力数量增加，也会影响着农村就业结构的变化，具体表现在表 3-3 中工业、建筑业、运输业、商业饮食服务业就业比例的变化。作为外部因素的农业产业结构和农户就业结构发生变化，会影响着农户由纯农户向兼业户再向非农户不断演化的过程。因此，农户分化的演化逻辑是：制度政策放活和农业转型发展驱动两大变异因素诱导着农户不断演化。农户分化过程中通过影响变异因素实现自身进一步演化发展。

3.2　非农就业对农户土地资源配置的理论分析

3.2.1　非农就业对农户种植决策的理论分析

农户从事非农行业意味着农户时间约束条件中从事非农就业时间增加，从事其他活动时间下降。基于此，本节从农户时间配置的角度出发，在发展 Yang

（1997）的农户模型基础上，从理论层面探讨非农就业对农户是否种地决策的影响机制。农户家庭目标是在一定约束条件下实现自身效用最大化。假定农户农业产出为 Q 并满足 $Q=f(X，L，T_a；\phi)$，我们在 Yang 的模型基础上将农户家庭的时间禀赋 T 进一步分为在本乡镇从事非农就业的时间为 T_{nl}，外出从事非农就业的时间为 T_m，从事农业生产的时间为 T_a，闲暇时间为 l，消费为 c，即时间禀赋 T 满足 $T_a+T_{nl}+T_m+l \leqslant T$。构建拉格朗日函数可表示为：

$$L=U(c，T-T_a-T_{nl}-T_m；\phi)+\lambda(w_1T_{nl}+w_2T_m+pQ-p_xX-cp_c) \tag{3-7}$$

其中，w_1 和 w_2 分别表示在本地从事非农就业的工资和外出从事非农就业的工资，p 表示农业产出的价格，p_x 表示农业生产性资料投入品的价格，p_c 表示消费的商品单位价格。由式（3-7）求偏导数可以得出：$U_c=\lambda p_c$；$U_l=\lambda p$；$Q_{T_{nl}}=\lambda w_1$；$Q_{T_m}=\lambda w_2$；$pQ_X=p_x$。曲线 AB 表示农户劳动力农业收入前沿面，曲线 AB 呈现下降的趋势，是因为劳动力边际报酬递减的规模。折线 ADC 表示农户从非农行业获得的收入情况，因为农户存在在本乡镇从事非农就业和外出从事非农就业两种情况，因此存在一个拐点 D，假定 w_1 和 w_2 保持不变，因此 CD 和 AD 均为直线。一般来说，农户在本乡镇从事非农就业的工资率要低于外出务工的工资率，直线 CD 表示本乡镇内从事非农就业收入曲线，折线 AD 表示外出务工就业收入曲线。直线 C′D′F 表示当某一特定因素（如经济形势变化等因素）影响下的农户从非农行业获得的收入情况。F 表示非农就业收入曲线与农户劳动力农业收入的切点，意味着农业生产的边际收益等同于非农就业的边际收益，即农户最优劳动力的配置情况。切点 F 对应的横轴为 F_1，AF_1 表示农户从事农业生产的时间。农户效用曲线与折线 C′D′F 相切于点 E，切点 E 对应的横轴为 F_2，OF_2 表示农户闲暇的配置时间，则 F_1F_2 表示农户从事非农就业的时间。切点 E 对应的纵轴 Y_0 表示农户家庭获得的最终收入。如图 3-2 所示。

考虑到农业生产与非农就业的比较收益，农业生产中需要投入生产性资料，如劳动力要素。由图 3-2 可知，假定农户从事农业生产中投入的最低劳动力数量为 L_0，与曲线 AB 的交点 G 位于切点 F 的右侧。由于农户如果选择投入低于 L_0 数量的劳动力，那么将无法获得农业收入，即曲线 AB 中的曲线 AG 的部分不再是农户农业收入曲线的一部分。由于 L_0 是农户投入劳动力获得农业生产收入的最低投入量，因此不会影响到农户时间的最优配置。进一步地，考虑到影响到农户最优时间配置的直线 t_1，此时农户家庭的效用发生了变化，效用曲线与预算约束线由切点 E 转变切点 E_1，这时候农户家庭的收入曲线为 $ADHE_1$。直线 t_2 中的点 I 表示农户非农就业曲线与农业收入曲线两者的交点，如果从事农业的时间大于 t_2，农户将会更倾向于选择退出农业生产，意味着全部从事非农就业生产将会

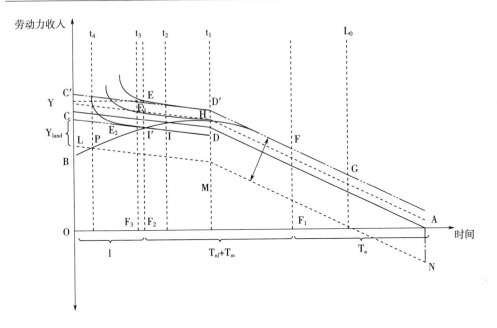

图 3-2　土地市场下的农户家庭时间配置与非农就业

获得更高的收入。

　　当非农就业工资率发生变化，例如直线 t_3 中的点 I′表示非农工资率变化下农户非农就业曲线与农业收入曲线两者的交点，此时 I′对应的横轴为 F_3，同时农户效用函数也发生变化，与预算约束线相切于 E_2。自改革开放以来，农业生产要素之间存在显著的替代关系（孔祥智等，2018），越来越多的劳动力从农业生产中释放出来，非农就业工资率水平的增加意味着农业生产的机会成本增加。

　　随着农户对自身土地配置的自主性不断增强和土地市场的不断完善，农户家庭的收入不仅包括劳动力收入，也包括承包土地所获得收入。因此，分析非农就业的时间配置需要考虑到土地收益这部分的收入。在图 3-2 中，折线 LMN 表示考虑到土地收益下农户非农就业收入情况。如果农户选择放弃土地种植，意味着农户失去了可能存在的土地租金收入，即实际家庭劳动力收入下降了 Y_{land}，即折线 LMN 位于直线 ADC 的下方。折线 LMN 与曲线 AB 相交于点 P，农户最优时间配置为 t_4。点 P 左边意味着农户放弃土地种植能够获得更高的收入。点 P 和点 D 是农户家庭选择从事农业生产的最优选择，因此当存在更高的非农就业工资率，那么农户更愿意将更多的时间配置在非农就业上。

　　进一步地，我们在图 3-2 的基础上，进一步探究非农就业对于农户选择是否种植土地的影响。鉴于中国农民普遍缺乏"契约精神"，是极端的风险厌恶者

（见图3-3）。在图3-3中，X_1 和 X_2 分别表示农户两种选择选择形式，U_1 和 U_2 分别表示与之对应的期望效用，U_2 大于 U_1。一般来说农户是风险厌恶者，假定农户选择种地的意愿为 α，则选择不种地的意愿为 $1-\alpha$，对应的期望效用为 $U_{x'} = \alpha U_1 + (1-\alpha) U_2$，而由于农户是风险厌恶的，即 U_x 大于 $U_{x'}$，即当农户选择 X 时的实际效用值高于期望效用值。只有当农户选择 X′ 的时候，才能够达到等同于 X 时的效用值，因此农户需要得到补偿 X′X。正是考虑到补偿 X′X 的原因，农户选择是否种地会考虑到风险因素。相比于农业生产，非农就业能够获得更高的收入，但也面临着较高的风险，一方面是当前经济进入新常态，部分行业经验效益的下降对劳动力需求质量的提升，加大了就业难度；另一方面从家庭照料的角度来看，非农就业意味着离开家庭，即 X′X 不仅包括货币收入上的差异（即收入效应），也包括一些不可用货币收入度量的因素（即情感效应）。具体来看，收入效应指的是农户选择非农就业所获得高于农业生产的收入。情感效应一方面是农户出于对土地的情感，另一方面也是农户出于照料家庭、规避外出就业风险等多方面的考虑。越来越多的农户从风险规避的角度对于非农就业的选择保持谨慎。根据图3-2和图3-3的分析可以提出如下假说：

假说1：非农就业收入越高的农户，越倾向选择放弃土地种植，即收入效应大于情感效应；非农收入越低的农户，更倾向于选择耕种土地，即收入效应低于情感效应。

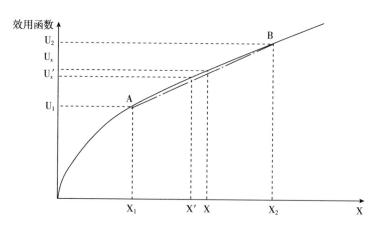

图3-3　农户风险规避与土地种植选择

3.2.2　非农就业对农户土地种植结构的理论分析

选择进行土地种植决策的农户，面临的决策是种植何种作物。农户对于土地种植决策，即决定种植何种作物，直观反映是农户土地种植结构是否发生变化。农户种植作物的类型一般分为劳动密集型农产品和土地密集型农产品。劳动密集型农产品顾名思义，指的是依靠生产过程中需要大量劳动力（如蔬菜、水果、生猪、牛、羊、禽、禽蛋等）。土地密集型农产品指的是农作物对土地的依赖性较大，单位面积劳动力投入较少（如小麦、玉米、水稻等）。两者的本质区别在于单位面积上劳动力投入量，意味着劳动力密集型农产品生产过程中离不开大量劳动力的投入。劳动密集型农产品一般都是经济作物，农业机械化水平低于粮食作物机械化率。这表明，劳动密集型农产品生产过程中机械替代劳动的难易程度较大，例如苹果在生产过程中，套袋环节就难以采用机械套袋，不得不采用人工的方式套袋。因此，劳动力、机械、土地要素三者之间是一个动态匹配过程。非农就业对农户土地种植结构的影响，不可避免地会受到了农业机械化程度的影响，且这一影响会随着农业机械化程度高低的变化而变化。值得注意的是，当前中国农业机械化发展道路是农机手购置农业机械、向农户提供农机社会化服务、普通农户花钱购买机械服务（孔祥智等，2015）。普通农户考虑到投资回报率以及专用性资产的特性，更倾向于购买农业机械化服务。因此，采用农户购买农业机械服务金额这一指标能够更好地反映农户农业生产过程中农业机械化使用情况（周振，2016）。考虑到土地租赁市场的情况，农户的生产函数可以表示为：$Q = f(A, L, M, I)$，A、L、I 分别表示土地、劳动力、生产性资料（如化肥），M 表示农业机械。农户的利润函数可以表述为：$\pi = pf(A, L, M, F) - aA - wL - rM - bF$，其中，$\pi$ 表示利润，p 表示产品价格，a 表示土地价格，w 表示劳动力价格，r 表示机械价格，b 表示生产性资料价格。将利润函数分别对四种要素求导可以得出：$pf_A = a$、$pf_L = w$、$pf_M = r$、$pf_F = b$。对四种投入要素的一阶导数求全微分可以得出：

$$pf_{AM}dM + pf_{AL}dL + pf_{AF}dF + pf_{AA}dA + f_A dp = da \qquad (3-8)$$

$$pf_{LM}dM + pf_{LL}dL + pf_{LF}dF + pf_{LA}dA + f_L dp = dw \qquad (3-9)$$

$$pf_{MM}dM + pf_{ML}dL + pf_{MF}dF + pf_{MA}dA + f_M dp = dr \qquad (3-10)$$

$$pf_{FM}dM + pf_{FL}dL + pf_{FF}dF + pf_{FA}dA + f_F dp = db \qquad (3-11)$$

分别对上述四个式子两两求解，根据利润最大化有解的条件（生产函数是严格凹函数）及其他要素价格不变的情况下，可以推导出任何两种要素 A 与要素 B 之间满足：

$$dA/dP_B \propto -\frac{df_A}{dB} \qquad (3-12)$$

其中，P_B 表示要素 B 的价格，f_A 表示要素 A 的边际产出。式（3-12）表明任何两种要素 A 与要素 B 之间的替代取决于一种要素投入对另一种要素边际产出的影响，即 dA/dP_B 与 $-df_A/dB$ 两者呈现正相关。当要素 B 价格上升，即要素

B 投入量减少。如果要素 B 的投入量减少会导致要素 A 的边际产出增加，即 df_A/dB 小于 0。

鉴于农业机械与劳动力两者存在替代效应，非农工资率水平上升幅度与农业机械服务价格的上升幅度的差值意味着劳动力相对于农业机械的稀缺性。非农就业意味着劳动力离开农业生产，作为理性的农户更倾向于选择种植易于机械化操作的农作物。由式（3-12）可知，劳动力与农业机械价格的变化因边际产出的变化会导致劳动力与农业机械要素投入量的变化。因此，农户农业机械化服务购买情况可以看作非农就业与土地种植决策的调节变量，本章提出如下假说：

假说 2：非农就业会对农户土地种植结构产生影响，主要是受到机械化调节效应的影响。

许多学者的研究表明当前小农户种植结构"趋粮化"趋势明显（易小燕和陈印军，2010；仇童伟和罗必良，2018；罗必良和仇童伟，2018），本章重点分析非农就业对土地密集型农产品种植结构的影响。土地密集型农产品种植一般指的是小麦、玉米、水稻等大田作物。大田作物的农业机械服务价格普遍较低，一方面是因为大田作物的农业机械化率水平较高，便于进行农机作业服务；另一方面是大田作物的农业机械保有量也较高，农机服务市场竞争较为激烈。因此，土地密集型农产品农业机械服务价格的上升幅度低于非农就业工资率的上升幅度。土地密集型农产品种植的农户，虽然自家从事农业生产的劳动力数量减少，但"机械换人"的效果日趋明显。基于生产的便利性和比较优势，农户更倾向于从事机械化程度较高的农作物生产。基于此，本章提出如下假说：

假说 2a：以土地密集型农产品种植为主的农户，非农就业程度越高，越倾向于增加土地密集型农产品的种植。

3.2.3 非农就业对农户土地流转的理论分析

由于农户土地、劳动力与资本的配置是一个联合决策的过程（杜鑫，2013），我们在 Deininger 和 Jin（2005）、钟甫宁和纪月清（2009）的基础上，考虑到土地市场的流动性，即农户可以进行土地流转，构建一个考虑到土地流转、劳动力转移和生产性投资的代表性农户生产模型。假设农户拥有初始土地禀赋为 $\overline{L}$，劳动力初始禀赋为 $\overline{T}$，资金禀赋为 $\overline{K}$，农产品价格为 p，T_w 表示从事非农就业的劳动力，w 表示工资率。假定生产函数为 $f(T_A, L, I)$，其中 I 表示农业生产性投资。农户会根据自身家庭的情况进行土地流转、外出务工和农业生产性投资，因此农民面临如下优化问题：

$$\text{Max} p\alpha(\psi_a)f(T_A, L, I(\theta)) + \alpha(\psi_{na})wT_w + L^{out}(L<\overline{L}) \times (\overline{L}-L) \times (r-\phi) - L^{in}(L>$$

$$\overline{L}) \times (L - \overline{L}) \times (r + \phi) \tag{3-13}$$

其中，T_A、L、I 分别表示从事农业生产的时间、土地和生产性资料（如化肥），与 Adamopoulos 等（2017）对中国农业生产函数设置相一致，中国农业生产过程中需要考虑到农户的异质性，$\alpha(\psi_a)$ 表示农户农业的生产能力，其中 ψ 表示影响农户农业生产能力的能力因素。在本章分析中，我们重点考虑的是农户非农就业的情况①。根据托达罗模型，农户非农就业因自身的能力的差异，找到工作的概率也与农户的非农就业能力 $\alpha(\psi_{na})$ 相关。需要说明的是，农户农业生产能力 $\alpha(\psi_a)$ 与非农就业能力 $\alpha(\psi_n)$ 两者是存在差异，并不能认为两者是一致的（袁航等，2018）。约束条件中 L^{in}（$L > \overline{L}$）表示是否转入土地，如果 $L > \overline{L}$，则 L^{in}（$L > \overline{L}$）= 1，否则 L^{in}（$L > \overline{L}$）= 0；类似地，L^{out}（$L < \overline{L}$）表示是否转出土地，如果 $L < \overline{L}$，则 L^{out}（$L < \overline{L}$）= 1，否则，L^{out}（$L < \overline{L}$）= 0。r 表示土地流转租金，ϕ 表示土地流转过程中存在的交易费用，受到多种因素影响。在农户劳动力时间约束和土地约束条件的基础上，构建拉格朗日分别求导。农户最优的农业时间选择、土地流转选择的一阶条件为：

$$p\alpha(\psi_a)f_{T_A}(T_A, L, I(\theta)) = \alpha(\psi_{na})w \tag{3-14}$$

$$p\alpha(\psi_a)f_L(T_A, L, I(\theta)) = r - \phi（如果 L < \overline{L}） \tag{3-15}$$

$$p\alpha(\psi_a)f_L(T_A, L, I(\theta)) = r + \phi（如果 L > \overline{L}） \tag{3-16}$$

式（3-15）和式（3-16）表示农户土地转出和转入的最优选择方程。与袁航等（2018）的研究相似，从式（3-15）和式（3-16）可以求解出农户农业经营能力的最优解临界值，即：

$$\psi_a^{out} = \alpha^{-1}\left(\frac{r - \phi}{pf_L(T_A, L, I(\theta))}\right)\psi_a^{in} = \alpha^{-1}\left(\frac{r + \phi}{pf_L(T_A, L, I(\theta))}\right) \tag{3-17}$$

分别将式（3-15）与式（3-16）、将式（3-15）与式（3-17）两两联立求导。可以得出：

$$\frac{\partial L}{\partial \psi_a} = \frac{\partial L}{\partial \alpha(\psi_a)} \times \frac{\partial \alpha(\psi_a)}{\partial \psi_a} = -\frac{\partial \alpha(\psi_a)}{\partial \psi_a}\frac{f_{T_A}f_{T_AL} - f_L f_{T_AT_A}}{\alpha(\psi_a)\left[f_{T_AL}^2 - f_{T_AT_A}f_{LL}\right]} \tag{3-18}$$

其中，考虑到农户农业生产能力是随着农户能力的增强而增强的，即 $\partial \alpha(\psi_a)/\partial \psi_a$ 大于 0。因此，式（3-18）的符号主要取决于 $f_{T_A}f_{T_AL} - f_L f_{T_AT_A}$ 的符号。

---

① 不同类型的农户直观反映的是农户非农收入占家庭收入的比重，但已有研究表明农户非农就业状况是影响农户农业生产能力的重要因素（Bojnec 和 Fertö，2013；Yang 等，2016；Ahmed 和 Melesse，2018）。

生产函数满足规模报酬不变特征，根据生产函数性质可得 $f_{T_A L}^2 - f_{T_A T_A} f_{LL} < 0$、$f_{T_A T_A} < 0$、$f_{T_A} > 0$、$f_L > 0$ 和 $f_{T_A L} > 0$。因此，式（3-18）的符号为正。即农业生产能力越高的农户，越倾向于转入土地，反之也成立。

值得注意的是，农户非农就业能力与农业生产能力可能存在正"U"形关系或倒"U"形关系，也可能存在线性关系（即二次性系数 B 为 0）。袁航等（2018）认为农业生产能力高的农户其非农能力同样很强，但值得注意的是，农业生产能力高的农户可能由于社会化服务组织、加入农民专业合作社等纵向协作方式提高农业生产能力高，并不是由于自身能力强而导致农业效率高。但是如果农户非农就业能力较强，那么农业生产能力则并不弱。因此，农户农业生产能力与非农就业能力两者不能直接画等号。基于此，我们令 $\alpha(\psi_{na}) = \gamma(\psi_a)$，重新对式（3-14）与式（3-15）、式（3-14）与式（3-16）两两联立求导，可以得出：

$$\frac{\partial L}{\partial \psi_a} = \frac{\partial L}{\partial \alpha(\psi_a)} \times \frac{\partial \alpha(\psi_a)}{\partial \psi_a} = -\frac{\partial \alpha(\psi_a)}{\partial \psi_a} \frac{f_{T_A} f_{T_A L} - f_L f_{T_A T_A} + f_{T_A L} \gamma(\psi_a) / \partial(\psi_a) p}{\alpha(\psi_a) \left[f_{T_A L}^2 - f_{T_A T_A} f_{LL} \right]} \quad (3-19)$$

式（3-20）的符号可能为正、可能为负也可能为零，主要取决于农户非农就业能力与农业生产能力的差异。基于此，本章提出如下假说：

假说 3：农户选择是否流转土地取决于农户非农就业能力与农业生产能力二者的差异。当非农就业能力低于或者等同于从事农业生产的能力，农业生产能力越高的农户越不倾向于转出土地。

3.3 土地资源配置对农户全要素生产率的理论分析

根据 Hsieh 和 Klenow（2009）的研究，在资源得到最有效配置的状态下，不同种资源的边际产出应该是相等的，如果出现各种资源边际产出不一致的情况，则说明存在资源错配。

借鉴 Adamopoulos 和 Restuccia（2014）和 Adamopoulos 等（2017）的两部门模型。假定不同农户的农业生产能力为 s_i，采用 Lucas Jr（1978）提出的生产函数模型，该模型认为生产率较高的农民可获得的生产技术表现为可变投入规模收益递减：

$$y_i = (A_\alpha s_i)^{1-\gamma} \left[L_i^\alpha K_i^{1-\alpha} \right]^\gamma \quad (3-20)$$

其中，y_i 表示产出，L_i 表示土地，K_i 表示资本。α 表示土地在农业生产的相对重要程度。γ 表示控制农场规模报酬的参数。社会计划者的目标是实现加总的产出最大，受到的约束条件是生产函数约束和要素投入约束：

$$\text{Max} \sum_{i=1}^{M} y_i$$

$$\text{s. t. } y_i = (A_\alpha s_i)^{1-\gamma} [L_i^\alpha K_i^{1-\alpha}]^\gamma \tag{3-21}$$

$$\sum_{i=1}^{M} L_i = L, \quad \sum_{i=1}^{M} K_i = K$$

式（3-21）构建拉格朗日函数分别求一阶条件，可以得出土地和资本的最优配置状态：

$$L_i^* = \frac{s_i}{\sum_{j=1}^{M} s_j} L, \quad K_i^* = \frac{s_i}{\sum_{j=1}^{M} s_j} K \tag{3-22}$$

由此可以得出加总的农业生产函数：

$$Y_i = A^e M^{1-\gamma} [L_i^\alpha K_i^{1-\alpha}]^\gamma \tag{3-23}$$

其中，$A^e = \left(A_\alpha \dfrac{\sum_{i=1}^{M} s_i}{M} \right)^{1-\gamma}$，$A^e$ 表示农业全要素生产率 TFP_i，M 表示农户个数。

由于资源没有得到有效配置。因此，存在一个"楔子"，使要素无法实现充分配置。定义 τ^L 和 τ^K 分别为土地和资本的扭曲税，τ^y 表示农业产出的扭曲税。因此，这时候的目标函数发生了变化，即：$\max\{\pi_i = (1-\tau_i^y) y_i - (1+\tau_i^L) rL_i - (1+\tau_i^K) qK_i\}$。其中，r 和 q 分别表示土地和资本的价格。如果 τ 大于 0，则表示该资源短缺而造成的价格高估，反之则表示资源配置过剩而造成的价格高估。根据目标函数和约束条件可以得出：

$$\frac{\text{MRPL}_i}{\alpha\gamma} = \frac{y_i}{L_i} \propto \frac{1+\tau_i^L}{1-\tau_i^y} \tag{3-24}$$

$$\frac{\text{MRPK}_i}{(1-\alpha)\gamma} = \frac{y_i}{K_i} \propto \frac{1+\tau_i^K}{1-\tau_i^y} \tag{3-25}$$

式（3-24）和式（3-25）中，MRPL_i 和 MRPK_i 表示土地和资本的边际产品价值。不同农户之间农业生产中土地和资本的边际产量和平均产量并不是相同，而是随着各个要素的"扭曲税"相对于产出的"扭曲税"成比例的变化。农户的全要素生产率离散 TFP_i 可以表示为：

$$\text{TFP}_i = \frac{y_i}{L_i^\alpha K_i^{1-\alpha}} = \left(\frac{q}{\alpha\gamma}\right)^\alpha \left(\frac{r}{(1-\alpha)\gamma}\right)^{(1-\alpha)} \left(\frac{(1+\tau_i^L)^\alpha (1+\tau_i^K)^{1-\alpha}}{(1-\tau_i^y)}\right) \propto \left(\frac{(1+\tau_i^L)^\alpha (1+\tau_i^K)^{1-\alpha}}{(1-\tau_i^y)}\right)^\gamma \tag{3-26}$$

其中，γ 和 α 均大于 0 小于 1，农户的全要素生产率 TFP_i 受到"扭曲税"的影响，即农户全要素生产率与土地和资本要素的边际产出的几何平均值成正比。当农户土地要素扭曲配置状况得到改善，此时土地要素的"扭曲税"减少并趋于 0，农户土地要素的边际产出水平得到提升。加总后的农户全要素生产率可以表示为：

$$
\mathrm{TFP}_i = \left[\frac{A_\alpha \sum_{i=1}^{M} s_i \left(\frac{\widehat{\mathrm{TFPR}_i}}{\mathrm{TFPR}_i} \right)^{\frac{\gamma}{1-\gamma}}}{M} \right]^{1-\gamma} \tag{3-27}
$$

其中，$\widehat{\mathrm{TFPR}_i} = \dfrac{\left(\dfrac{q}{\alpha\gamma} \right)^{\alpha} \left(\dfrac{r}{(1-\alpha)\gamma} \right)^{(1-\alpha)}}{\left[\sum_{i=1}^{M} \dfrac{y_i (1-\tau_i^y)}{Y(1+\tau_i^L)} \right]^{\alpha} \left[\sum_{i=1}^{M} \dfrac{y_i (1-\tau_i^y)}{Y(1+\tau_i^K)} \right]^{1-\alpha}}$，表示要素边际产出价值的离

散程度，用以反映要素资源配置程度。Hsieh 和 Klenow（2009）证明当 τ^L 和 τ^K 的方差越大，即 TFPR_i 的方差越大，加总后的全要素生产率 TFP_i 越低。

根据式（3-27），本章提出如下假说：

假说 4：当农户土地要素得到有效配置后，即土地要素边际产出价值的离散程度越低，越能够实现农户全要素生产率水平的提升。

进一步地，我们对不同情境下农户土地资源配置与全要素生产率的关系进行分析。首先，土地资源配置的第一种情况"种不种"，闲置的土地因为没有种植，全要素生产率为 0。如果能够将闲置的土地盘活利用，那么原先闲置的土地种植会产生全要素生产率，农户"加总"全要素生产率便会得到额外提升。一些学者的实证研究表明，复种指数的提高能够实现农业产出以及全要素生产率水平的提升（Lin，1987；Tian 和 Wan，2000；匡远配和杨佳利，2018）。Lin（1987）研究发现，提高复种指数对于农业产出具有显著的正向影响，尤其是在 1984 年后复种指数对全要素生产率的贡献率效果达 20.9%。Tian 和 Wan（2000）、匡远配和杨佳利（2018）采用具有超越对数形式的随机前沿生产函数的估计结果均表明，复种指数对农业技术无效率方程具有显著正向影响，即复种指数的提升有助于实现农业技术效率水平的提升。复种指数指的是播种面积与耕地面积的比值，土地撂荒意味着复种指数为 0，即复种指数处于最低水平。基于此，本章提出如下假说：

假说 4a：闲置承包地的盘活利用能够实现农户"加总"全要素生产率额外增加。

其次，针对土地资源配置的第二种情况"种什么"。一方面，土地密集型农作物的机械化水平高于劳动密集型农作物的机械化水平并具有较低的技术进入

"门槛"。当前,土地密集型农作物如小麦、玉米、水稻的综合机械化率远高于劳动密集型农作物(如水果、蔬菜)的综合机械化率(路玉彬和孔祥智,2018),且土地密集型农作物的农业机械服务价格远低于劳动密集型农作物的机械服务价格。如中国人民大学课题组对河南省荥阳市新田地种植专业合作社的调研发现,该合作社提供的小麦农业社会化服务每亩总价格为 261 元,湖南省锦绣千村农业合作社和常德市楚源公司提供的水稻全程社会化服务的每亩总价格分别为 685 元和 633 元,远远低于经济作物的农业社会化服务每亩价格。例如,苹果作为劳动密集型农产品,平均劳动力的雇工成本每工日超过 100 元,每亩生产成本达到数千元。按劳动密集型的社会化服务实现节本 10% 计算,接受社会化服务后的劳动密集型成本仍远高于土地密集型农产品成本。此外,劳动密集型农产品的生产具有较高的技术"门槛",以苹果为例,闫振宇和霍学喜(2014)指出苹果种植户采用间伐、树形改良等技术对低效果园进行改造,以减缓果园的轮纹病、腐烂病以实现果园优果率和单位面积产量的增加。尤其是当前农户非农就业程度的日益加深,小农户更倾向于选择机械化率较高、具有较低技术进入"门槛"的土地密集型农作物生产。农业机械化程度越高意味着农业生产中技术投入增加,进而实现全要素生产率水平的提升。另一方面,土地密集型农作物相比于劳动密集型农作物具有更高抵御市场风险的能力。专业化生产所需要的专用性资产投资会增加交易费用、市场风险以及不确定性。劳动密集型农产品作为专业化生产农产品,一般具有较高的资产专用性,如农户投入资金建立果园,为苹果销售投资冷库等。较高的资产专用性会带来"敲竹杠"的问题,进而会对专业化生产农户产生市场风险,例如罗必良等(2008)通过对广东徐闻"蕉贱伤农"事件的分析,证实了较高的资产专用性会面临较高的市场风险。再如大蒜产业出现的由"蒜你狠"变为"蒜你惨"的现象,也进一步说明了劳动力密集型农产品相对于土地密集型农产品抵御市场风险能力不足。市场风险会影响劳动密集型农作物的产出进而会影响全要素生产率。基于此,本章提出如下假说:

假说 4b:种植土地密集型农作物对小农户"加总"全要素生产率的提升效果高于劳动密集型农作物的提升效果。

最后,针对土地资源配置的第三种情景:土地"谁来种"。经营规模是影响农户全要素生产率的重要因素。农户经营较小的经营规模,难以发挥土地规模效应。农户经营较大的土地经营规模,小农户由于自身资本、技术等条件的约束,难以实现最优的资源配置。Savastano 和 Scandizzo(2017)和 Sheng 等(2019)的研究也表明,农户的经营规模与全要素生产率两者之间并不是简单的线性关系,而是呈倒"U"形关系。基于此,本章提出如下假说:

假说 4c:在技术条件不变的情况下,不同经营规模与农户"加总"全要素生产率的提升幅度二者之间呈倒"U"形关系。

3.4 非农就业、土地资源配置与农户全要素生产率的理论分析

根据上述分析，非农就业带来"人地关系"的改变，劳动力的释放带来土地要素的再配置，土地要素再配置进而通过"种不种""种什么""谁来种"三种情况实现全要素生产率的提升。基于此，本章提出非农就业、土地资源配置与农户全要素生产率的理论分析框架，如图3-4所示。

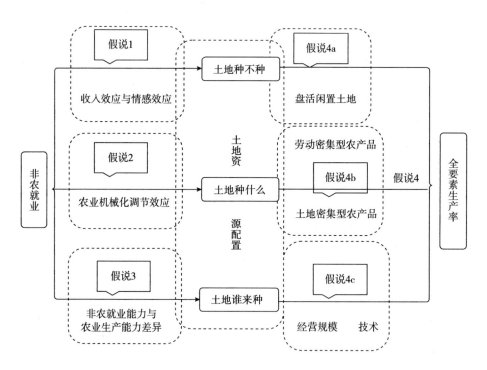

图3-4 非农就业、土地资源配置与农户全要素生产率分析框架

在图3-4中，非农就业通过影响土地资源配置进而农户全要素生产率。具体来看：一是非农就业影响农户土地种植决策，即土地"种不种"，决定农户是否放弃土地种植的作用机制是非农就业产生的收入效应与情感效应。如果收入效应大于情感效应，则非农就业更倾向于放弃土地种植，反之亦然成立。二是非农就业影响农户种植结构，即土地"种什么"。非农就业会对农户土地种植结构的产

生影响，主要是受到机械化调节效应的影响。以土地密集型农产品种植为主的农户，非农就业程度越高，越倾向于增加土地密集型农产品的种植。三是非农就业影响农户土地流转。农户选择是否流转土地取决于农户非农就业能力与农业生产能力两者的差异。当非农就业能力低于或者等同于从事农业生产的能力，农业生产能力越高的农户越不倾向于转出土地。四是土地资源得到有效配置能够实现农户全要素生产率水平的提升。当农户土地要素得到有效配置后，即土地要素边际产出价值的离散程度越低，能够实现农户全要素生产率水平的提升。进一步地，考虑不同情况下的土地资源配置情况，闲置承包地的盘活利用能够实现农户"加总"全要素生产率额外增加。种植土地密集型农作物对小农户"加总"全要素生产率的提升效果高于劳动密集型农作物的提升效果。在技术条件不变的情况下，不同经营规模与农户"加总"全要素生产率的提升幅度二者之间呈倒"U"形关系。

第4章 非农就业与农户土地种植决策

4.1 引言

　　自改革开放以来，中国城镇化率实现大幅飞跃，从 1978 年的 17.9%增加到 2017 年的 58.52%。工业化和城镇化进程的加快，随着制度政策因素的放活，农户参与非农就业的机会增加，农户面临着多种经营方式选择，"离土离乡"的农民数量越来越多。有学者根据全国农村固定观察点的数据研究发现，当前非农就业收入占家庭总收入比例超过 80%的农户占比达 72.06%、非农就业收入占家庭总收入超过 95%的农户比例接近 80%，且上述两种类型的农户占总农户比例呈现逐年不断增加的趋势（张琛等，2019）。根据全国农村固定观察点农户的数据统计，离开家乡从事非农就业的农户比例不断增加，且占家庭总收入比重较大，"离土离乡"的农户数量越来越多，势必会降低对土地依赖性。

　　由实践层面的经验可知，在一些地方农户对于退出承包地具有较强的意愿，如宁夏平罗地区出台《平罗县农村集体土地和房屋产权自愿退出收储暂行办法》，对农民退出的承包地、宅基地和房屋采取"一揽子"收储，形成了农民自愿有偿退出的模式，在实践中取得了成效。在学术层面，许多学者都从非农就业视角探究了农户是否愿意种植土地。例如，刘同山等（2013）采用结构方程模型研究发现，市民化能力较高的农户，其从事农业经营的意愿程度越低。Glauben 等（2006）对西德、王兆林等（2011）对重庆、张学敏和刘惠君（2013）对河南、湖南、四川和重庆四省份的研究也得出了相似的结论，家庭人均非农收入水平越高的农户、家庭主要成员定居城市的农户越倾向于放弃土地种植。更有学者调查发现，在西部地区尤其是西部山区，越是非农就业方便的地区土地撂荒比例越高（李升发等，2017）。也有学者尝试构建数理模型，探究非农就业与土地撂荒两者的关系。谢秋山和赵明（2013）基于 CGSS2010 的数据，采用 Multinomial Logistic 模型研究发现，家庭外出劳动力数量越多的农户家庭，其土地撂荒的可能性越高。Zhang 等（2014）基于

330 户农户 1423 块的地块数据，实证结果表明非农就业是影响农户土地撂荒的重要因素，从事非农就业的农村劳动力更倾向于不耕作土地。

从已有研究的结论发现，非农就业是影响农户决定是否愿意种植土地①的重要因素。但现有研究针对非农就业与农户土地种植决策存在以下几个方面需要探讨的问题：一是非农就业是影响农户放弃土地种植的关键因素，已有研究多是分析了非农就业与农户土地种植决策的相关关系，但是非农就业与农户放弃种植两者之间背后的作用机制缺乏深入讨论；二是现有研究虽然尝试着从数理模型方面对非农就业与农户土地种植决策进行实证分析，但选取的数据多是截面数据，难以动态地分析两者之间的关系；三是农户的非农就业存在不同情况，本地非农就业与外出务工是当前农户非农就业常见的特征，现有研究也忽略了农户非农就业的这一异质性。

针对已有研究的不足，本章拟采用如下方式尝试解决已有研究的不足：一是通过构建计量模型分析非农就业与农户土地种植决策的因果关系，重点探究两者之间的作用机制；二是采用 2004～2015 年全国农村固定观察点农户数据，采用期初土地面积、期末土地面积、土地块数和房屋面积四个指标作为衔接全国农村固定观察点面板数据的指标，在纠正了以往研究中关于全国农村固定观察点数据使用偏误的基础上，采用面板数据分析方法探究非农就业对农户土地种植决策的影响；三是将农户非农就业划分为本地非农就业和外出务工两种类型，进一步分析不同非农就业情况下两者之间的结果。

4.2 研究设计

全国农村固定观察点是 20 世纪 80 年代中期经中央书记处批准建立，由中共中央政策研究室和农业部具体组织指导，在全国各省份连续跟踪的一项农村调查工作。全国农村固定观察点数据在微观层面上提供了农户全景性的生产生活数据资料，涵盖中国农户家庭生产、生活、消费、就业等微观经济活动的重要资料，对全面了解当前中国农户的状况具有重要的研究价值。鉴于全国农村固定观察点问卷中在"第二部分土地部分"调查了农户土地种植情况，这里我们重点探讨农户土地资源配置的第一种情况，即农户"种不种"土地。

---

① 值得注意的是，本章中农户是否愿意种植土地指的是农户是否会放弃土地种植，即经营面积为 0，与土地流转并不是同一概念。有关非农就业对土地种植决策中的土地流转的影响，将在之后的内容予以详细探讨。

4.2.1　模型构建

鉴于因变量是农户"种不种"土地的二元离散变量，为了尽可能地获得一致性估计，因此本章采用面板数据固定效应模型和 Bootstrap-xtlogit 模型作为基准模型进行估计。具体设定模式如下：

$$y_{it}=\alpha+\beta offfarm_{it}+\gamma X_{it}+\theta_i+\kappa_t+\varepsilon_{it} \quad\quad (4-1)$$

其中，y_{it} 表示农户是否放弃土地种植，放弃土地种植取值为 1，种植土地取值为 0。X_{it} 表示影响农户"种不种"土地的控制变量，其中本章针对农户非农就业 offfarm$_{it}$ 采用以下两个指标衡量：一是非农就业时间占比；二是非农劳动力占比。非农就业与农户"种不种"土地两者之间可能存在的内生性问题，即非农就业比例越高的农户越不倾向于种地，而不种地的农户也越倾向于从事非农就业。θ_i 表示农户的个体固定效应，κ_t 表示时间固定效应。鉴于此，为了尽可能降低内生性问题，本章采用工具变量模型探究非农就业与农户"种不种"土地两者之间可能存在的内生性问题。非农就业与农户"种不种"土地两者之间存在内生性的问题，可能原因有以下两个方面：一是遗漏变量。影响农户"种不种"土地的因素有很多，因此回归过程中难以穷尽所有可能影响到农户"种不种"土地的因素。二是互为因果。即农户非农就业会导致土地撂荒，撂荒的土地反过来也会使农户进一步选择从事非农就业。

基于此，考虑到可能由于存在互为因果导致的潜在内生性问题，采用村庄劳动力中非农就业比例作为工具变量。这是因为村庄劳动力中非农就业比例影响着农户非农就业，但不会对农户"种不种"土地产生影响。采用滞后一期的农户非农就业变量作为工具变量。值得注意的是，面板数据 Logit 模型一方面较难实现农户层面固定效应的估计，另一方面也较难进行工具变量法的估计。基于此，当考虑到非农就业与土地种植决策两者之间潜在内生性的问题时，本章借鉴 Amemiya（1983）、Strauss（1986）的研究方法，采用以村庄非农就业比例作为核心自变量进行面板数据最小二乘估计方法得出非农就业拟合值 offfarm_ hat；将非农就业拟合值 offfarm_ hat 代入式（4-2），用 bootstrap 反复抽样 100 次的方法，使用农户层面随机效应的 Logit 方法进行估计，以作为潜在内生性估计的稳健性检验。

$$y_{it}=\alpha+\beta offfarm\_ hat_{it}+\gamma X_{it}+\theta_i+\kappa_t+\varepsilon_{it} \quad\quad (4-2)$$

4.2.2　数据来源及筛选

本章的研究数据来自全国农村固定观察点 2004~2015 年 6 个省份农户面板数据，这 6 个省份分别是黑龙江、江苏、安徽、山东、四川和贵州，选择这 6 个省份主要考虑了以下两个方面的原因：一是从区域分布来看，这 6 个省份涵盖了中国东部、中部和西部三大区域；二是从经济发展水平来看，这 6 个省份也基本反映了中国经济发展水平的三个等级。因此，选取的样本具有较强的代表性。

值得注意的是，针对全国农村固定观察点数据存在构建面板数据问题，本书所需要的数据筛选过程共分为三步：

第一步，根据农户的编码将全国农村固定观察点数据构建为平衡面板数据，从总体样本中筛选上述六个省的平衡面板数据。

第二步，采用期初土地面积、期末土地面积、土地块数和房屋面积四个方式（采取这四个指标作为判断原因如下：农户本期期初（末）土地面积应该与上一期末（初）土地面积数量不具有较大的差异。农村家庭常常因为分家的原因而改建房屋面积，而农村固定观察点数据会调查被拆分家庭后的家庭，因此同一农户在每一期的房屋面积应该不具有很大差距。此外，虽然农村内部会存在土地调整的问题，但是一般来说，同一农户在不同时期拥有的土地块数应该不会具有太大差异）来判断农户面板数据的衔接情况，最终研究样本为非平衡面板数据。选数据过程具体如下：分别生成农户本期期初土地面积与上一期期末土地面积的差值 α_1、本期期末土地面积与下一期期初土地面积的差值 α_2、本期土地块数和上期土地块数的差值 α_3 以及本期房屋面积与上一期房屋面积的差值 α_4，生成欧几里得度量值 $\alpha=\sqrt{\alpha_1^2+\alpha_2^2+\alpha_3^2+\alpha_4^2}$，剔除 α 大于 0 的样本。

第三步，将家庭个人信息数据与农户家庭特征数据以及村庄特征数据三者匹配，最终实证数据为非平衡面板数据。

4.2.3　变量描述性统计

借鉴已有研究成果，本章对农户非农就业采用两种指标予以度量：一是非农就业时间比例；二是非农就业劳动力比例。这是因为，农户从事非农就业存在非农就业时间和非农劳动力数的差异，因此本章从这两个维度作为核心自变量。其他控制变量中，本章借鉴以往的研究，从户主特征、家庭特征、村庄特征和区域因素四个方面进行分析（Glauben 等，2006；刘同山等，2013；Zhang 等，2014）。具体的变量选取定义及描述性统计如表 4-1 所示：

表 4-1　变量描述性统计

类型	细分变量	替代变量或度量方法	均值	标准差
因变量	农户是否种植土地	不种 = 1，种 = 0	0.228	0.419
非农就业	非农就业时间比例	家庭非农劳动力平均就业时间除以总就业时间	0.561	0.430
	非农就业劳动力比例	家庭非农就业劳动力个数除以家庭劳动力个数	0.478	0.381

续表

类型	细分变量	替代变量或度量方法	均值	标准差
非农就业	本地非农就业时间比例	家庭本地非农劳动力平均就业时间除以总就业时间	0.220	0.356
	外出非农就业时间比例	家庭外出非农劳动力平均就业时间除以总就业时间	0.344	0.416
	本地非农就业劳动力比例	家庭本地非农就业劳动力个数除以家庭劳动力个数	0.228	0.347
	外出非农就业劳动力比例	家庭外出非农就业劳动力个数除以家庭劳动力个数	0.279	0.346
户主特征	户主年龄	户主实际年龄（岁）	54.00	12.42
	户主性别	男=1，女=0	0.914	0.280
	户主受教育程度	户主实际受教育程度（年）	4.985	3.003
	户主是否为党员	是=1，否=0	0.149	0.356
家庭特征	家庭年龄结构	家庭劳动力平均年龄（岁）	48.039	13.898
	家庭人均收入	家庭人均收入水平（元）	9213.158	5892.095
	健康程度	健康状况为良以上的比例	0.784	0.355
	技术培训比例	受过职业教育或技术培训劳动力比例	0.079	0.199
村庄因素	村庄经济发展水平	在本县（市）处于中等以上=1，其他=0	0.400	0.490
	基础设施	硬化道路占全村道路总长度的比重	0.184	0.354
	村庄互联网接入比例	全村互联网接入户占村庄总户数的比例	0.100	0.176
区域因素	地域	东部=1，其他=0	0.220	0.414
		中部=1，其他=0	0.657	0.475

由表4-1可知，当前农户非农就业的比例较高，其中，非农就业时间比例的均值为0.561，非农就业劳动力比例的均值为0.478，均接近50%。分年度来看（见表4-2），2004～2015年农户非农就业时间比例与非农就业劳动力比例两者呈现不同的趋势。2004～2015年非农就业时间比例呈现逐步上升的趋势，从2004年的0.413增加到2015年的0.658，其间年份虽有所小幅回落，但整体上呈现不断增加的趋势。非农就业劳动力比例则呈现与非农就业时间比例不同的走势，从2004年的0.486先小幅上升到2008年的0.569，后因金融危机出现回落，2013年非农就业劳动力比例趋于平缓，均在0.45上下波动。

表4-2 不同年份农户非农就业情况

年份	非农就业时间比例	非农就业劳动力比例	本地非农就业时间比例	外出非农就业时间比例	本地非农就业劳动力比例	外出非农就业劳动力比例
2004	0.413	0.486	0.144	0.272	0.235	0.289
2005	0.437	0.502	0.135	0.304	0.231	0.316

续表

年份	非农就业时间比例	非农就业劳动力比例	本地非农就业时间比例	外出非农就业时间比例	本地非农就业劳动力比例	外出非农就业劳动力比例
2006	0.477	0.531	0.144	0.334	0.239	0.339
2007	0.516	0.564	0.147	0.373	0.235	0.378
2008	0.548	0.569	0.162	0.389	0.224	0.385
2009	0.579	0.451	0.249	0.332	0.240	0.239
2010	0.544	0.412	0.214	0.332	0.195	0.235
2011	0.590	0.444	0.247	0.344	0.220	0.247
2012	0.612	0.467	0.287	0.328	0.247	0.238
2013	0.624	0.453	0.268	0.359	0.224	0.247
2014	0.660	0.452	0.292	0.371	0.226	0.244
2015	0.658	0.457	0.280	0.381	0.230	0.249

资料来源：由笔者根据全国农村固定观察点 6 个省份农户的数据计算所得。

进一步地，将非农就业按照就业类型的划分为本地非农就业和外出非农就业。表 4-2 的结果表明，2004~2015 年样本农户的本地非农就业时间比例和外出非农就业时间比例也呈现逐步上升的趋势，具体来看，本地非农就业时间比例从 2004 年的 0.144 增加到 2015 年的 0.280，外出非农就业时间比例从 2004 年的 0.272 增加到 2015 年的 0.381。而 2004~2015 年样本农户的本地非农就业劳动力比例和外出非农就业劳动力比例与非农就业时间走势不同。本地非农就业劳动力比例从 2004 年的 0.235 增加到 2009 年的 0.240 后呈现下降，2015 年本地非农就业劳动力比例为 0.230，与 2004 年基本持平，较 2004 年相比下降了 0.005。外出非农就业劳动力比例从 2004 年的 0.289 增加到 2008 年的 0.385 后下降到 2012 年的 0.238，自党的十八大以来，外出非农就业劳动力比例呈现不断增加的趋势，2015 年外出非农就业劳动力比例为 0.249，与 2012 年相比增加了 0.011。

由表 4-2 可知，可以得出如下结论：第一，当前农户非农就业时间和非农就业劳动力比例两者呈现不一致的趋势，非农就业时间的比例总体增加而从事非农就业劳动力比例总体下降；第二，不同非农就业类型（本地非农就业、外出非农就业）呈现一致的趋势；第三，2009 年是农户非农就业的转折点，由于金融危机的出现，造成农户非农就业劳动力比例呈现快速回落，非农就业时间中外出非农就业时间比例也存在一定程度的下降；第四，自 2012 年以来，农户非农就业呈现逐步向好的局面，得益于这一时期党和国家的惠民政策以及城乡融合的有序发展（孔祥智和张效榕，2018）。

4.3 实证分析

鉴于非农就业与农户土地种植"种不种"两者之间存在潜在内生性，本章首先采用面板数据 OLS 固定效应和 Bootstrap-xtlogit 模型进行回归，在回归过程中考虑到非农就业的两种指标度量，并采用面板数据工具变量的方式予以进一步检验。

4.3.1 基准回归

表4-3 和表4-4 分别汇报了面板数据固定效应模型和 Bootstrap-xtlogit 模型的估计结果。表4-3 和表4-4 中模型（1）至模型（5）均表示以非农就业时间比例为自变量的估计结果，模型（6）至模型（10）均表示以非农就业劳动力比例为自变量的估计结果。表4-3 和表4-4 中模型（1）至模型（5）和模型（6）至模型（10）均是采用逐步加入控制变量的方式进行估计，通过判断核心自变量的估计系数和显著性程度用以初步判断核心自变量的稳健性。表4-3 和表4-4 中模型（1）和模型（6）是只加入核心自变量（非农就业时间比例、非农就业劳动力比例）的估计结果，模型（2）和模型（7）是在模型（1）和模型（6）的基础上加入户主特征，模型（3）和模型（8）是在模型（2）和模型（7）的基础上加入户主年龄的二次项，模型（4）和模型（9）是在模型（3）和模型（8）的基础上加入家庭特征，模型（5）和模型（10）是在模型（4）和模型（9）的基础上加入村庄特征。

由表4-3 可知：模型（1）至模型（5）中非农就业时间比例变量的估计系数均为正，均通过了 1% 水平下显著性检验，表明非农就业时间比例越高的农户家庭越倾向于放弃土地种植。模型（6）至模型（10）中非农就业劳动力比例变量的估计系数分别为 0.110、0.114、0.125、0.140 和 0.109，均通过了 1% 水平下的显著性检验，这也表明农户家庭非农就业劳动力比例越高，农户放弃土地种植的比例越高。鉴于因变量的取值是 0 或者 1 的二元离散变量，因此我们采用 Bootstrap-xtlogit 模型进行估计。估计结果与表4-3 相一致，非农就业时间比例和非农就业劳动力比例在模型（1）至模型（5）和模型（6）至模型（10）的估计系数均为正，且均通过了 1% 水平下显著性检验，表明非农就业对于农户放弃土地种植具有显著的正向影响。在表4-3 和表4-4 中，其他控制变量如户主为女性、户主受教育程度越高以及户主年龄越高、户主是党员的农户家庭越倾向于放弃土地种植，且这些变量的估计系数均大于 0，并通过了显著性水平检验。家庭

表4-3 非农就业对农户土地种植决策的影响——基于面板数据固定效应模型

变量	模型(1)	模型(2)	模型(3)	模型(4)	模型(5)	模型(6)	模型(7)	模型(8)	模型(9)	模型(10)
非农就业时间比例	0.112*** (0.009)	0.120*** (0.010)	0.128*** (0.010)	0.163*** (0.011)	0.130*** (0.011)	—	—	—	—	—
非农劳动力比例	—	—	—	—	—	0.110*** (0.010)	0.114*** (0.011)	0.125*** (0.011)	0.140*** (0.011)	0.109*** (0.011)
户主年龄	—	0.001** (0.000)	-0.016*** (0.003)	0.001 (0.003)	0.003 (0.003)	—	0.001* (0.000)	-0.016*** (0.003)	-0.001 (0.003)	0.002 (0.003)
户主年龄平方项	—	—	0.000*** (0.000)	-0.000 (0.000)	-0.000 (0.000)	—	—	0.000*** (0.000)	0.000 (0.000)	-0.000 (0.000)
户主受教育程度	—	0.003** (0.001)	0.005*** (0.001)	0.005*** (0.001)	0.004*** (0.001)	—	0.004*** (0.002)	0.006*** (0.001)	0.006*** (0.001)	0.005*** (0.001)
户主性别	—	-0.109*** (0.015)	-0.086*** (0.015)	-0.090*** (0.016)	-0.089*** (0.015)	—	-0.107*** (0.015)	-0.084*** (0.015)	-0.089*** (0.016)	-0.088*** (0.015)
是否为党员	—	0.028*** (0.011)	0.027*** (0.011)	0.027** (0.011)	0.026** (0.011)	—	0.028** (0.011)	0.027** (0.011)	0.029*** (0.011)	0.027** (0.011)
家庭年龄结构	—	—	—	-0.017*** (0.003)	-0.015*** (0.002)	—	—	—	-0.017*** (0.003)	-0.014*** (0.003)
家庭年龄结构平方项	—	—	—	0.000*** (0.000)	0.000*** (0.000)	—	—	—	0.0001*** (0.000)	0.000*** (0.000)
是否受过技术培训	—	—	—	-0.044** (0.020)	-0.049** (0.019)	—	—	—	-0.043** (0.020)	-0.048** (0.020)

续表

变量	模型（1）	模型（2）	模型（3）	模型（4）	模型（5）	模型（6）	模型（7）	模型（8）	模型（9）	模型（10）
健康状况	—	—	—	-0.022* (0.013)	-0.047*** (0.013)	—	—	—	-0.024* (0.013)	-0.049*** (0.013)
家庭人均收入	—	—	—	0.036*** (0.008)	0.019** (0.008)	—	—	—	0.032*** (0.008)	0.016** (0.008)
村庄经济水平	—	—	—	—	0.126*** (0.008)	—	—	—	—	0.130*** (0.008)
基础设施	—	—	—	—	0.091*** (0.021)	—	—	—	—	0.087*** (0.022)
是否接入互联网	—	—	—	—	0.243*** (0.027)	—	—	—	—	0.251*** (0.027)
常数项	0.050*** (0.019)	0.092*** (0.029)	0.469*** (0.068)	0.297*** (0.094)	0.315*** (0.093)	0.05*** (0.019)	0.0917*** (0.029)	0.469*** (0.068)	0.297*** (0.094)	0.315*** (0.093)
时间固定效应	已控制	已控制	已控制	已控制	已控制	已控制	已控制	已控制	已控制	已控制
农户固定效应	已控制	已控制	已控制	已控制	已控制	已控制	已控制	已控制	已控制	已控制
观测值	10686	10686	10686	10600	10600	10686	10686	10686	10600	10600
R-squared	0.093	0.094	0.099	0.113	0.142	0.091	0.096	0.099	0.109	0.140
年份	2004~2015	2004~2015	2004~2015	2004~2015	2004~2015	2004~2015	2004~2015	2004~2015	2004~2015	2004~2015

注：括号外的数字为估计系数，括号内的数字为该系数下的标准差；*、**和***分别表示10%、5%和1%的显著性水平。

表4-4 非农就业对农户土地种植决策的影响——基于 Bootstrap-xtlogit 模型

变量	模型（1）	模型（2）	模型（3）	模型（4）	模型（5）	模型（6）	模型（7）	模型（8）	模型（9）	模型（10）
非农就业时间比例	1.024***	1.138***	1.203***	1.580***	1.459***	—	—	—	—	—
	(0.208)	(0.208)	(0.211)	(0.237)	(0.253)					
非农劳动力比例	—	—	—	—	—	0.907***	0.999***	1.081***	1.223***	1.111***
						(0.139)	(0.135)	(0.160)	(0.147)	(0.164)
户主年龄	—	0.012***	-0.095***	0.018	0.034	—	0.00904**	-0.0939***	0.00395	0.0269
		(0.004)	(0.018)	(0.028)	(0.027)		(0.00399)	(0.0218)	(0.0235)	(0.0251)
户主年龄平方项	—	—	0.001***	-0.000	-0.000	—	—	0.001***	-0.000	-0.000
			(0.000)	(0.000)	(0.000)			(0.000)	(0.000)	(0.000)
户主受教育程度	—	0.008	0.021*	0.030***	0.019	—	0.014	0.027**	0.034***	0.023*
		(0.009)	(0.011)	(0.010)	(0.013)		(0.012)	(0.011)	(0.012)	(0.013)
户主性别	—	-0.769***	-0.643***	-0.677***	-0.727***	—	-0.760***	-0.639***	-0.677***	-0.732***
		(0.113)	(0.102)	(0.111)	(0.103)		(0.125)	(0.113)	(0.117)	(0.100)
是否为党员	—	0.316***	0.306***	0.307***	0.280***	—	0.325***	0.316***	0.349***	0.315***
		(0.083)	(0.073)	(0.074)	(0.080)		(0.073)	(0.072)	(0.064)	(0.081)
家庭年龄结构	—	—	—	-0.116***	-0.111***	—	—	—	-0.108***	-0.106***
				(0.012)	(0.015)				(0.010)	(0.011)
家庭年龄结构平方项	—	—	—	0.001***	0.001***	—	—	—	0.001***	0.001***
				(0.000)	(0.000)				(0.000)	(0.000)

续表

变量	模型 (1)	模型 (2)	模型 (3)	模型 (4)	模型 (5)	模型 (6)	模型 (7)	模型 (8)	模型 (9)	模型 (10)
是否受过技术培训	—	—	—	-0.460***	-0.366**	—	—	—	-0.470***	-0.384**
				(0.151)	(0.168)				(0.155)	(0.155)
健康状况	—	—	—	-0.252**	-0.406***	—	—	—	-0.262**	-0.429***
				(0.106)	(0.113)				(0.115)	(0.122)
家庭人均收入	—	—	—	0.314***	0.201**	—	—	—	0.266***	0.171**
				(0.071)	(0.079)				(0.065)	(0.071)
村庄经济水平	—	—	—	—	0.579*	—	—	—	—	0.608**
					(0.322)					(0.306)
基础设施	—	—	—	—	0.490	—	—	—	—	0.527
					(0.584)					(0.610)
是否接入互联网	—	—	—	—	1.802***	—	—	—	—	1.949***
					(0.441)					(0.397)
常数项	-1.955***	-2.065***	0.332	-2.907***	-2.475***	-1.808***	-1.793***	0.512	-1.781***	-1.690**
	(0.257)	(0.214)	(0.385)	(0.581)	(0.596)	(0.209)	(0.180)	(0.423)	(0.548)	(0.657)
bootstrap 次数	100	100	100	100	100	100	100	100	100	100
观测值	10686	10686	10686	10600	10600	10686	10686	10686	10600	10600
年份	2004~2015	2004~2015	2004~2015	2004~2015	2004~2015	2004~2015	2004~2015	2004~2015	2004~2015	2004~2015

注：括号外的数字为估计系数，括号内的数字为该系数下的标准差；*、**和***分别表示10%、5%和1%的显著性水平。

年龄结构越大、没有受过农业技能培训、健康状况不好的农户也越倾向于放弃土地种植。经济发展水平越高，道路基础设施越便利和接入互联网比例越高的村庄，越有助于农户从事非农就业，更倾向于放弃土地种植。

4.3.2　潜在内生性探讨

鉴于非农就业与农户土地"种不种"可能存在因互为因果而导致的潜在内生性问题，我们采用滞后一期面板数据固定效应回归、以村庄劳动力中非农就业比例作为工具变量进行面板数据二阶段最小二乘估计和 Bootstrap-xtlogit 二步法回归进行稳健性检验，估计过程中也分别考虑非农就业的两种度量方式。表 4-5 报告了核心自变量滞后一期的估计结果，表 4-6 报告了工具变量检验结果，表 4-7 报告了工具变量估计结果，表 4-8 报告了 Bootstrap-xtlogit 二步法估计结果。

表 4-5 中的模型（1）至模型（5）均表示以滞后一期非农就业时间比例为自变量的估计结果，模型（6）至模型（10）均表示以滞后一期非农就业劳动力比例为自变量的估计结果。表 4-5 与表 4-3 相似，模型（1）至模型（5）和模型（6）至模型（10）均是采用逐步加入控制变量的方式进行估计，通过判断核心自变量的估计系数和显著性程度用以初步判断核心自变量的稳健性。表 4-5 中模型（1）和模型（6）是只加入核心自变量（滞后一期非农就业劳动力比例、滞后一期非农就业时间比例）的估计结果，表 4-5 与表 4-3 相似，模型（2）至模型（5）分别是逐步加入户主特征、户主年龄二次项、家庭特征和村庄特征的估计结果。从表 4-5 可以得出：模型（1）至模型（5）中滞后一期的非农就业时间比例变量的估计系数分别为 0.071、0.073、0.079、0.086 和 0.085，均通过了 1% 水平下显著性检验，表明滞后一期的非农就业时间比例与农户家庭放弃土地种植两者呈现显著的正向关系。模型（6）至模型（10）中滞后一期的非农就业劳动力比例变量的估计系数大于 0，分别为 0.059、0.060、0.064、0.066 和 0.066，均通过了 1% 水平下的显著性检验，这也表明考虑到滞后效应，农户家庭滞后一期的非农就业劳动力比例越高，农户放弃土地种植的比例越高。

表 4-6 中的模型（1）至模型（5）和模型（6）至模型（10）分别报告了以非农就业时间比例和以非农就业劳动力比例为核心自变量的工具变量检验结果。模型（1）至模型（10）中 LM 检验的 P 值均等于 0，表明工具变量不存在识别不足问题。工具变量与内生解释变量相关，但仍然可能存在弱工具变量问题，Wald 检验 F 值均远大于 10% 水平下临界值，拒绝了"工具变量冗余"的原假设，表明工具变量估计过程中不存在弱工具变量问题。即采用村庄劳动力中非农就业比例作为非农就业的工具变量是合适的。

表4-5 非农就业对农户土地种植决策的影响——滞后一期面板数据固定效应模型

变量	模型(1)	模型(2)	模型(3)	模型(4)	模型(5)	模型(6)	模型(7)	模型(8)	模型(9)	模型(10)
滞后一期非农就业时间比例	0.071***	0.073***	0.079***	0.086***	0.085***	—	—	—	—	—
	(0.014)	(0.014)	(0.014)	(0.014)	(0.014)					
滞后一期非农劳动力比例	—	—	—	—	—	0.059***	0.060***	0.064***	0.066***	0.066***
						(0.014)	(0.014)	(0.014)	(0.014)	(0.014)
户主年龄	—	0.001	-0.031***	-0.021***	-0.021***	—	0.001	-0.031***	-0.021***	-0.020***
		(0.001)	(0.005)	(0.005)	(0.005)		(0.001)	(0.005)	(0.005)	(0.005)
户主年龄平方项	—	—	0.000***	0.000***	0.000***	—	—	0.000***	0.000***	0.000***
			(0.000)	(0.000)	(0.000)			(0.000)	(0.000)	(0.000)
户主受教育程度	—	-0.008**	-0.003	-0.003	-0.001	—	-0.008***	-0.003	-0.002	-0.002
		(0.003)	(0.003)	(0.003)	(0.003)		(0.003)	(0.003)	(0.003)	(0.003)
户主性别	—	-0.020	0.027	0.007	0.005	—	-0.015	0.032	0.013	0.010
		(0.027)	(0.028)	(0.028)	(0.028)		(0.027)	(0.028)	(0.028)	(0.028)
是否为党员	—	0.036*	0.035*	0.032*	0.032*	—	0.037*	0.036*	0.034*	0.033*
		(0.019)	(0.018)	(0.018)	(0.018)		(0.019)	(0.018)	(0.018)	(0.018)
家庭年龄结构	—	—	—	-0.014***	-0.014***	—	—	—	-0.014***	-0.014***
				(0.004)	(0.004)				(0.004)	(0.004)
家庭年龄结构平方项	—	—	—	0.000***	0.000***	—	—	—	0.000***	0.000***
				(0.000)	(0.000)				(0.000)	(0.000)
是否受过技术培训	—	—	—	-0.049*	-0.048*	—	—	—	-0.053*	-0.052*
				(0.029)	(0.029)				(0.029)	(0.029)

续表

变量	模型 (1)	模型 (2)	模型 (3)	模型 (4)	模型 (5)	模型 (6)	模型 (7)	模型 (8)	模型 (9)	模型 (10)
健康状况	—	—	—	-0.018	-0.018	—	—	—	-0.017	-0.018
				(0.016)	(0.016)				(0.016)	(0.016)
家庭人均收入	—	—	—	-0.006	-0.007	—	—	—	-0.006	-0.007
				(0.010)	(0.010)				(0.010)	(0.010)
村庄经济水平	—	—	—	—	0.011	—	—	—	—	0.011
					(0.015)					(0.015)
基础设施	—	—	—	—	0.012	—	—	—	—	0.014
					(0.019)					(0.019)
是否接入互联网	—	—	—	—	0.051*	—	—	—	—	0.054*
					(0.028)					(0.028)
常数项	0.147***	0.177***	0.877***	1.011***	1.008***	0.152***	0.176***	0.858***	1.004***	1.003***
	(0.013)	(0.035)	(0.112)	(0.141)	(0.142)	(0.013)	(0.036)	(0.112)	(0.141)	(0.142)
时间固定效应	已控制	已控制	已控制	已控制	已控制	已控制	已控制	已控制	已控制	已控制
农户固定效应	已控制	已控制	已控制	已控制	已控制	已控制	已控制	已控制	已控制	已控制
观测值	7607	7607	7607	7575	7575	7607	7607	7607	7575	7575
R-squared	0.039	0.042	0.048	0.056	0.057	0.038	0.040	0.047	0.053	0.054
年份	2004~2015	2004~2015	2004~2015	2004~2015	2004~2015	2004~2015	2004~2015	2004~2015	2004~2015	2004~2015

注：括号外的数字为估计系数，括号内的数字为该系数下的标准差；*、**和***分别表示10%、5%和1%的显著性水平。

表4-6 非农就业对农户土地种植决策的影响——工具变量检验结果

变量	模型 (1)	模型 (2)	模型 (3)	模型 (4)	模型 (5)	模型 (6)	模型 (7)	模型 (8)	模型 (9)	模型 (10)
LM 检验	884.312	404.766	364.295	350.920	256.516	311.552	273.140	258.757	241.867	161.146
P 值	0.000	0.000	0.000	0.000	0.000	0.000	0.000	0.000	0.000	0.000
Wald 检验	964.103	420.484	377.885	362.475	262.413	320.738	280.051	264.912	247.147	163.343
10%maximal IV size	16.38	16.38	16.38	16.38	16.38	16.38	16.38	16.38	16.38	16.38
15%maximal IV size	8.96	8.96	8.96	8.96	8.96	8.96	8.96	8.96	8.96	8.96
20%maximal IV size	6.66	6.66	6.66	6.66	6.66	6.66	6.66	6.66	6.66	6.66
25%maximal IV size	4.53	4.53	4.53	4.53	4.53	4.53	4.53	4.53	4.53	4.53
Sargan statistic	0.000	0.000	0.000	0.000	0.000	0.000	0.000	0.000	0.000	0.000

表4-7　非农就业对农户土地种植决策的影响——二阶段最小二乘法

变量	模型（1）	模型（2）	模型（3）	模型（4）	模型（5）	模型（6）	模型（7）	模型（8）	模型（9）	模型（10）
非农就业时间比例	0.341***	0.352***	0.373***	0.411***	0.170**	—	—	—	—	—
	(0.049)	(0.056)	(0.057)	(0.059)	(0.069)					
非农劳动力比例	—	—	—	—	—	0.424***	0.437***	0.467***	0.527***	0.223**
						(0.063)	(0.070)	(0.073)	(0.078)	(0.091)
户主年龄	—	0.003***	-0.022***	0.004	0.004	—	0.003***	-0.027***	-0.000	0.002
		(0.001)	(0.003)	(0.003)	(0.003)		(0.001)	(0.004)	(0.003)	(0.003)
户主年龄平方项	—	—	0.000***	-0.000	-0.000	—	—	0.000***	-0.000	-0.000
			(0.000)	(0.000)	(0.000)			(0.000)	(0.000)	(0.000)
户主受教育程度	—	-0.002	0.001	0.002	0.003*	—	-0.002	0.002	0.002	0.004**
		(0.002)	(0.002)	(0.002)	(0.002)		(0.002)	(0.002)	(0.002)	(0.002)
户主性别	—	-0.125***	-0.091***	-0.098***	-0.090***	—	-0.126***	-0.086***	-0.103***	-0.093***
		(0.016)	(0.016)	(0.016)	(0.015)		(0.016)	(0.016)	(0.017)	(0.016)
是否为党员	—	0.029***	0.027***	0.025**	0.025**	—	0.0289***	0.0271***	0.0321***	0.0281***
		(0.011)	(0.011)	(0.011)	(0.011)		(0.011)	(0.011)	(0.012)	(0.011)
家庭年龄结构	—	—	—	-0.022***	-0.015***	—	—	—	-0.025***	-0.017***
				(0.003)	(0.003)				(0.003)	(0.003)
家庭年龄结构平方项	—	—	—	0.000***	0.000***	—	—	—	0.000***	0.000***
				(0.000)	(0.000)				(0.000)	(0.000)

续表

变量	模型（1）	模型（2）	模型（3）	模型（4）	模型（5）	模型（6）	模型（7）	模型（8）	模型（9）	模型（10）
是否受过技术培训	—	—	—	-0.035*	-0.047**	—	—	—	-0.022	-0.042**
				(0.020)	(0.020)				(0.021)	(0.020)
健康状况	—	—	—	-0.035***	-0.048***	—	—	—	-0.055***	-0.057***
				(0.014)	(0.013)				(0.015)	(0.014)
家庭人均收入	—	—	—	0.019**	0.017**	—	—	—	-0.009	0.005
				(0.009)	(0.008)				(0.012)	(0.011)
村庄经济水平	—	—	—	—	0.121***	—	—	—	—	0.121***
					(0.011)					(0.011)
基础设施	—	—	—	—	0.086***	—	—	—	—	0.067**
					(0.023)					(0.027)
是否接入互联网	—	—	—	—	0.238***	—	—	—	—	0.240***
					(0.029)					(0.029)
时间固定效应	已控制	已控制	已控制	已控制	已控制	已控制	已控制	已控制	已控制	已控制
农户固定效应	已控制	已控制	已控制	已控制	已控制	已控制	已控制	已控制	已控制	已控制
观测值	10686	10686	10686	10600	10600	10685	10685	10685	10599	10599
R-squared	0.042	0.053	0.052	0.071	0.143	0.011	0.020	0.015	0.008	0.132
年份	2004~2015	2004~2015	2004~2015	2004~2015	2004~2015	2004~2015	2004~2015	2004~2015	2004~2015	2004~2015

注：括号外的数字为估计系数，括号内的数字为该系数下的标准差；*、**和***分别表示10%、5%和1%的显著性水平。

表 4-7 与表 4-5 相似，模型（1）至模型（10）分别以村庄非农就业比例为工具变量下下逐步加入控制变量的估计结果。从表 4-7 可以得出：模型（1）至模型（5）中二阶段最小二乘估计法下非农就业时间比例变量的估计系数均大于 0，且通过了显著性水平检验；模型（6）至模型（10）中二阶段最小二乘估计法下非农就业劳动力比例变量的估计系数也均大于 0，且通过了显著性水平检验。这表明，当考虑到非农就业与农户土地种植决策两者之间互为因果关系的情况时，非农就业水平越高，农户越倾向于放弃土地种植这一结论是显著且稳健的。在表 4-5 和表 4-7 中，控制变量的估计系数方向及显著性水平与表 4-3 和表 4-4 基本一致，在此不再赘述。鉴于因变量的取值为 0 或 1 二元离散变量，表 4-8 中模型（1）至模型（4）分别报告了以非农就业时间比例和以非农就业劳动力比例为自变量的 Bootstrap-xtlogit 二步法的估计结果。表 4-8 中，Bootstrap-xtlogit 二步法中的第一阶段以村庄层面非农就业比例作为工具变量的估计结果均为正，且通过了显著性水平检验，第二阶段的非农就业时间比例和非农就业劳动力比例的估计系数均为正，通过了显著性水平检验，Bootstrap-xtlogit 二步法结果也进一步证实非农就业水平越高，农户越倾向于放弃土地种植这一结论是稳健的。控制变量的估计系数方向及显著性水平与表 4-4 和表 4-5 基本一致，在此不再赘述。

表 4-8　非农就业对农户土地种植决策的影响——基于 Bootstrap-xtlogit 二步法

因变量	模型（1）非农就业时间比例	模型（2）是否放弃土地种植	模型（3）非农就业劳动力比例	模型（4）是否放弃土地种植
村庄非农就业比例	0.309***(0.016)	—	0.241***(0.015)	—
非农就业时间比例拟合值	—	0.654***(0.057)	—	—
非农劳动力比例拟合值	—	—	—	0.762***(0.121)
常数项	-0.280***(0.080)	-0.039(0.089)	-1.047***(0.077)	0.532***(0.171)
控制变量	已控制	已控制	已控制	已控制
Bootstrap 次数		100		100
观测值	10686	10686	10600	10600
R-squared	0.349	—	0.186	—
年份	2004~2015	2004~2015	2004~2015	2004~2015

注：括号外的数字为估计系数，括号内的数字为该系数下的标准差；*、** 和 *** 分别表示 10%、5% 和 1% 的显著性水平。

4.4 稳健性检验

在基准回归中，无论是面板数据固定效应模型、Bootstrap-xtlogit 模型，还是考虑滞后项、二阶段最小二乘估计法和 Bootstrap-xtlogit 二步法模型的结果均表明，非农就业与农户放弃土地种植两者之间呈现显著且较为稳健的正向关系。但是，非农就业存在异质性，主要包括就业类型和区域的异质性。基于此，在这部分稳健性检验中，我们分别从就业类型和就业区域两个维度进行稳健性检验。

4.4.1 就业类型异质性

农户非农就业类型存在差异，即存在本地非农就业和外出非农就业两类，不同类型的非农就业对农户放弃土地种植决策是否存在差异？与基准回归相一致，考虑到因变量的取值是 0 或者 1 的二元变量，因此我们采用 Bootstrap-xtlogit 模型对不同就业类型进行估计。表 4-9 和表 4-10 分别汇报了不同就业类型情况下面板数据固定效应模型和 Bootstrap-xtlogit 模型的估计结果。表 4-9 和表 4-10 中，模型（1）至模型（5）和模型（6）至模型（10）均是采用逐步加入控制变量的方式进行估计，模型（1）和模型（6）是只加入核心自变量（本地非农就业时间比例、外出非农就业时间比例、本地非农就业劳动力比例、外出非农就业劳动力比例）的估计结果，模型（2）和模型（7）是在模型（1）和模型（6）的基础上加入户主特征，模型（3）和模型（8）是在模型（2）和模型（7）的基础上加入户主年龄的二次项，模型（4）和模型（9）是在模型（3）和模型（8）的基础上加入家庭特征，模型（5）和模型（10）是在模型（4）和模型（9）的基础上加入村庄特征。

在表 4-9 和表 4-10 中，本地非农就业时间比例和外出非农就业时间比例在模型（1）至模型（5）的估计系数均为正，且均通过了 1% 水平下显著性水平检验，说明本地非农就业时间比例和外出务工非农就业时间比例与总非农就业时间比例对农户放弃土地种植的结论相一致，两者均呈现显著正向影响。在表 4-9 中，本地非农就业劳动力比例和外出务工非农劳动力比例的估计系数均为正，均通过了显著性水平检验。在表 4-10 中，外出非农劳动力比例在模型（6）和模型（7）的估计系数为正，但是没有通过显著性检验，模型（8）至模型（10）中当加入其他控制变量后，外出非农劳动力比例的估计系数仍大于零，并通过了显著性水平检验。这也表明非农就业对农户放弃土地种植的影响不存在明显就业类型的异质性。

表 4-9　不同就业类型非农就业对农户土地种植决策的影响——基于面板数据固定效应模型

变量	模型 (1)	模型 (2)	模型 (3)	模型 (4)	模型 (5)	模型 (6)	模型 (7)	模型 (8)	模型 (9)	模型 (10)
本地非农就业时间比例	0.218***	0.219***	0.226***	0.252***	0.198***	—	—	—	—	—
	(0.012)	(0.012)	(0.012)	(0.013)	(0.013)					
外出非农就业时间比例	0.048***	0.053***	0.0613***	0.092***	0.084***	—	—	—	—	—
	(0.010)	(0.011)	(0.011)	(0.012)	(0.012)					
本地非农劳动力比例	—	—	—	—	—	0.117***	0.114***	0.119***	0.128***	0.078***
						(0.011)	(0.012)	(0.012)	(0.012)	(0.0118)
外出非农劳动力比例	—	—	—	—	—	0.038***	0.038***	0.047***	0.059***	0.062***
						(0.012)	(0.012)	(0.013)	(0.013)	(0.013)
户主年龄	—	0.000	-0.015***	0.001	0.004	—	0.000	-0.015***	-0.001	0.002
		(0.000)	(0.003)	(0.003)	(0.003)		(0.000)	(0.003)	(0.003)	(0.003)
户主年龄平方项	—	—	0.000***	-0.000	-0.000	—	—	0.000***	0.000	-0.000
			(0.000)	(0.000)	(0.000)			(0.000)	(0.000)	(0.000)
户主受教育程度	—	0.003**	0.005***	0.005***	0.004***	—	0.005***	0.006***	0.006***	0.005***
		(0.001)	(0.001)	(0.001)	(0.001)		(0.001)	(0.001)	(0.001)	(0.001)
户主性别	—	-0.106***	-0.084***	-0.089***	-0.089***	—	-0.103***	-0.083***	-0.087***	-0.087***
		(0.015)	(0.015)	(0.015)	(0.015)		(0.015)	(0.016)	(0.016)	(0.015)
是否为党员	—	0.018*	0.017	0.019*	0.020*	—	0.024**	0.024**	0.026**	0.027**
		(0.011)	(0.011)	(0.011)	(0.011)		(0.011)	(0.011)	(0.011)	(0.011)
家庭年龄结构	—	—	—	-0.018***	-0.016***	—	—	—	-0.016***	-0.014***
				(0.003)	(0.002)				(0.003)	(0.003)
家庭年龄结构平方项	—	—	—	0.000***	0.000***	—	—	—	0.000***	0.000***
				(0.000)	(0.000)				(0.000)	(0.000)

续表

变量	模型（1）	模型（2）	模型（3）	模型（4）	模型（5）	模型（5）	模型（7）	模型（8）	模型（9）	模型（10）
是否受过技术培训	—	—	—	-0.044**	-0.048**	—	—	—	-0.044**	-0.050**
				(0.020)	(0.020)				(0.020)	(0.020)
健康状况	—	—	—	-0.032**	-0.052***	—	—	—	-0.025*	-0.048***
				(0.013)	(0.013)				(0.013)	(0.013)
家庭人均收入	—	—	—	0.035***	0.020***	—	—	—	0.036***	0.019**
				(0.008)	(0.008)				(0.008)	(0.008)
村庄经济水平	—	—	—	—	0.112***	—	—	—	—	0.131***
					(0.008)					(0.008)
基础设施	—	—	—	—	0.072***	—	—	—	—	0.090***
					(0.022)					(0.022)
是否接入互联网	—	—	—	—	0.227***	—	—	—	—	0.255***
					(0.027)					(0.027)
常数项	0.0529***	0.108***	0.466***	0.248***	0.265***	0.0637***	0.125***	0.457***	0.274***	0.281***
	(0.0184)	(0.0284)	(0.0669)	(0.0923)	(0.0913)	(0.0188)	(0.0288)	(0.0676)	(0.0940)	(0.0926)
时间固定效应	已控制	已控制	已控制	已控制	已控制	已控制	已控制	已控制	已控制	已控制
农户固定效应	已控制	已控制	已控制	已控制	已控制	已控制	已控制	已控制	已控制	已控制
观测值	10686	10686	10686	10600	10600	10685	10686	10686	10600	10600
R-squared	0.109	0.114	0.117	0.129	0.152	0.090	0.095	0.098	0.107	0.137
年份	2004~2015	2004~2015	2004~2015	2004~2015	2004~2015	2004~2015	2004~2015	2004~2015	2004~2015	2004~2015

注：括号外的数字为估计系数，括号内的数字为该系数下的标准差；*、**和***分别表示10%、5%和1%的显著性水平。

表 4-10　不同类型非农就业对农户土地种植决策的影响——基于 Bootstrap-xtlogit 模型

变量	模型 (1)	模型 (2)	模型 (3)	模型 (4)	模型 (5)	模型 (6)	模型 (7)	模型 (8)	模型 (9)	模型 (10)
本地非农就业时间比例	1.571*** (0.194)	1.642*** (0.164)	1.694*** (0.184)	1.983*** (0.218)	1.747*** (0.236)	—	—	—	—	—
外出非农就业时间比例	0.645* (0.358)	0.751** (0.295)	0.816** (0.304)	1.164*** (0.336)	1.185*** (0.331)	—	—	—	—	—
本地非农劳动力比例	—	—	—	—	—	0.792*** (0.163)	0.816*** (0.184)	0.849*** (0.173)	0.923*** (0.203)	0.666*** (0.161)
外出非农劳动力比例	—	—	—	—	—	0.355 (0.241)	0.437 (0.317)	0.497** (0.230)	0.594* (0.335)	0.695*** (0.260)
户主年龄	—	0.009*** (0.003)	-0.091*** (0.023)	0.027 (0.027)	0.039 (0.032)	—	0.006 (0.003)	-0.073*** (0.015)	0.013 (0.026)	0.032 (0.027)
户主年龄平方项	—	—	0.001*** (0.000)	-0.000 (0.000)	-0.000 (0.000)	—	—	0.001*** (0.000)	-0.000 (0.000)	-0.000 (0.000)
户主受教育程度	—	0.005 (0.007)	0.018* (0.011)	0.025** (0.012)	0.017 (0.012)	—	0.017* (0.010)	0.027*** (0.010)	0.034*** (0.012)	0.024* (0.014)
户主性别	—	-0.786*** (0.088)	-0.666*** (0.102)	-0.706*** (0.100)	-0.741*** (0.086)	—	-0.751*** (0.105)	-0.658*** (0.094)	-0.688*** (0.117)	-0.733*** (0.091)
是否为党员	—	0.237** (0.097)	0.229** (0.105)	0.251*** (0.077)	0.243*** (0.085)	—	0.300*** (0.104)	0.295*** (0.010)	0.329*** (0.107)	0.316*** (0.092)
家庭年龄结构	—	—	—	-0.129*** (0.013)	-0.121*** (0.011)	—	—	—	-0.101*** (0.0137)	-0.095*** (0.011)

续表

变量	模型（1）	模型（2）	模型（3）	模型（4）	模型（5）	模型（6）	模型（7）	模型（8）	模型（9）	模型（10）
家庭年龄结构平方项	—	—	—	0.002***	0.001***	—	—	—	0.001***	0.001***
				(0.000)	(0.000)				(0.000)	(0.000)
是否受过技术培训	—	—	—	-0.436***	-0.358***	—	—	—	-0.475***	-0.406***
				(0.155)	(0.136)				(0.155)	(0.140)
健康状况	—	—	—	-0.339***	-0.449***	—	—	—	-0.261*	-0.405***
				(0.117)	(0.134)				(0.144)	(0.121)
家庭人均收入	—	—	—	0.299***	0.207***	—	—	—	0.302***	0.211***
				(0.078)	(0.070)				(0.070)	(0.077)
村庄经济水平	—	—	—	—	0.501*	—	—	—	—	0.612**
					(0.301)					(0.279)
基础设施	—	—	—	—	0.374	—	—	—	—	0.555
					(0.527)					(0.541)
是否接入互联网	—	—	—	—	1.703***	—	—	—	—	1.993***
					(0.380)					(0.470)
常数项	-1.957***	-1.865***	0.382	-2.373*	-2.207***	-1.641***	-1.445***	0.319	-2.153***	-2.183***
	(0.300)	(0.214)	(0.468)	(0.634)	(0.566)	(0.175)	(0.177)	(0.334)	(0.663)	(0.718)
Bootstrap次数	100	100	100	100	100	100	100	100	100	100
观测值	10686	10686	10686	10600	10600	10686	10686	10686	10600	10600
年份	2004~2015	2004~2015	2004~2015	2004~2015	2004~2015	2004~2015	2004~2015	2004~2015	2004~2015	2004~2015

注：括号外的数字为估计系数，括号内的数字为该系数下的标准差；*、**和***分别表示10%、5%和1%的显著性水平。

表 4-11 汇报了不同类型滞后一期非农就业对农户土地种植决策的影响。与表 4-5 相似，表 4-11 中模型（1）至模型（5）均表示以滞后一期本地非农就业时间比例、外出非农就业时间比例为核心自变量的估计结果，模型（6）至模型（10）均表示以滞后一期本地非农就业劳动力比例、外出非农就业劳动力比例为自变量的估计结果。在表 4-11 中，模型（1）至模型（5）和模型（6）至模型（10）均是采用逐步加入控制变量的方式进行估计。表 4-11 中模型（1）是只加入核心自变量（滞后一期本地非农就业时间比例和滞后一期外出非农就业时间比例）的估计结果，模型（6）是只加入核心自变量（滞后一期本地非农就业劳动力比例和滞后一期外出非农就业劳动力比例）的估计结果。模型（2）至模型（5）和模型（7）至模型（10）分别是逐步加入控制变量的估计结果。

从表 4-11 可以得出：模型（1）至模型（5）中滞后一期的本地非农就业时间比例变量的估计系数分别为 0.173、0.169、0.172、0.186 和 0.131，滞后一期的外出非农就业时间比例变量的估计系数分别为 0.029、0.027、0.033、0.049 和 0.041，通过了 1% 和 5% 水平下显著性检验。这表明滞后一期的本地非农就业时间比例、外出非农就业时间比例与农户家庭放弃土地种植两者呈现显著的正向关系。非农就业时间比例对农户放弃土地种植决策并不存在就业类型的异质性。模型（6）至模型（10）中滞后一期的本地非农就业劳动力比例变量的估计系数大于 0，分别为 0.113、0.109、0.112、0.113 和 0.062、滞后一期的外出非农就业劳动力比例的估计系数分别为 0.028、0.026、0.032、0.040 和 0.041，均通过显著性水平检验，这表明非农就业劳动力比例与农户土地种植决策也不存在就业类型的异质性，本地非农就业劳动力比例和外出非农就业劳动力比例越高，农户越倾向于放弃土地种植。在表 4-9、表 4-10 和表 4-11 中，除核心自变量外，其他控制变量的估计结果也与基准回归基本一致。户主性别、户主受教育程度、是否为党员、是否受过技术培训、健康状况、家庭年龄结构以及村庄特征都是影响农户土地种植决策的重要因素。户主为女性、户主受教育程度越高、户主是党员、家庭年龄结构越大、没有受过农业技能培训、健康状况不好的农户也越倾向于放弃土地种植。经济发展水平越高，道路基础设施越便利和接入互联网比例越高的村庄，农户更倾向于放弃土地种植。

4.4.2　区域异质性

农户非农就业除了在同区域之间存在就业类型差异，也存在不同区域之间的差异。那么，不同经济发展水平的区域，非农就业对农户土地种植决策是否存在差异？与上述分析相一致，我们考虑到非农就业两种指标度量方式、非农就业类型的异质性以及非农就业与农户土地种植决策两者之间潜在内生性问题，采用面

表4-11 不同就业类型滞后一期非农就业对农户土地种植决策的影响

变量	模型（1）	模型（2）	模型（3）	模型（4）	模型（5）	模型（6）	模型（7）	模型（8）	模型（9）	模型（10）
滞后一期本地非农就业时间比例	0.173***	0.169***	0.172***	0.186***	0.131***	—	—	—	—	—
	(0.012)	(0.012)	(0.012)	(0.012)	(0.013)					
滞后一期外出非农就业时间比例	0.029***	0.027**	0.033***	0.049***	0.041***	—	—	—	—	—
	(0.010)	(0.011)	(0.0109)	(0.011)	(0.011)					
滞后一期本地非农劳动力比例	—	—	—	—	—	0.113***	0.109***	0.112***	0.113***	0.062***
						(0.011)	(0.011)	(0.011)	(0.012)	(0.012)
滞后一期外出非农劳动力比例	—	—	—	—	—	0.028**	0.026**	0.032***	0.040***	0.041***
						(0.012)	(0.012)	(0.012)	(0.012)	(0.012)
户主年龄	—	0.000	-0.013***	0.001	0.003	—	0.000	-0.013***	-0.001	0.002
		(0.000)	(0.003)	(0.003)	(0.003)		(0.000)	(0.003)	(0.003)	(0.003)
户主年龄平方项	—	—	0.000***	-0.000	-0.000	—	—	0.000***	0.000	-0.000
			(0.000)	(0.000)	(0.000)			(0.000)	(0.000)	(0.000)
户主受教育程度	—	0.004***	0.006***	0.006***	0.005***	—	0.005***	0.007***	0.007***	0.005***
		(0.001)	(0.001)	(0.001)	(0.001)		(0.001)	(0.001)	(0.001)	(0.001)
户主性别	—	-0.098***	-0.079***	-0.081***	-0.083***	—	-0.100***	-0.082***	-0.084***	-0.085***
		(0.015)	(0.015)	(0.016)	(0.015)		(0.015)	(0.016)	(0.016)	(0.015)
是否为党员	—	0.021**	0.021*	0.023**	0.023**	—	0.025**	0.024**	0.026**	0.026**
		(0.011)	(0.011)	(0.011)	(0.011)		(0.011)	(0.011)	(0.011)	(0.011)
家庭年龄结构	—	—	—	-0.017***	-0.014***	—	—	—	-0.015***	-0.013***
				(0.003)	(0.002)				(0.003)	(0.003)

续表

变量	模型 (1)	模型 (2)	模型 (3)	模型 (4)	模型 (5)	模型 (6)	模型 (7)	模型 (8)	模型 (9)	模型 (10)
家庭年龄结构平方项	—	—	—	0.000***	0.000***	—	—	—	0.000***	0.000***
				(0.000)	(0.000)				(0.000)	(0.000)
是否受过技术培训	—	—	—	-0.050**	-0.053***	—	—	—	-0.046**	-0.051***
				(0.020)	(0.019)				(0.020)	(0.020)
健康状况	—	—	—	-0.025*	-0.047***	—	—	—	-0.020	-0.045***
				(0.013)	(0.013)				(0.013)	(0.013)
家庭人均收入	—	—	—	0.042***	0.026***	—	—	—	0.042***	0.024***
				(0.008)	(0.008)				(0.008)	(0.008)
村庄经济水平	—	—	—	—	0.119***	—	—	—	—	0.131***
					(0.008)					(0.008)
基础设施	—	—	—	—	0.089***	—	—	—	—	0.095***
					(0.022)					(0.022)
是否接入互联网	—	—	—	—	0.244***	—	—	—	—	0.257***
					(0.027)					(0.027)
常数项	0.067***	0.125***	0.432***	0.173*	0.208**	0.067***	0.130***	0.433***	0.192**	0.221**
	(0.019)	(0.029)	(0.067)	(0.093)	(0.092)	(0.019)	(0.0289)	(0.068)	(0.094)	(0.092)
时间固定效应	已控制	已控制	已控制	已控制	已控制	已控制	已控制	已控制	已控制	已控制
农户固定效应	已控制	已控制	已控制	已控制	已控制	已控制	已控制	已控制	已控制	已控制
观测值	7607	7607	7607	7575	7575	7607	7607	7607	7575	7575
R-squared	0.100	0.104	0.106	0.116	0.142	0.090	0.094	0.096	0.105	0.135
年份	2004~2015	2004~2015	2004~2015	2004~2015	2004~2015	2004~2015	2004~2015	2004~2015	2004~2015	2004~2015

注：括号外的数字为估计系数，括号内的数字为该系数下的标准差；*、**和***分别表示 10%、5% 和 1% 的显著性水平。

板数据滞后一期固定效应和面板数据工具变量进行估计。值得注意的是，由于全国农村固定观察点问卷的调整，分区域回归中部分区域村级层面特征变量缺失，会造成估计结果的有偏性。为了控制村级层面的特征，这一部分我们在回归中不再加入基准回归中的村级特征变量，而是加入村级层级的虚拟变量进行估计。表4-12 至表 4-14 分别汇报了东部、中部和西部三大区域分区域的估计结果。

表 4-13 和表 4-14 模型（1）至模型（5）和模型（6）至模型（10）的估计方式与表 4-12 相一致。我们以表 4-12 中为例，模型（1）至模型（5）是以非农就业时间比例作为农户非农就业代理变量的估计结果。其中，模型（1）是面板数据 OLS 固定效应估计结果、模型（2）是面板数据滞后一期固定效应估计结果、模型（3）是以村庄劳动力非农就业比例作为工具变量的面板数据工具变量估计法、模型（4）是考虑到非农就业类型异质性的面板数据固定效应估计结果、模型（5）是以非农就业类型滞后一期为核心自变量的面板数据固定效应模型。在表 4-12 中，与模型（1）至模型（5）相似，模型（6）至模型（10）是以非农就业劳动力比例作为农户非农就业代理变量的估计结果。其中，模型（6）是面板数据 OLS 固定效应估计结果、模型（7）是以非农就业劳动力比例为核心自变量的面板数据滞后一期固定效应估计结果、模型（8）是以村庄劳动力非农就业比例作为工具变量的面板数据工具变量估计法、模型（9）是考虑到非农就业劳动力类型异质性的面板数据固定效应估计结果、模型（10）是以非农就业劳动力类型滞后一期为核心自变量的面板数据固定效应模型。

从表 4-12、表 4-13 和表 4-14 的结果可以得出，非农就业对于农户放弃土地种植存在区域的异质性。在表 4-12 中，模型（1）中非农就业时间比例变量估计系数为 0.071，通过了 1% 水平下显著性检验，但是模型（2）中滞后一期非农就业时间比例的估计系数为正，并没有通过显著性水平检验。这表明东部地区非农就业比例对农户放弃土地种植的影响效果并不稳健。模型（3）中面板数据工具变量的 LM 检验和 Wald 检验均通过显著性检验，估计结果为正，为 0.680，通过了 1% 水平下显著性水平检验，说明东部地区的农户非农就业时间比例越高，越倾向于放弃土地种植，但这一结论不存在显著滞后效应。模型（4）考虑到非农就业的就业类型异质性，本地非农就业时间比例变量的估计系数为正，通过了显著性水平检验，而外出非农就业时间比例变量的统计量并没有通过显著性水平检验，说明东部地区非农就业存在就业类型的异质性，本地非农就业比例越高的农户放弃土地种植的可能性越高，而外出非农就业时间比例对农户放弃土地种植的影响并不显著。当考虑到非农就业类型异质性的滞后效应，模型（5）中本地非农就业时间比例和外出非农就业时间比例二者估计系数均为正，但是均没有通过显著性水平检验。而如果以非农就业劳动力比例作为非农就业的代理变量，模

表 4-12　东部地区非农就业对农户土地种植决策的影响

变量	模型（1）	模型（2）	模型（3）	模型（4）	模型（5）	模型（6）	模型（7）	模型（8）	模型（9）	模型（10）
非农就业时间比例	0.071***	—	0.680***	—	—	—	—	—	—	—
	(0.024)		(0.088)							
滞后一期非农就业时间比例	—	0.026	—	—	—	—	—	—	—	—
		(0.023)								
本地非农就业时间比例	—	—	—	0.100***	—	—	—	—	—	—
				(0.027)						
外出非农就业时间比例	—	—	—	0.037	—	—	—	—	—	—
				(0.029)						
滞后一期本地非农就业时间比例	—	—	—	—	0.019	—	—	—	—	—
					(0.026)					
滞后一期外出非农就业时间比例	—	—	—	—	0.036	—	—	—	—	—
					(0.028)					
非农就业劳动力比例	—	—	—	—	—	0.028	—	0.005	—	—
						(0.025)		(0.207)		
滞后一期非农就业劳动力比例	—	—	—	—	—	—	0.016	—	—	—
							(0.024)			

续表

变量	模型 (1)	模型 (2)	模型 (3)	模型 (4)	模型 (5)	模型 (6)	模型 (7)	模型 (8)	模型 (9)	模型 (10)
本地非农劳动力比例	—	—	—	—	—	—	—	—	-0.017	—
									(0.027)	
外出非农劳动力比例	—	—	—	—	—	—	—	—	0.004	—
									(0.031)	
滞后一期本地非农就业时间比例	—	—	—	—	—	—	—	—	—	-0.0316
										(0.0259)
滞后一期外出非农就业时间比例	—	—	—	—	—	—	—	—	—	0.0364
										(0.0289)
控制变量	已控制	已控制	已控制	已控制	已控制	已控制	已控制	已控制	已控制	已控制
时间固定效应	已控制	已控制	已控制	已控制	已控制	已控制	已控制	已控制	已控制	已控制
农户固定效应	已控制	已控制	已控制	已控制	已控制	已控制	已控制	已控制	已控制	已控制
观测值	2345	1535	2345	2345	1535	2345	1535	2354	2354	1535
R-squared	0.281	0.279	-0.180	0.283	0.279	0.279	0.279	0.156	0.279	0.280
年份	2004~2015	2004~2015	2004~2015	2004~2015	2004~2015	2004~2015	2004~2015	2004~2015	2004~2015	2004~2015

注：括号外的数字为估计系数，括号内的数字为该系数下的标准差；*、**和***分别表示10%、5%和1%的显著性水平。

表 4-13　中部地区非农就业对农户土地种植决策的影响

变量	模型（1）	模型（2）	模型（3）	模型（4）	模型（5）	模型（6）	模型（7）	模型（8）	模型（9）	模型（10）
非农就业时间比例	0.193*** (0.013)	—	0.629*** (0.039)	—	—	—	—	—	—	—
滞后一期非农就业时间比例	—	0.114*** (0.012)	—	—	—	—	—	—	—	—
本地非农就业时间比例	—	—	—	0.178*** (0.016)	—	—	—	—	—	—
外出非农就业时间比例	—	—	—	0.206*** (0.014)	—	—	—	—	—	—
滞后一期本地非农就业时间比例	—	—	—	—	0.095*** (0.015)	—	—	—	—	—
滞后一期外出非农就业时间比例	—	—	—	—	0.126*** (0.013)	—	—	—	—	—
非农就业劳动力比例	—	—	—	—	—	0.165*** (0.014)	—	0.851*** (0.060)	—	—
滞后一期非农就业劳动力比例	—	—	—	—	—	—	0.089*** (0.013)	—	—	—

续表

变量	模型（1）	模型（2）	模型（3）	模型（4）	模型（5）	模型（6）	模型（7）	模型（8）	模型（9）	模型（10）
本地非农劳动力比例	—	—	—	—	—	—	—	—	0.062*** (0.015)	—
外出非农劳动力比例	—	—	—	—	—	—	—	—	0.186*** (0.015)	—
滞后一期本地非农就业时间比例	—	—	—	—	—	—	—	—	—	0.020 (0.015)
滞后一期外出非农就业时间比例	—	—	—	—	—	—	—	—	—	0.111*** (0.014)
控制变量	已控制	已控制	已控制	已控制	已控制	已控制	已控制	已控制	已控制	已控制
时间固定效应	已控制	已控制	已控制	已控制	已控制	已控制	已控制	已控制	已控制	已控制
农户固定效应	已控制	已控制	已控制	已控制	已控制	已控制	已控制	已控制	已控制	已控制
观测值	6967	5277	6967	6967	5277	6967	5277	6967	6967	5277
R-squared	0.298	0.284	-0.024	0.300	0.285	0.289	0.279	-0.184	0.290	0.281
年份	2004~2015	2004~2015	2004~2015	2004~2015	2004~2015	2004~2015	2004~2015	2004~2015	2004~2015	2004~2015

注：括号外的数字为估计系数，括号内的数字为该系数下的标准差；*、**和***分别表示10%、5%和1%的显著性水平。

表4-14　西部地区非农就业对农户土地种植决策的影响

变量	模型 (1)	模型 (2)	模型 (3)	模型 (4)	模型 (5)	模型 (6)	模型 (7)	模型 (8)	模型 (9)	模型 (10)
非农就业时间比例	0.215*** (0.030)	—	0.336*** (0.111)	—	—	—	—	—	—	—
滞后一期非农就业时间比例	—	0.192*** (0.028)	—	—	—	—	—	—	—	—
本地非农就业时间比例	—	—	—	0.204*** (0.041)	—	—	—	—	—	—
外出非农就业时间比例	—	—	—	0.194*** (0.032)	—	—	—	—	—	—
滞后一期本地非农就业时间比例	—	—	—	—	0.207*** (0.040)	—	—	—	—	—
滞后一期外出非农就业时间比例	—	—	—	—	0.170*** (0.030)	—	—	—	—	—
非农就业劳动力比例	—	—	—	—	—	0.117*** (0.030)	—	0.570*** (0.211)	—	—
滞后一期非农业劳动力比例	—	—	—	—	—	—	0.166*** (0.029)	—	—	—

续表

变量	模型（1）	模型（2）	模型（3）	模型（4）	模型（5）	模型（6）	模型（7）	模型（8）	模型（9）	模型（10）
本地非农劳动力比例	—	—	—	—	—	—	—	—	0.047	—
									(0.034)	
外出非农劳动力比例	—	—	—	—	—	—	—	—	0.102***	—
									(0.033)	
滞后一期本地非农就业时间比例	—	—	—	—	—	—	—	—	—	0.087***
										(0.033)
滞后一期外出非农就业时间比例	—	—	—	—	—	—	—	—	—	0.155***
										(0.030)
控制变量	已控制	已控制	已控制	已控制	已控制	已控制	已控制	已控制	已控制	已控制
时间固定效应	已控制	已控制	已控制	已控制	已控制	已控制	已控制	已控制	已控制	已控制
农户固定效应	已控制	已控制	已控制	已控制	已控制	已控制	已控制	已控制	已控制	已控制
观测值	1288	791	1288	1288	791	1288	791	1288	1288	791
R-squared	0.208	0.205	0.090	0.205	0.204	0.185	0.197	-0.070	0.183	0.195
年份	2004~2015	2004~2015	2004~2015	2004~2015	2004~2015	2004~2015	2004~2015	2004~2015	2004~2015	2004~2015

注：括号外的数字为估计系数，括号内的数字为该系数下的标准差；*、**和***分别表示10%、5%和1%的显著性水平。

型（6）中的当期非农就业劳动力比例、模型（7）中的滞后一期非农就业劳动力比例以及模型（8）中的工具变量模型的估计结果均为正，但是均没有通过显著性水平检验。考虑到非农就业劳动力比例的就业类型异质性，模型（9）和模型（10）中的估计结果表明，无论是当期本地非农就业劳动力比例和外出非农就业劳动力比例，还是滞后一期本地非农就业劳动力比例和外出非农就业劳动力比例，对农户放弃土地种植的影响程度并没有显著的正向影响。从表 4-12 的估计结果可以得出，非农就业比例越高，农户越倾向于放弃土地种植这一结论在东部地区，并不成立。可能的原因是东部地区本地非农就业机会很多，第二产业、第三产业较为发达，一二三产业融合程度也相对较高。东部地区农户在本地从事非农产业，农业生产是一二三产业融合发展关键的上游环节，同时东部地区农业社会化服务体系日趋完善，土地托管服务（如山东省供销社）仍可能使农户不种地也能获得可观的收益。因此，东部地区农户经济发展水平较高，离土离乡的同时仍可通过完善的社会化服务体系或依托土地流转的方式获得收益，加上农户普遍对土地具有"恋土"情结，非农就业与农户放弃土地种植决策并不是十分明显。

表 4-13 的结果表明，中部地区非农就业对农户放弃土地种植决策具有显著正向影响。在表 4-13 中，模型（1）和模型（2）中当期非农就业时间比例变量和滞后一期非农就业时间比例变量的估计系数为 0.193 和 0.114，均通过了 1% 水平下显著性检验，这表明中部地区非农就业比例对农户放弃土地种植的影响效果是稳健的。模型（3）中面板数据工具变量的 LM 检验和 Wald 检验均通过显著性检验，估计结果为正，为 0.629，通过了 1% 水平下显著性水平检验，说明中部地区的农户非农就业时间比例越高，越倾向于放弃土地种植，且这一结论存在显著滞后效应。模型（4）和模型（5）考虑到了中部地区农户非农就业的就业类型异质性，其中，模型（4）中当期本地非农就业时间比例变量和当期外出非农就业时间比例变量的估计系数均为正，且均通过了显著性水平检验。当考虑到非农就业类型异质性的滞后性，模型（5）中滞后一期本地非农就业时间比例变量和滞后一期外出非农就业时间比例变量的估计系数分别为 0.095 和 0.126，均通过了 1% 水平下显著性水平检验。以非农就业劳动力比例作为非农就业的代理变量，模型（6）中当期非农就业劳动力比例、模型（7）中滞后一期非农就业劳动力比例以及模型（8）中工具变量模型的估计结果均为正，均通过显著性水平检验。考虑到非农就业劳动力比例的就业类型异质性，模型（9）和模型（10）的估计结果表明，无论是当期本地非农就业劳动力比例和外出非农就业劳动力比例，还是滞后一期本地非农就业劳动力比例和外出非农就业劳动力比例，对农户放弃土地种植的影响程度并具有显著的正向影响。无论是从模型（1）至模型

（5）中以非农就业时间比例作为衡量非农就业指标，还是从模型（6）至模型（10）中以非农就业劳动力比例作为衡量非农就业指标，中部地区农户非农就业与土地种植决策的结论与基准回归中的结果相一致，即非农就业时间比例越高，农户越倾向于放弃土地种植，且考虑到不同就业类型和滞后效应，这一结论在中部地区依然成立。中部地区落后于东部地区经济发展水平，如中部地区的安徽省和河南省都是劳务输出大省。笔者曾对河南省荥阳市农户进行调研，荥阳市农户种植粮食作物每亩收益在700元左右，种粮比较收益偏低，而打工工资收入在每天至少100元。因此中部地区的农户从事非农就业获得的收入与从事农业生产所获得收益两者之间差异较大，非农就业的收入效应与情感效应差异较为明显。

表4-14的结果与表4-13的结果基本一致，即西部地区农户非农就业对放弃土地种植决策具有显著正向影响，且这一结论是稳健的。在表4-14中，模型（1）和模型（2）中当期非农就业时间比例变量和滞后一期非农就业时间比例变量的估计系数为0.215和0.192，均通过了1%水平下显著性检验。面板数据工具变量的LM检验和Wald检验均通过显著性检验，说明工具变量选取是合适的。模型（3）的估计系数为0.336，通过了1%水平下显著性水平检验，说明西部地区的农户非农就业时间比例越高，越倾向于放弃土地种植，且这一结论在考虑了滞后效应以及潜在内生性均成立。即便是考虑到农户非农就业的就业类型异质性，西部地区农户非农就业与土地种植决策两者的结论依然成立。模型（4）中当期本地非农就业时间比例变量和当期外出非农就业时间比例变量的估计系数分别为0.204和0.194，且均通过了1%水平的显著性检验。模型（5）中滞后一期本地非农就业时间比例变量和滞后一期外出非农就业时间比例变量的估计系数分别为0.207和0.170，均通过了1%水平下显著性水平检验。模型（6）至模型（10）汇报了以西部地区非农就业劳动力比例作为非农就业代理变量的结果。模型（6）中当期非农就业劳动力比例、模型（7）中滞后一期非农就业劳动力比例以及模型（8）中工具变量模型的估计结果均为正，均通过显著性水平检验。但是，考虑到非农就业劳动力比例的就业类型异质性，模型（9）中当期本地非农就业劳动力比例的估计系数为正，但是没有通过显著性水平检验，而外出非农就业劳动力比例的估计系数为正，并通过了显著性水平检验。然而，如果考虑到可能潜在的内生性问题，模型（10）中滞后一期本地非农就业劳动力比例和滞后一期外出非农就业劳动力比例的估计系数均为正，并通过了显著性水平检验。从表4-14中的结果可以得出，考虑到区域的异质性，西部地区的农户与中部地区的农户结论相一致，即非农就业水平越高，农户越倾向于放弃土地种植。与中部地区相一致，西部地区的经济发展水平在全国层面处于较低的水平，从事农业收益较低，李升发等（2017）的调研也表明当前中国西部山区县农地的撂荒比例

较高，超过了10%，非农就业越方便的地区土地撂荒的比例越高，本章的结论与李升发等（2017）的调研结果一致。

4.5 作用机制分析

基准回归与稳健性检验表明：当前中国农户非农就业程度越高，越倾向于放弃土地种植，且这一结论在考虑到就业类型的异质性的情况下依然成立，但存在区域的异质性。东部地区农户非农就业水平越高，并不意味着农户越倾向于放弃土地种植，而中部地区和西部地区的农户则与总体样本的结果相一致，即农户非农就业程度与土地放弃种植两者存在显著的正向关系。那么，经验证据能否证明两者背后的逻辑？

第3章的理论分析已经表明了农户非农就业影响农户土地种植决策的背后机制是非农就业会产生收入效应和情感效应两个维度，进而影响农户土地种植决策。如果收入效应大于情感效应，则非农就业更倾向于放弃土地种植，反之亦然成立。本节我们将通过实证方式证实上述研究假说。

4.5.1 模型设定

农户非农就业的收入效应和情感效应以及收入效应与情感效应的差值，我们采用如下方式进行度量：第一，依据全国农村固定观察点问卷中"家庭成员的构成及就业情况"中的"外出从业收入"与"外出从业支出"计算出非农就业收入与支出的差值，即非农就业的净收入，用以反映非农就业的收入效应。第二，依据全国农村固定观察点问卷中"家庭全年收支情况"中的"生活性借款"用于反映非农就业的情感效应。我们认为，如果家庭有生活性借款（如上学借款、生病借款）反映农户家庭需要得到照料，即非农就业农户需要更多地照料家庭，可以在一定程度上反映非农就业的情感效应。第三，为了能够对收入效应与情感效应进行比较，我们将收入效应的非农就业净收入与情感效应的生活性借款两者做差值（diff），将两者差值大于0的农户 diff 取值为1，意味着收入效应大于情感效应；小于0的农户 diff 取值为0。

在实证方法中，我们采用中介效应模型对研究假说进行估计。具体来看，我们以温忠麟等（2004）在 Baron 和 Kenny（1986）基础上建构的中介效应检验方法进行回归分析。具体如下：

$$\text{cultivate}_{it} = \alpha_{it} + \beta_1 \text{offfarm}_{it} + \gamma X_{it} + \theta_i + \kappa_t + \varepsilon_{it} \tag{4-3}$$

$$\text{diff}_{it} = \alpha_{it} + \beta_2 \text{offfarm}_{it} + \gamma X_{it} + \theta_i + \kappa_t + \varepsilon_{it} \tag{4-4}$$

$$\text{cultivate}_{it} = \alpha_{it} + \beta_3 \text{diff}_{it} + \gamma X_{it} + \theta_i + \kappa_t + \varepsilon_{it} \qquad (4-5)$$

$$\text{cultivate}_{it} = \alpha_{it} + \beta_4 \text{diff}_{it} + \beta_5 \text{offfarm}_{it} + \gamma X_{it} + \theta_i + \kappa_t + \varepsilon_{it} \qquad (4-6)$$

在式（4-3）至式（4-6）中，cultivate_{it} 表示农户土地种植决策，cultivate_{it} 取 1 表示放弃土地种植，cultivate_{it} 取 0 表示种植土地。offfarm_{it} 表示农户非农就业情况，diff_{it} 表示衡量农户收入效应与情感效应的指标。中介检验的程序为：第一，判断式（4-3）中解释变量 offfarm_{it} 对被解释变量 cultivate_{it} 影响是否显著，即 β_1 是否显著。第二，若 β_1 显著，判断式（4-4）和式（4-5）中 β_2 和 β_3 的显著性，如果 β_2 和 β_3 均显著，则表明存在中介效应。第三，将中介变量 diff_{it} 放入式（4-3）中，判断式（4-6）中 β_4 和 β_5 的显著性，如果 β_4 和 β_5 的估计系数都通过了显著性检验，说明存在部分中介效应；如果中介变量 diff_{it} 系数显著，而非农就业变量 offfarm_{it} 系数不显著，表示存在完全中介效应。第四，通过式（4-4）和式（4-6）可以计算出中介效应大小，即 $\beta_2 \beta_4 / \beta_5$。

4.5.2 实证结果

依据式（4-3）和式（4-6），对中介效应模型进行了估计，估计结果如表4-15 和表4-16 所示，估计过程中均采用面板数据固定效应模型。表4-15 汇报了与非农就业时间为非农就业代理变量的估计结果。在表4-15 中，模型（1）至模型（4）考虑的是非农就业时间比例依据收入——情感效应影响土地种植决策结果，分别对应于式（4-2）至式（4-5）。模型（5）至模型（8）考虑到了非农就业的就业类型异质性下的中介效应估计结果。从表4-15 中结果可以得出，非农就业依据收入效应与情感效应的差值影响农户土地种植决策，具体表现在表4-15 中模型（1）中非农就业时间比例变量的估计系数为正，且通过了显著性水平检验，表明非农就业程度越高，农户放弃土地种植的可能性越大；模型（2）是以收入效应与情感效应差值为因变量的估计结果，非农就业时间比例变量的估计系数为 0.135，也通过了显著性水平检验，说明非农就业与收入效应与情感效应的差值存在显著正向关系。模型（3）的结果表明，收入效应与情感效应的差值的估计系数为正，也通过了显著性水平检验，说明收入效应与情感效应的差值越大，农户越倾向于放弃土地种植。模型（4）是同时考虑非农就业时间比例和收入效应与情感效应的差值情况下的结果，非农就业时间比例和收入效应与情感效应差值的估计系数均为正，均通过了显著性水平检验。依据中介效应模型的检验方法，表4-15 中模型（1）至模型（4）证实了收入效应与情感效应的差值是非农就业影响农户土地种植决策的中介变量，且存在部分中介。依据 $\beta_2 \beta_4 / \beta_5$ 可以计算出中介效应大小为 0.288。表4-15 中本地非农就业时间比例和外出非农就业时间比例在模型（5）和模型（6）中的估计系数均为正，均通过了 1% 水平下的显著性水平检验。模型（8）的估计结果本地非农就业时间比例、外出非农就业时间比例和收入效应与情感效应差值的估计系数均为正，均通过了显著性水平检验。这也表明，当考虑到非农就业的异质性，收入效应与情感效应的差值仍然是非农就业影响农户土地种植决策的中介变量，同样依据 $\beta_2\beta_4/\beta_5$ 可以计算出收入效应与情感效应的差值对本地非农就业和外出非农就业影响农户土地种植决策的中介效应大小分别为 0.088 和 0.395。

表 4-15　非农就业对农户土地种植决策的作用机制检验——基于非农就业时间比例视角

变量	模型（1）因变量 cultivate	模型（2）因变量 diff	模型（3）因变量 cultivate	模型（4）因变量 cultivate	模型（5）因变量 cultivate	模型（6）因变量 diff	模型（7）因变量 cultivate	模型（8）因变量 cultivate
非农就业时间比例	0.166***	0.135***	—	0.156***	—	—	—	—
	(0.011)	(0.008)		(0.011)				
本地非农就业时间比例	—	—	—	—	0.167***	0.040***	—	0.164***
					(0.013)	(0.009)		(0.013)
外出非农就业时间比例	—	—	—	—	0.165***	0.197***	—	0.150***
					(0.012)	(0.008)		(0.012)
收入—情感效应	—	—	0.105***	0.073***	—	—	0.105***	0.075***
			(0.013)	(0.013)			(0.013)	(0.014)
控制变量	已控制	已控制	已控制	已控制	已控制	已控制	已控制	已控制
时间固定效应	已控制	已控制	已控制	已控制	已控制	已控制	已控制	已控制
农户固定效应	已控制	已控制	已控制	已控制	已控制	已控制	已控制	已控制
观测值	10600	10600	10600	10600	10600	10600	10600	10600
R-squared	0.292	0.156	0.280	0.294	0.293	0.180	0.280	0.295

注：括号外的数字为估计系数，括号内的数字为该系数下的标准差；*、**和***分别表示10%、5%和1%的显著性水平。

表 4-16 汇报了与非农就业劳动力为非农就业代理变量的估计结果。表 4-16 与表 4-15 相一致，模型（1）至模型（4）和模型（5）至模型（8）分别是非农就业时间比例依据收入—情感效应影响土地种植决策结果和非农就业的就业类型异质性下的中介效应估计结果。从表 4-16 中结果可以得出，即便是考虑到非农就业劳动力的情况下，非农就业仍然依据收入效应与情感效应的差值影响农户土地种植决策，具体表现在表 4-16 中模型（1）和模型（2）的非农就业时间比例变量的估计系数分别为 0.126 和 0.139，且通过了显著性水平检验，表明非农

就业程度越高，农户放弃土地种植的可能性越大。模型（3）的结果表明，收入效应与情感效应的差值的估计系数为 0.105，也通过了显著性水平检验，说明收入效应与情感效应的差值越大，农户越倾向于放弃土地种植。模型（4）是同时考虑非农就业劳动力比例和收入效应与情感效应的差值情况下的结果，非农就业劳动比例和收入—情感效应差值的估计系数分别为 0.115 和 0.084，均通过了显著性水平检验。表 4-16 中本地非农就业时间比例和外出非农就业时间比例在模型（5）和模型（6）中的估计系数均为正，均通过了 1% 水平下的显著性水平检验。模型（8）的估计结果本地非农就业劳动力比例、外出非农就业劳动力比例和收入效应与情感效应差值的估计系数分别为 0.043、0.113 和 0.075，均通过了 1% 水平的显著性检验。依据中介效应模型的检验方法，表 4-16 中模型（1）至模型（4）证实了收入效应与情感效应的差值是非农就业影响农户土地种植决策的中介变量，且存在部分中介。依据 $\beta_2\beta_4/\beta_5$ 可以计算出中介效应大小为 0.191。同样依据 $\beta_2\beta_4/\beta_5$ 可以计算出模型（5）至模型（8）中本地非农就业劳动力和外出非农就业劳动力对农户土地种植决策的中介效应大小分别为 0.086 和 0.378。表 4-16 的结果也进一步表明，当考虑到非农就业的异质性，收入效应与情感效应的差值仍然是非农就业影响农户土地种植决策的中介变量。因此，依据表 4-15 和表 4-16 的估计结果，证实了研究假说，即非农就业收入越高的农户，越倾向选择放弃土地种植，即收入效应大于情感效应；非农收入越低的农户，更倾向于选择耕种土地，即收入效应低于情感效应。

表 4-16　非农就业对农户土地种植决策的作用机制检验——基于非农就业劳动力视角

变量	模型（1）因变量 cultivate	模型（2）因变量 diff	模型（3）因变量 cultivate	模型（4）因变量 cultivate	模型（5）因变量 cultivate	模型（6）因变量 diff	模型（7）因变量 cultivate	模型（8）因变量 cultivate
非农就业劳动力比例	0.126 *** (0.011)	0.139 *** (0.008)	—	0.115 *** (0.011)	—	—	—	—
本地非农就业劳动力比例	—	—	—	—	0.044 *** (0.012)	0.015 * (0.009)	—	0.043 *** (0.012)
外出非农就业劳动力比例	—	—	—	—	0.132 *** (0.013)	0.250 *** (0.009)	—	0.113 *** (0.013)
收入—情感效应	—	—	0.105 *** (0.013)	0.084 *** (0.013)	—	—	0.105 *** (0.013)	0.075 *** (0.014)
控制变量	已控制	已控制	已控制	已控制	已控制	已控制	已控制	已控制

续表

变量	模型（1）因变量 cultivate	模型（2）因变量 diff	模型（3）因变量 cultivate	模型（4）因变量 cultivate	模型（5）因变量 cultivate	模型（6）因变量 diff	模型（7）因变量 cultivate	模型（8）因变量 cultivate
时间固定效应	已控制	已控制	已控制	已控制	已控制	已控制	已控制	已控制
农户固定效应	已控制	已控制	已控制	已控制	已控制	已控制	已控制	已控制
观测值	10600	10600	10600	10600	10600	10600	10600	10600
R-squared	0.284	0.155	0.280	0.287	0.283	0.196	0.280	0.285

注：括号外的数字为估计系数，括号内的数字为该系数下的标准差；＊、＊＊和＊＊＊分别表示10%、5%和1%的显著性水平。

4.6　本章小结

本章基于全国农村固定观察点2004～2015年6个省份农户面板数据，在纠正以往研究关于全国农村固定观察点数据使用偏误的基础上，探究了农户非农就业与农户土地种植决策两者之间的关系，并对两者背后的作用机制进行实证分析。研究结果表明：

第一，当前农户非农就业时间和非农就业劳动力比例两者呈现不一致的趋势，非农就业时间的比例总体增加而从事非农就业劳动力比例总体下降：①不同非农就业类型（本地非农就业、外出非农就业）与农户总体非农就业状况呈现一致的趋势。②2009年是农户非农就业的转折点，由于金融危机的出现，造成农户非农就业劳动力比例呈现快速回落，非农就业时间中外出非农就业时间比例也存在一定程度的下降。③自2012年以来，农户非农就业呈现逐步向好的局面，是这一时期党和国家的惠民政策以及城乡融合的有序发展的显现。

第二，非农就业对于农户放弃土地种植具有显著正向影响，即非农就业程度越高的农户，其放弃土地种植的可能性越高，且这一结论在考虑到非农就业的两种度量方式（非农就业时间比例以及非农劳动力比例）和就业类型异质性（本地非农就业和外出非农就业）的情况下，在多种稳健性检验的情况下依然成立。但是，这一结论在不同区域之间呈现差异性：在考虑到非农就业与农户土地种植决策两者之间可能存在的潜在内生性，东部地区农户非农就业程度与土地种植两者之间存在正向关系并不显著，而中部和西部地区的农户非农就业程度越高，越倾向于放弃土地种植这一结论是稳健的。

第三，非农就业带来的收入效应和情感效应是农户非农就业与土地放弃种植两者背后的作用机制。即当农户非农就业收入效应大于情感效应，那么农户非农就业程度越高，越倾向于放弃土地种植。非农收入越低的农户，更倾向于选择耕种土地，即收入效应低于情感效应。因此，假说1予以证实。

第5章 非农就业与农户土地种植结构

5.1 引言

随着农业供给侧结构性改革的深入推进，"调结构"成为农业生产中需要关注的重要话题。实现农业生产结构从低级结构到高级、优化的结构转变，不仅关系着乡村产业兴旺，也影响着农产品的供给体系。《中华人民共和国国民经济和社会发展第十三个五年规划纲要》也明确指出要调整优化农业结构，形成结构更加合理、保障更加有力的农产品有效供给。当前中国农业种植结构存在品种结构的不匹配以及难以适应农产品消费升级的需求等问题（陈锡文，2016；杨照等，2014）。如何实现农户种植结构的优化是政策层面和学术层面关注的重要问题。农户既然决定从事农业生产，这就需要考虑种植何种农产品。因此，农户的种植结构是农户对土地资源配置的重要方式之一。

已有研究表明，种植结构受到多种因素的影响。一部分学者认为农作物的种植结构是由成本收益所决定的（钟甫宁和刘顺飞，2007；刘乃全和刘学华，2009）。例如钟甫宁和刘顺飞（2007）以中国水稻为例，探究近20多年来中国水稻总播种面积和地区布局变动背后的逻辑，研究发现水稻种植的收益与替代种植作物种植收益的差异是影响中国水稻种植区域的关键因素。刘乃全和刘学华（2009）对"良田种树风"的现象进行了解释，这一现象的出现是农户在综合比较收入效益的基础上做出的积极反应。也有一部分学者从其他因素探究影响农作物种植结构的影响。例如董晓霞等（2006）从地理区位因素对农作物种植结构变动进行了研究，研究结论表明地理区位假说对农业生产结构的变动仍然成立。此外，也有学者的研究表明交通基础设施（Von Thünen，1966；Jacoby，2000）、现代零售市场（Reardon等，2003；Hu等，2004）和气候因素（Deng等，2008；李祎君和王春乙，2010）也是影响农作物种植结构的重要因素。

随着经济的进一步发展，大量农村劳动力在非农就业部门工作（Li等，

2013；张琛等，2019）。截至 2015 年底，中国外出务工的农民工数量已经超过 2.7 亿人，农村剩余劳动力大幅度减少与第一次人口红利逐渐褪去（蔡昉，2010）。有学者研究表明，中国非熟练工人的工资率水平将会不断提高（Cai 和 Wang，2010；Cai 和 Du，2011），而且工资率增长速度较快会逐渐超过亚洲的其他国家的工资率水平（Li 等，2012）。鉴于大量农村劳动力在非农就业部门从事非农就业，可以预期的是，未来中国劳动力成本将会越来越贵，农村劳动力的成本将十分高昂（Wang 等，2011；Zhang 等，2013），高昂的农业劳动力成本将严重制约了中国农业的竞争力。已有学者研究表明劳动力成本上升将会对农业生产产生不利的影响（盖庆恩等，2014）。

已有研究有关非农就业与农户土地种植结构展开了大量研究，存在以下两个方面的争议：

第一，非农就业是否会对农户种植结构调整产生影响没有得到一致结论。许多学者认为非农就业会影响农户土地种植结构（Miluka 等，2007；Schmook 和 Radel，2008；杨进等，2016）。也有一部分学者研究发现，非农就业对于改变农户种植结构的作用效果并不显著。例如，De Brauw（2007）实证结果表明，越南农户非农就业对农户生产进行了实证分析，研究发现非农就业对于农户种植结构的调整影响程度较弱，虽然降低了种植面积并没有充足证据证实非农就业有助于农业种植结构调整。王翌秋和陈玉珠（2016）基于江苏、河南两省份农户的调查数据研究发现，非农就业并不会显著地影响粮食作物的种植概率及比重。

第二，如果非农就业对农户种植结构调整产生影响，那么针对粮食作物和经济作物的现有研究还没有得到一致结论。一部分学者认为非农就业会增加粮食作物的种植比例。例如 Kuiper（2005）、陈风波和丁士军（2006）的研究表明，非农就业倾向于农户改变粮食作物种植品种。Qian 等（2016）基于中国江西省 230户农户的数据，研究结论表明非农就业的家庭更倾向于增加粮食作物的播种面积。钟甫宁等（2016）基于全国农村固定观察点的数据研究发现，农村劳动力外出务工并不会降低粮食作物播种面积，而是通过增加机械要素的方式提高了粮食播种面积比例。而一部分学者则对上述观点持有相反观点。例如陆文聪等（2008）采用 1978~2006 年 29 个省份的数据，采用空间误差模型研究发现，非农就业对于中国粮食作物的生产集中度具有显著的负向影响，即非农就业会不利于粮食作物种植面积的增加。Wouterse 和 Taylor（2008）基于布基纳法索的农户数据，研究发现外出务工的农户家庭对粮食种植面积有所减少。Damon（2010）对萨尔瓦多农户的研究发现，非农就业的农户家庭更倾向于对自身农业生产进行结构调整，更倾向于种植具有较高附加值的经济作物。杨进等（2016）基于全国农村固定观察点 5 个省份 2004~2008 年微观面板数据，实证结果表明农户非农就业会显著地降低粮食作物的种植比例，会显著地提高经济作物的种植比例。

现有研究针对非农就业与农户土地种植结构存在以下几个方面的问题：一是对农户非农就业的研究多是采用截面数据进行估计，难以动态地分析两者之间的关系。即便采用面板数据进行估计，也存在样本数据存在衔接偏误的问题，如钟甫宁等（2016）、杨进等（2016）虽然采用全国农村固定观察点数据进行估计，但忽略了全国农村固定观察点数据中面板数据的衔接问题，可能会得到有偏的估计结果。二是现有研究中针对非农就业与土地种植结构调整普遍忽略了两者背后的作用机制。三是现有研究中探究农户种植结构调整多是从粮食作物和经济作物进行探究的，并没有从农户种植结构多元化的角度予以分析，已有研究多是采用粮食作物占总播种面积比例这一指标作为衡量农户种植结构变化却忽略了农户粮食作物或经济作物内部结构调整的变化。

那么，非农就业是否会对农户土地种植结构产生影响？如果产生影响，背后的作用机制是什么？针对已有研究的不足，本章拟采用如下方式尝试解决已有研究的不足：一是从农业机械化调节效应的视角探究非农就业与农户土地种植结构的因果关系，重点探究两者之间的作用机制。二是依据期初土地面积、期末土地面积、土地块数和房屋面积四个指标作为衔接全国农村固定观察点面板数据的指标，在纠正了以往研究中关于全国农村固定观察点数据使用偏误的基础上，利用2004~2015 年全国农村固定观察点农户数据，探究非农就业对农户土地种植结构的影响。三是本章为了避免已有研究忽略农户粮食作物或经济作物内部结构调整的变化这一问题，采用 Minot 等（2006）提出的多样化指数 DI（Diversification Index）作为衡量农户土地种植结构的指标，以全面地反映出农户土地种植结构的情况。

5.2　研究设计

本章采用的是全国农村固定观察点微观农户面板数据，探究非农就业对农户土地种植结构的影响。全国农村固定观察点作为探究中国农户生产生活等微观经济活动重要宝贵资料，作为在全国各省份连续跟踪的一项农村调查工作，具有极为重要的学术价值。全国农村固定观察点问卷中在"第四部分农户家庭生产经营情况"调查了农户粮食作物、经济作物及园地作物生产经营情况。因此，这里我们重点探讨农户土地资源配置的第二种情景，即选择种地的农户"种什么"的问题。

5.2.1 模型构建

一般来说，农户土地种植结构的变化表现为农作物种类的变化，如农业供给侧结构性改革中东北地区减少玉米种植增加大豆种植等。许多学者在探究农业种植结构调整的研究中都是采用粮食作物播种面积占总播种面积的比例作为衡量农户种植结构变化的指标（钟甫宁和刘顺飞，2007；Wouterse 和 Taylor，2008；杨进等，2016），但是采用粮食作物占总播种面积比例这一指标作为衡量农户种植结构变化却忽略了农户粮食作物或经济作物内部结构调整的变化。基于此，本章并没有采用粮食作物占总播种面积比例这一传统衡量方式，而是采用 Minot 等（2006）提出的多样化指数 DI（Diversification Index）作为衡量农户土地种植结构的指标。多样化种植指数 DI 如下：

$$DI = 1 - \sum_{i=1}^{N} p_i^2 \tag{5-1}$$

其中，DI 是农户种植结构多样化指数，p_i 指的是每一种农作物播种面积占总播种面积的比例。因此，因变量农户种植结构多样化指数 DI 取值在 0~1。为了尽可能地获得一致性估计，因此本章采用面板数据固定效应模型和 Bootstrap-xttobit 模型作为基准模型进行估计。

$$DI_{it} = \alpha + \beta offfarm_{it} + \gamma X_{it} + \theta_i + \kappa_t + \varepsilon_{it} \tag{5-2}$$

其中，DI_{it} 表示农户种植结构多样化指数，取值在 0~1。X_{it} 表示影响农户土地种植结构多样化指数的因素。θ_i 为农户的个体固定效应，κ_t 表示时间固定效应。与第 4 章相一致，农户非农就业 $offfarm_{it}$ 的度量采用非农就业时间占比和非农劳动力占比两个指标。非农就业与农户土地种植结构两者之间也同样面临着潜在内生性的问题。鉴于此，为了尽可能地降低内生性问题，本章采用工具变量模型探究非农就业与农户土地种植结构两者之间可能存在的内生性问题。工具变量采用村庄劳动力中非农就业比例和滞后一期农户非农就业变量作为工具变量。

值得注意的是，面板数据 Tobit 模型一方面较难实现农户层面固定效应的估计，另一方面也较难进行工具变量法的估计。基于此，当考虑到非农就业与土地种植结构两者之间潜在内生性的问题时，本章将借鉴 Amemiya（1983）、Strauss（1986）的研究方法，采用面板数据最小二乘估计方法得出非农就业拟合值 offfarm_hat；并将非农就业拟合值 offfarm_hat 代入式（5-3），用 bootstrap 反复抽样 100 次的方法，使用农户层面随机效应的 Tobit 方法进行估计，以作为潜在内生性估计的稳健性检验。

$$DI_{it} = \alpha + \beta offfarm\_hat_{it} + \gamma X_{it} + \theta_i + \kappa_t + \varepsilon_{it} \tag{5-3}$$

5.2.2 数据来源及描述性统计

本章的研究数据来自全国农村固定观察点 2004~2015 年 9 个省份农户面板数据，九省份分别是吉林、黑龙江、江苏、浙江、安徽、山东、河南、四川和陕西。上述 9 个省份不仅能够体现出中国经济发展高、中、低三个层次，而且也涵盖了中国东部、中部、西部三大区域。

考虑到面板数据衔接的有效性，上述 9 个省份样本数据的选取与前文相似，均按照期初土地面积、期末土地面积、土地块数以及房屋面积四个指标生成欧几里得度量值进行筛选，在一定程度上降低了全国农村固定观察点面板数据的张冠李戴以及系统输入偏误的问题。本章的研究样本分布如表 5-1 所示：

表 5-1 研究样本的年度分布

年份	2004	2005	2006	2007	2008	2009	2010	2011	2012	2013	2014	2015
样本数	1506	1497	1469	1398	1372	1538	1625	1151	1482	1517	1573	1654

由表 5-1 可知，样本在 2004~2015 年的分布较为平均。我们计算了因变量农户土地种植结构多样化指数 DI 分年分布情况，具体结果如表 5-2 所示：

表 5-2 农户土地种植结构多样化指数 DI 的年度分布

年份	全国	东部地区	中部地区	西部地区
2004	0.520	0.720	0.454	0.657
2005	0.547	0.713	0.484	0.792
2006	0.537	0.714	0.479	0.658
2007	0.568	0.718	0.52	0.665
2008	0.569	0.643	0.545	0.627
2009	0.596	0.728	0.559	0.762
2010	0.617	0.737	0.573	0.768
2011	0.614	0.757	0.578	0.735
2012	0.699	0.718	0.692	0.753
2013	0.771	0.786	0.761	0.84
2014	0.831	0.844	0.827	0.847
2015	0.851	0.865	0.849	0.837

资料来源：由笔者根据全国农村固定观察点 9 个省份农户数据计算所得。

由表5-2可知，全国层面2004~2015年农户土地种植结构多样化指数呈现逐年增加的趋势，从2004年的0.520快速增加到2015年的0.851，增加了32.1%。不同区域之间的农户土地种植结构多样化指数呈现不同的趋势，东部地区农户土地种植结构多样化指数较高，2004~2015年始终在0.7以上，从2004年的0.720下降到2008年的0.643后逐年增加到2015年的0.865，呈现先上升后下降再上升的趋势。中部地区和西部地区的农户土地种植结构多样化指数2004年较低，分别仅为0.454和0.657，但近年来中部地区和西部地区的农户土地种植结构多样化指数整体上呈现逐步增加的趋势，分别从2004年的0.454和0.657增加到2015年的0.849和0.837，分别增加了39.5%和18%。以上描述性统计结果表明：第一，2004~2015年样本农户土地种植结构多样化指数整体上呈现不断上升的趋势。土地种植结构多样化指数DI的增加，说明农户种植结构趋于多元化。第二，农户土地种植结构多样化指数DI增幅存在差异。中部地区增幅比例最高，东部地区增幅比例次之，西部地区增幅比例最低。第三，农户土地种植结构多样化指数变化趋势存在区域性差异。与中部地区和西部地区土地种植结构多样化指数逐步增加的趋势不同，东部地区土地种植结构多样化指数呈现明显的正"U"形。其中，正"U"形的拐点为2008年，正处于金融危机时期，东部地区受金融危机的影响还是较为明显的。

非农就业的度量与第4章相似，仍选取非农就业时间比例和非农就业劳动力比例。影响农户土地种植结构的控制变量，借鉴以往研究从户主特征、家庭特征、村庄和区域特征四个方面进行分析（Wouterse和Taylor，2008；杨进等，2016；钱龙等，2018），其中村庄和区域特征采用村庄省份和区域虚拟变量予以识别。具体的变量选取定义及描述性统计如表5-3所示：

表5-3　变量描述性统计

类型	细分变量	替代变量或度量方法	均值	标准差
因变量	农户种植结构多样化指数	1-不同作物播种面积占总播种面积比例的平方和	0.648	0.356
非农就业	非农就业时间比例	家庭非农劳动力平均就业时间除以总就业时间	0.550	0.424
	非农就业劳动力比例	家庭非农就业劳动力个数除以家庭劳动力个数	0.480	0.382
	本地非农就业时间比例	家庭本地非农劳动力平均就业时间除以总就业时间	0.218	0.349
	外出非农就业时间比例	家庭外出非农劳动力平均就业时间除以总就业时间	0.335	0.408
	本地非农就业劳动力比例	家庭本地非农就业劳动力个数除以家庭劳动力个数	0.239	0.352
	外出非农就业劳动力比例	家庭外出非农就业劳动力个数除以家庭劳动力个数	0.271	0.339

续表

类型	细分变量	替代变量或度量方法	均值	标准差
户主特征	户主年龄	户主实际年龄（岁）	53.648	12.261
	户主性别	男 = 1，女 = 0	0.913	0.281
	户主受教育程度	户主实际受教育程度（年）	6.150	2.959
	户主是否为党员	是 = 1，否 = 0	0.134	0.341
家庭特征	家庭年龄结构	家庭劳动力平均年龄（岁）	47.616	13.586
	家庭人均收入	家庭人均收入水平（元）	9279.536	6620.866
	健康程度	健康状况为良以上的比例	0.804	0.340
	技术培训比例	受过职业教育或技术培训劳动力比例	0.080	0.205

　　由表 5-3 可知，当前农户非农就业的比例较高，其中，非农就业时间比例的均值为 0.550，非农就业劳动力比例的均值为 0.480。按照就业类型划分，本地非农就业时间比例和外出非农就业时间比例的均值分别为 0.218 和 0.335，本地非农就业劳动力比例和外出非农就业劳动力比例的均值分别为 0.239 和 0.271。无论是以非农就业时间进行就业类型划分，还是以非农就业劳动力就业类型划分均呈现外出非农就业比例高于本地非农就业比例。

　　表 5-4 报告了样本分年度描述性统计结果，2004~2015 年非农就业时间比例呈现逐步上升的趋势，而非农就业劳动力比例则呈现与非农就业时间比例不同的走势，呈现先下降后缓慢提升的趋势。考虑到非农就业的类型差异，本地非农就业时间比例和外出非农就业时间比例与总体上非农就业时间比例走势相一致，本地非农就业劳动力比例和外出非农就业劳动力比例与总体上非农就业劳动力比例走势相一致。全国农村固定观察点 9 个省份农户样本数据的非农就业特征与第 4 章的结论相一致，在此不再赘述。

表 5-4　不同年份农户非农就业情况

年份	非农就业时间比例	非农就业劳动力比例	本地非农就业时间比例	外出非农就业时间比例	本地非农就业劳动力比例	外出非农就业劳动力比例
2004	0.431	0.508	0.154	0.278	0.259	0.281
2005	0.458	0.519	0.166	0.294	0.264	0.290
2006	0.480	0.528	0.162	0.321	0.251	0.312
2007	0.517	0.559	0.157	0.362	0.250	0.350
2008	0.538	0.547	0.161	0.381	0.228	0.354

年份	非农就业时间比例	非农就业劳动力比例	本地非农就业时间比例	外出非农就业时间比例	本地非农就业劳动力比例	外出非农就业劳动力比例
2009	0.564	0.446	0.243	0.324	0.244	0.232
2010	0.542	0.427	0.226	0.320	0.226	0.232
2011	0.577	0.448	0.254	0.324	0.241	0.234
2012	0.584	0.449	0.264	0.324	0.235	0.236
2013	0.614	0.448	0.268	0.349	0.228	0.242
2014	0.635	0.444	0.273	0.366	0.222	0.245
2015	0.645	0.457	0.275	0.374	0.229	0.251

资料来源：由笔者根据全国农村固定观察点9个省份农户的数据计算所得。

5.3 实证估计

农户非农就业与土地种植结构两者之间存在潜在内生性，本章在基准回归部分首先采用面板数据固定效应和Bootstrap-xttobit模型进行估计，在回归过程中考虑到非农就业的两种指标度量，并采用村庄层面非农就业比例作为工具变量进行面板数据工具变量回归，同时采用Bootstrap-xttobit二步法对估计结论予以进一步稳健性检验。

5.3.1 基准回归

表5-5汇报了面板数据OLS固定效应模型的估计结果。表5-5中模型（1）至模型（5）均表示以非农就业时间比例为自变量逐步加入控制变量的估计结果；模型（6）至模型（10）均表示以非农就业劳动力比例为自变量的估计结果，逐步加入控制变量回归的方式通过判断核心自变量的估计系数和显著性程度以初步判断核心自变量的稳健性。表5-5中模型（1）是只加入核心自变量非农就业时间比例的估计结果，模型（6）是只加入核心自变量非农就业劳动力比例的估计结果，模型（2）和模型（7）是在模型（1）和模型（6）的基础上加入户主特征，模型（3）和模型（8）是在模型（2）和模型（7）的基础上加入户主年龄的二次项，模型（4）和模型（9）是在模型（3）和模型（8）的基础上加入家庭特征，模型（5）和模型（10）是在模型（4）和模型（9）的基础上考虑到村庄层面的特征。从表5-5可以得出：模型（1）至模型（5）中非农就业

表5-5 非农就业对农户土地种植结构的影响——基于面板数据固定效应模型

变量	模型(1)	模型(2)	模型(3)	模型(4)	模型(5)	模型(6)	模型(7)	模型(8)	模型(9)	模型(10)
非农就业时间比例	0.132***	0.143***	0.151***	0.179***	0.193***	—	—	—	—	—
	(0.006)	(0.006)	(0.006)	(0.007)	(0.007)					
非农劳动力比例	—	—	—	—	—	0.066***	0.071***	0.077***	0.082***	0.119***
						(0.006)	(0.007)	(0.007)	(0.007)	(0.007)
户主年龄	—	0.002***	-0.011***	-0.001	-0.001	—	0.00101***	-0.00867***	-0.00124	-0.00102
		(0.000)	(0.002)	(0.002)	(0.002)		(0.000218)	(0.00174)	(0.00207)	(0.00189)
户主年龄平方项	—	—	0.000***	0.000	0.000	—	—	0.000***	0.000	0.000
			(0.000)	(0.000)	(0.000)			(0.000)	(0.000)	(0.000)
户主受教育程度	—	0.005***	0.007***	0.008***	0.004***	—	0.008***	0.009***	0.009***	0.004***
		(0.001)	(0.001)	(0.001)	(0.001)		(0.001)	(0.001)	(0.001)	(0.001)
户主性别	—	-0.111***	-0.094***	-0.095***	-0.060***	—	-0.107***	-0.094***	-0.094***	-0.058***
		(0.009)	(0.009)	(0.010)	(0.009)		(0.009)	(0.010)	(0.010)	(0.009)
是否为党员	—	0.048***	0.047***	0.043***	0.031***	—	0.048***	0.047***	0.045***	0.034***
		(0.007)	(0.007)	(0.007)	(0.006)		(0.007)	(0.007)	(0.007)	(0.006)
家庭年龄结构	—	—	—	-0.010***	-0.013***	—	—	—	-0.009***	-0.012***
				(0.002)	(0.001)				(0.002)	(0.001)
家庭年龄结构平方项	—	—	—	0.000***	0.000***	—	—	—	0.000***	0.000***
				(0.000)	(0.000)				(0.000)	(0.000)

续表

变量	模型(1)	模型(2)	模型(3)	模型(4)	模型(5)	模型(6)	模型(7)	模型(8)	模型(9)	模型(10)
是否受过技术培训	—	—	—	0.010	0.003	—	—	—	0.008	0.002
				(0.012)	(0.011)				(0.012)	(0.011)
健康状况	—	—	—	-0.073***	-0.032***	—	—	—	-0.070***	-0.033***
				(0.008)	(0.008)				(0.008)	(0.008)
家庭人均收入	—	—	—	0.021***	0.018***	—	—	—	0.027***	0.020***
				(0.004)	(0.004)				(0.004)	(0.004)
常数项	0.686***	0.646***	0.942***	0.736***	0.730***	0.747***	0.734***	0.952***	0.771***	0.789***
	(0.013)	(0.019)	(0.043)	(0.058)	(0.061)	(0.013)	(0.019)	(0.043)	(0.059)	(0.062)
村庄特征变量	未控制	未控制	未控制	未控制	已控制	未控制	未控制	未控制	未控制	已控制
时间固定效应	已控制	已控制	已控制	已控制	已控制	已控制	已控制	已控制	已控制	已控制
农户固定效应	已控制	已控制	已控制	已控制	已控制	已控制	已控制	已控制	已控制	已控制
观测值	17782	17782	17782	17631	17631	17782	17782	17782	17631	17631
R-squared	0.139	0.151	0.154	0.167	0.340	0.120	0.131	0.132	0.139	0.319
年份	2004~2015	2004~2015	2004~2015	2004~2015	2004~2015	2004~2015	2004~2015	2004~2015	2004~2015	2004~2015

注：括号外的数字为估计系数，括号内的数字为该系数下的标准差；*、**和***分别表示10%、5%和1%的显著性水平。

时间比例变量的估计系数均为正，分别为 0.132、0.143、0.151、0.179 和 0.193，均通过了 1% 水平下显著性检验，表明非农就业时间比例越高的农户家庭越倾向于进行种植结构调整，以实现种植结构的调整。模型（6）至模型（10）中非农就业劳动力比例变量的估计系数分别为 0.066、0.071、0.077、0.082 和 0.119，均通过了 1% 水平下的显著性检验，这表明农户家庭非农就业劳动力比例越高，农户家庭越倾向于调整土地种植结构。在表 5-5 中，其他控制变量如户主是女性、户主受教育程度越高、户主是党员变量对农户土地种植结构调整具有显著的正向影响，而户主年龄则对农户土地种植结构的调整并没有显著的影响。家庭年龄结构越大、健康状况不好、家庭收入水平较高的农户家庭也更倾向于进行土地种植结构调整。

鉴于因变量的取值是 0~1 的连续变量，因此我们采用 Bootstrap-xttobit 模型进行估计，估计结果如表 5-6 所示。表 5-6 的估计结果与表 5-5 基本一致，无论是非农就业时间比例还是非农就业劳动力比例，估计系数均为正，且均通过了显著性水平检验，这也进一步表明了非农就业会对农户土地种植结构产生影响。其他控制变量的估计结果如户主是女性、户主受教育程度越高、户主是党员变量、家庭年龄结构、健康状况、家庭收入水平对农户土地种植结构调整的影响与表 5-5 基本一致。与表 5-5 不同的是，户主年龄对农户土地种植结构调整具有显著影响，呈现正"U"形。

5.3.2　潜在内生性探讨

鉴于非农就业与农户土地种植结构两者之间可能存在潜在内生性问题，我们采用滞后一期面板数据固定效应、以村庄劳动力中非农就业比例作为工具变量的二阶段最小二乘估计和 Bootstrap-xttobit 二步法回归进行稳健性检验，估计过程中也分别考虑非农就业的两种度量方式。表 5-7 报告了核心自变量滞后一期的估计结果，表 5-8 报告了工具变量检验结果，表 5-9 报告了工具变量估计结果，表 5-10 报告了 Bootstrap-xttobit 二步法的估计结果。

表 5-7 和表 5-9 中的模型（1）至模型（5）均表示以滞后一期非农就业时间比例为自变量的估计结果，模型（6）至模型（10）均表示以滞后一期非农就业劳动力比例为自变量的估计结果。表 5-7 和表 5-9 中的模型（1）和模型（6）是只加入核心自变量（滞后一期非农就业劳动力比例、滞后一期非农就业时间比例）的估计结果，模型（2）至模型（5）分别是逐步加入户主特征、户主年龄二次项、家庭特征和村庄特征的估计结果。在表 5-7 中，模型（1）至模型（5）中滞后一期的非农就业时间比例变量的估计系数分别为 0.067、0.067、0.070、0.074 和 0.074，均通过了 1% 水平下显著性检验，表明滞后一期的非农就业时间

表5-6 非农就业对农户土地种植结构的影响——基于 Bootstrap-xttobit 模型

变量	模型（1）	模型（2）	模型（3）	模型（4）	模型（5）	模型（6）	模型（7）	模型（8）	模型（9）	模型（10）
非农就业时间比例	0.180***	0.201***	0.209***	0.239***	0.239***	—	—	—	—	—
	(0.016)	(0.016)	(0.017)	(0.016)	(0.017)					
非农劳动力比例	—	—	—	—	—	0.102***	0.118***	0.125***	0.129***	0.131***
						(0.015)	(0.015)	(0.014)	(0.012)	(0.012)
户主年龄	—	0.003***	-0.011***	0.003	0.002	—	0.002**	-0.008***	0.003	0.002
		(0.001)	(0.002)	(0.002)	(0.002)		(0.000)	(0.002)	(0.002)	(0.002)
户主年龄平方项	—	—	0.000***	-0.000	-0.000	—	—	0.000***	-0.000	0.000
			(0.000)	(0.000)	(0.000)			(0.000)	(0.000)	(0.000)
户主受教育程度	—	0.001	0.003*	0.004**	0.005***	—	0.004*	0.005**	0.005**	0.006***
		(0.002)	(0.002)	(0.002)	(0.002)		(0.002)	(0.002)	(0.002)	(0.002)
户主性别	—	-0.143***	-0.124***	-0.125***	-0.122***	—	-0.143***	-0.131***	-0.132***	-0.129***
		(0.009)	(0.011)	(0.008)	(0.008)		(0.012)	(0.012)	(0.010)	(0.010)
是否为党员	—	0.066***	0.064***	0.059***	0.057***	—	0.069***	0.067***	0.065***	0.062***
		(0.009)	(0.010)	(0.008)	(0.008)		(0.012)	(0.011)	(0.008)	(0.010)
家庭年龄结构	—	—	—	-0.014***	-0.014***	—	—	—	-0.013***	-0.014***
				(0.002)	(0.002)				(0.002)	(0.002)
家庭年龄结构平方项	—	—	—	0.000***	0.000***	—	—	—	0.000***	0.000***
				(0.000)	(0.000)				(0.000)	(0.000)

续表

变量	模型（1）	模型（2）	模型（3）	模型（4）	模型（5）	模型（6）	模型（7）	模型（8）	模型（9）	模型（10）
是否受过技术培训	—	—	—	0.001	0.002	—	—	—	-0.006	-0.004
				(0.014)	(0.013)				(0.016)	(0.015)
健康状况	—	—	—	-0.092***	-0.084**	—	—	—	-0.092***	-0.085**
				(0.004)	(0.006)				(0.006)	(0.005)
家庭人均收入	—	—	—	0.028***	0.032**	—	—	—	0.035***	0.038**
				(0.010)	(0.012)				(0.010)	(0.009)
常数项	0.545***	0.505***	0.817***	0.569***	0.579***	0.594***	0.585***	0.797***	0.598***	0.609***
	(0.036)	(0.041)	(0.061)	(0.112)	(0.104)	(0.038)	(0.035)	(0.051)	(0.104)	(0.087)
村庄特征变量	未控制	未控制	未控制	未控制	已控制	未控制	未控制	未控制	未控制	已控制
Bootstrap 次数	100	100	100	100	100	100	100	100	100	100
观测值	17782	17782	17782	17631	17631	17782	17782	17782	17631	17631
年份	2004~2015	2004~2015	2004~2015	2004~2015	2004~2015	2004~2015	2004~2015	2004~2015	2004~2015	2004~2015

注：括号外的数字为估计系数，括号内的数字为该系数下的标准差；*、**和***分别表示10%、5%和1%的显著性水平。

表5-7 非农就业对农户土地种植结构的影响——滞后一期面板数据固定效应模型

变量	模型(1)	模型(2)	模型(3)	模型(4)	模型(5)	模型(6)	模型(7)	模型(8)	模型(9)	模型(10)
滞后一期非农就业时同比例	0.067*** (0.008)	0.067*** (0.008)	0.070*** (0.008)	0.074*** (0.008)	0.074*** (0.008)	—	—	—	—	—
滞后一期非农劳动力比例	—	—	—	—	—	0.040*** (0.008)	0.040*** (0.008)	0.041*** (0.008)	0.044*** (0.008)	0.044*** (0.008)
户主年龄	—	-0.001* (0.000)	-0.013*** (0.003)	-0.009*** (0.003)	-0.009*** (0.003)	—	-0.001 (0.000)	-0.012*** (0.003)	-0.008*** (0.003)	-0.008** (0.003)
户主年龄平方项	—	—	0.000*** (0.000)	0.000** (0.000)	0.000** (0.000)	—	—	0.000*** (0.000)	0.000*** (0.000)	0.000*** (0.000)
户主受教育程度	—	-0.005*** (0.002)	-0.003* (0.002)	-0.002 (0.002)	-0.002 (0.002)	—	-0.005*** (0.002)	-0.003* (0.002)	-0.003 (0.002)	-0.003 (0.002)
户主性别	—	0.009 (0.016)	0.026 (0.017)	0.016 (0.017)	0.016 (0.017)	—	0.013 (0.016)	0.029* (0.017)	0.020 (0.017)	0.020 (0.017)
是否为党员	—	0.002 (0.012)	0.002 (0.012)	0.001 (0.012)	0.001 (0.012)	—	0.003 (0.012)	0.002 (0.012)	0.001 (0.012)	0.001 (0.012)
家庭年龄结构	—	—	—	-0.008*** (0.002)	-0.008*** (0.002)	—	—	—	-0.008*** (0.002)	-0.008*** (0.002)
家庭年龄结构平方项	—	—	—	0.000*** (0.000)	0.000*** (0.000)	—	—	—	0.000*** (0.000)	0.000*** (0.000)
是否受过技术培训	—	—	—	0.015 (0.016)	0.015 (0.016)	—	—	—	0.013 (0.016)	0.013 (0.016)
健康状况	—	—	—	-0.014 (0.010)	-0.014 (0.010)	—	—	—	-0.013 (0.010)	-0.013 (0.010)

续表

变量	模型 (1)	模型 (2)	模型 (3)	模型 (4)	模型 (5)	模型 (6)	模型 (7)	模型 (8)	模型 (9)	模型 (10)
家庭人均收入	—	—	—	-0.001 (0.006)	-0.001 (0.006)	—	—	—	0.002 (0.006)	0.002 (0.006)
常数项	0.565*** (0.008)	0.629*** (0.021)	0.899*** (0.069)	0.986*** (0.085)	0.986*** (0.085)	0.576*** (0.008)	0.637*** (0.022)	0.882*** (0.069)	0.970*** (0.086)	0.970*** (0.086)
村庄特征变量	未控制	未控制	未控制	未控制	已控制	未控制	未控制	未控制	未控制	已控制
时间固定效应	已控制	已控制	已控制	已控制	已控制	已控制	已控制	已控制	已控制	已控制
农户固定效应	已控制	已控制	已控制	已控制	已控制	已控制	已控制	已控制	已控制	已控制
观测值	12603	12603	12603	12540	12540	12603	12603	12603	12540	12540
R-squared	0.079	0.081	0.083	0.088	0.088	0.115	0.125	0.126	0.133	0.310
年份	2004~2015	2004~2015	2004~2015	2004~2015	2004~2015	2004~2015	2004~2015	2004~2015	2004~2015	2004~2015

注：括号外的数字为估计系数，括号内的数字为该系数下的标准差；*、**和***分别表示10%、5%和1%的显著性水平。

表 5-8 非农就业对农户土地种植结构的影响——工具变量检验结果

变量	模型 (1)	模型 (2)	模型 (3)	模型 (4)	模型 (5)	模型 (6)	模型 (7)	模型 (8)	模型 (9)	模型 (10)
LM 检验	1495.661	701.390	708.298	689.240	615.829	809.481	436.016	428.251	373.708	324.566
P 值	0.000	0.000	0.000	0.000	0.000	0.000	0.000	0.000	0.000	0.000
Wald 检验	1633.025	729.884	737.204	716.567	637.373	848.067	446.682	438.506	381.416	330.263
10%maximal IV size	16.38	16.38	16.38	16.38	16.38	16.38	16.38	16.38	16.38	16.38
15%maximal IV size	8.96	8.96	8.96	8.96	8.96	8.96	8.96	8.96	8.96	8.96
20%maximal IV size	6.66	6.66	6.66	6.66	6.66	6.66	6.66	6.66	6.66	6.66
25%maximal IV size	5.53	5.53	5.53	5.53	5.53	5.53	5.53	5.53	5.53	5.53
Sargan statistic	0.000	0.000	0.000	0.000	0.000	0.000	0.000	0.000	0.000	0.000

表5-9 非农就业对农户土地种植结构的影响——二阶段最小二乘法

变量	模型（1）	模型（2）	模型（3）	模型（4）	模型（5）	模型（6）	模型（7）	模型（8）	模型（9）	模型（10）
非农就业时间比例	0.692*** (0.024)	0.308*** (0.031)	0.316*** (0.032)	0.344*** (0.034)	0.387*** (0.036)	—	—	—	—	—
非农劳动力比例	—	—	—	—	—	1.039*** (0.045)	0.422*** (0.046)	0.435*** (0.047)	0.484*** (0.052)	0.552*** (0.058)
户主年龄	—	0.003*** (0.000)	-0.017*** (0.002)	-0.001 (0.002)	-0.001 (0.002)	—	0.004*** (0.000)	-0.021*** (0.002)	-0.003 (0.002)	-0.005* (0.002)
户主年龄平方项	—	—	0.000*** (0.000)	-0.000 (0.000)	0.000 (0.000)	—	—	0.000*** (0.000)	0.000*** (0.000)	0.000*** (0.000)
户主受教育程度	—	0.002* (0.001)	0.004*** (0.001)	0.006*** (0.001)	0.006*** (0.001)	—	0.003** (0.001)	0.006*** (0.001)	0.007*** (0.001)	0.007*** (0.001)
户主性别	—	-0.123*** (0.010)	-0.096*** (0.010)	-0.099*** (0.010)	-0.100*** (0.010)	—	-0.136*** (0.011)	-0.103*** (0.010)	-0.116*** (0.011)	-0.120*** (0.011)
是否为党员	—	0.049*** (0.007)	0.047*** (0.007)	0.044*** (0.007)	0.044*** (0.007)	—	0.051*** (0.008)	0.049*** (0.008)	0.052*** (0.008)	0.053*** (0.008)
家庭年龄结构	—	—	—	-0.012*** (0.002)	-0.013*** (0.002)	—	—	—	-0.016*** (0.002)	-0.017*** (0.002)
家庭年龄结构平方项	—	—	—	0.000*** (0.000)	0.000*** (0.000)	—	—	—	0.000*** (0.000)	0.000*** (0.000)

续表

变量	模型 (1)	模型 (2)	模型 (3)	模型 (4)	模型 (5)	模型 (6)	模型 (7)	模型 (8)	模型 (9)	模型 (10)
是否受过技术培训	—	—	—	0.014	0.013	—	—	—	0.009	0.009
				(0.012)	(0.012)				(0.013)	(0.013)
健康状况	—	—	—	-0.079***	-0.073***	—	—	—	-0.06***	-0.092***
				(0.008)	(0.008)				(0.009)	(0.010)
家庭人均收入	—	—	—	0.008	0.010*	—	—	—	-0.014*	-0.015**
				(0.005)	(0.005)				(0.007)	(0.007)
区域特征变量	未控制	未控制	未控制	未控制	已控制	未控制	未控制	未控制	未控制	已控制
时间固定效应	已控制	已控制	已控制	已控制	已控制	已控制	已控制	已控制	已控制	已控制
农户固定效应	已控制	已控制	已控制	已控制	已控制	已控制	已控制	已控制	已控制	已控制
观测值	17782	17782	17782	17631	17631	17782	17782	17782	17631	17631
R-squared	-0.355	0.116	0.120	0.137	0.127	-1.096	-0.004	-0.005	-0.022	-0.073
年份	2004~2015	2004~2015	2004~2015	2004~2015	2004~2015	2004~2015	2004~2015	2004~2015	2004~2015	2004~2015

注：括号外的数字为估计系数，括号内的数字为该系数下的标准差；*、**和***分别表示 10%、5%和 1%的显著性水平。

表 5-10　非农就业对农户土地种植结构的影响——Bootstrap-xttobit 二步法

因变量	模型（1）非农就业时间比例	模型（2）DI	模型（3）非农就业时间比例	模型（4）DI	模型（5）非农就业劳动力比例	模型（6）DI	模型（7）非农就业劳动力比例	模型（8）DI
村庄非农就业比例	0.372*** (0.014)	—	0.316*** (0.013)	—	0.271*** (0.013)	—	0.227*** (0.012)	—
非农就业时间比例拟合值	—	0.595*** (0.068)	—	0.644*** (0.064)	—	—	—	—
非农劳动力比例拟合值	—	—	—	—	—	0.628*** (0.063)	—	0.840*** (0.0797)
常数项	0.115*** (0.018)	0.317*** (0.064)	-0.295*** (0.065)	0.731*** (0.068)	0.146*** (0.016)	0.342*** (0.058)	-0.825*** (0.063)	1.281*** (0.0755)
控制变量	未控制	未控制	已控制	已控制	未控制	已控制	已控制	已控制
Bootstrap次数	—	100	—	100	—	100	—	100
观测值	17782	17782	17631	17631	17782	17782	17631	17631
R-squared	0.117	—	0.334	—	0.078	—	0.227	—
年份	2004~2015	2004~2015	2004~2015	2004~2015	2004~2015	2004~2015	2004~2015	2004~2015

注：括号外的数字为估计系数，括号内的数字为该系数下的标准差；*、**和***分别表示 10%、5%和 1%的显著性水平。

比例与农户种植结构多样化指数呈现显著的正向关系。模型（6）至模型（10）中滞后一期的非农就业劳动力比例变量的估计系数也均大于 0，分别为 0.040、0.040、0.041、0.044 和 0.044，均通过了 1% 水平下的显著性检验，这也表明考虑到滞后效应，农户家庭滞后一期的非农就业劳动力比例越高，农户更倾向于实现种植结构的多样化。表 5-8 中模型（1）至模型（5）和模型（6）至模型（10）分别报告了以非农就业时间比例和以非农就业劳动力比例为核心自变量的工具变量检验结果。模型（1）至模型（10）中 LM 检验的 P 值均等于 0，表明工具变量不存在识别不足问题，Wald 检验 F 值均远大于 10% 水平下临界值，拒绝了"工具变量冗余"的原假设，表明工具变量估计过程中不存在弱工具变量问题，即采用村庄劳动力中非农就业比例作为非农就业的工具变量进行分析是合适的。表 5-9 报告了面板数据工具变量最小二乘估计结果，采用村庄层面非农就业比例作为非农就业的工具变量，无论是非农就业时间比例还是非农就业劳动力比例，估计系数均为正，均通过了 1% 水平下显著性检验，这表明当考虑到非农就业与农户土地种植结构两者之间互为因果关系的情况下，非农就业水平越高，农户越倾向于实现土地种植结构多样化这一结论是显著且稳健的。鉴于因变量的取值在 0~1，表 5-10 中的模型（1）至模型（8）分别报告了以非农就业时间比例和以非农就业劳动力比例为自变量的 Bootstrap-xtttobit 二步法的估计结果。表 5-10 中 Bootstrap-xtttobit 二步法的第一阶段以村庄层面非农就业比例作为工具变量的估计结果均为正，且通过了显著性水平检验，第二阶段的非农就业时间比例和非农就业劳动力比例的估计系数均为正，通过了显著性水平检验，Bootstrap-xtttobit 二步法结果也进一步证实非农就业提升农户种植结构多样性这一结论是稳健的。在表 5-7 至表 5-10 中，控制变量的估计系数方向及显著性水平与表 5-5 和表 5-6 基本一致，在此不再赘述。

5.4　稳健性检验

在基准回归中，无论是面板数据固定效应模型、Bootstrap-xtttobit 模型，还是考虑滞后项和二阶段最小二乘估计法的结果均表明，非农就业与农户种植结构多样化两者之间呈现显著且较为稳健正向关系。但是，非农就业存在就业类型和区域的异质性。基于此，在这一部分稳健性检验中，我们分别从就业类型和就业区域两个维度进行稳健性检验。

5.4.1 就业类型异质性

农户非农就业类型存在本地非农就业和外出非农就业两类，不同类型的非农就业对农户种植结构是否会存在差异？与基准回归相一致，我们分别采用面板数据固定效应模型和 Bootstrap-xttobit 模型进行估计估计（见表5-11和表5-12）。

在表5-11和表5-12中，模型（1）至模型（5）和模型（6）至模型（10）均是采用逐步加入控制变量的方式进行估计，模型（1）和模型（6）是只加入核心自变量（本地非农就业时间比例、外出非农就业时间比例、本地非农就业劳动力比例、外出非农就业劳动力比例）的估计结果，模型（2）至模型（5）和模型（7）至模型（10）是在模型（1）和模型（6）的基础上逐步加入控制变量的估计结果。

考虑到就业类型的异质性，表5-11和表5-12中，本地非农就业时间比例和外出非农就业时间比例在模型（1）至模型（5）的估计系数均为正，且均通过了1%水平下显著性水平检验，说明本地非农就业时间比例和外出务工非农就业时间比例与总非农就业时间比例对农户提升种植结构多样化的结论相一致，两者均呈现显著正向影响。在模型（6）至模型（9）中，本地非农就业劳动力比例的估计系数为负，均通过了显著性水平检验。虽然模型（10）中的估计结果没有通过显著性水平检验，但估计系数仍为负。而外出务工非农劳动力比例在模型（6）至模型（10）的估计系数均为正，且均通过了显著性水平检验，这也表明非农就业劳动力对农户土地种植结构的影响存在明显的就业类型异质性。本地非农就业劳动力越高，对农户种植结构调整的结论并不稳健，而外出非农就业劳动力对农户种植结构调整则具有显著且稳健正向影响。

对比表5-11、表5-12与表5-7、表5-9、表5-10的结果，非农就业时间比例对农户土地种植结构调整具有显著且稳健的正向影响，即使考虑到非农就业的类型异质性，这一结论仍成立；而非农就业劳动力比例对农户土地种植结构调整正向影响的结论并不稳健，虽然总体上非农就业劳动力比例对农户土地种植结构调整的估计结果是正向且显著的，但是本地非农就业与外出非农就业对土地种植结构调整存在"一拉一推"，即本地非农就业劳动力越多的农户越不倾向于实现种植结构调整，外出非农就业劳动力越多的农户更倾向于实现种植结构调整。

表5-13汇报了不同类型滞后一期非农就业对农户土地种植结构的影响。从表5-13可以得出：模型（1）至模型（5）中滞后一期的本地非农就业时间比例变量的估计系数分别为0.054、0.052、0.055、0.064和0.049，滞后一期的外出非农就业时间比例变量的估计系数分别为0.093、0.096、0.100、0.111和0.118，均通过了1%水平下显著性检验。这表明滞后一期的本地非农就业时间比

表 5-11　不同就业类型非农就业对农户土地种植结构的影响——基于面板数据固定效应模型

变量	模型（1）	模型（2）	模型（3）	模型（4）	模型（5）	模型（6）	模型（7）	模型（8）	模型（9）	模型（10）
本地非农就业时间比例	0.096*** (0.008)	0.103*** (0.008)	0.110*** (0.008)	0.134*** (0.008)	0.135*** (0.008)	—	—	—	—	—
外出非农就业时间比例	0.152*** (0.006)	0.167*** (0.007)	0.175*** (0.007)	0.209*** (0.007)	0.227*** (0.007)	—	—	—	—	—
本地非农就业劳动力比例	—	—	—	—	—	-0.0477*** (0.007)	-0.0454*** (0.007)	-0.0418*** (0.007)	-0.0407*** (0.007)	0.000215 (0.007)
外出非农就业劳动力比例	—	—	—	—	—	0.125*** (0.007)	0.136*** (0.008)	0.142*** (0.008)	0.151*** (0.008)	0.191*** (0.008)
户主年龄	—	0.002*** (0.000)	-0.011*** (0.002)	-0.001 (0.002)	-0.001 (0.002)	—	0.001 (0.000)	-0.008*** (0.002)	-0.001 (0.002)	-0.001 (0.002)
户主年龄平方项	—	—	0.000*** (0.000)	0.000 (0.000)	-0.000 (0.000)	—	—	0.000*** (0.000)	0.000 (0.000)	0.000 (0.000)
户主受教育程度	—	0.005*** (0.001)	0.007*** (0.001)	0.008*** (0.001)	0.004*** (0.001)	—	0.007*** (0.001)	0.008*** (0.001)	0.009*** (0.001)	0.004*** (0.001)
户主性别	—	-0.112*** (0.009)	-0.094*** (0.009)	-0.094*** (0.010)	-0.059*** (0.009)	—	-0.105*** (0.009)	-0.093*** (0.010)	-0.0903*** (0.010)	-0.0555*** (0.009)
是否为党员	—	0.052*** (0.007)	0.051*** (0.007)	0.047*** (0.007)	0.035*** (0.006)	—	0.057*** (0.007)	0.057*** (0.007)	0.053*** (0.007)	0.041*** (0.006)
家庭年龄结构	—	—	—	-0.009*** (0.002)	-0.012*** (0.001)	—	—	—	-0.007*** (0.002)	-0.011*** (0.001)

续表

变量	模型（1）	模型（2）	模型（3）	模型（4）	模型（5）	模型（6）	模型（7）	模型（8）	模型（9）	模型（10）
家庭年龄结构平方项	—	—	—	0.000***	0.000***	—	—	—	0.000***	0.000***
				(0.000)	(0.000)				(0.000)	(0.000)
是否受过技术培训	—	—	—	0.008	0.002	—	—	—	0.005	-0.002
				(0.012)	(0.011)				(0.012)	(0.011)
健康状况	—	—	—	-0.070***	-0.032***	—	—	—	-0.063***	-0.032***
				(0.00811)	(0.00788)				(0.008)	(0.008)
家庭人均收入	—	—	—	0.022***	0.019***	—	—	—	0.030***	0.022***
				(0.004)	(0.004)				(0.004)	(0.004)
常数项	0.690***	0.642***	0.943***	0.708***	0.689***	0.771***	0.740***	0.958***	0.702***	0.703***
	(0.013)	(0.019)	(0.043)	(0.058)	(0.061)	(0.012)	(0.019)	(0.043)	(0.059)	(0.062)
村庄特征变量	未控制	未控制	未控制	未控制	已控制	未控制	未控制	未控制	未控制	已控制
时间固定效应	已控制	已控制	已控制	已控制	已控制	已控制	已控制	已控制	已控制	已控制
农户固定效应	已控制	已控制	已控制	已控制	已控制	已控制	已控制	已控制	已控制	已控制
观测值	17782	17782	17782	17631	17631	17782	17782	17782	17631	17631
R-squared	0.142	0.154	0.157	0.171	0.346	0.134	0.146	0.148	0.156	0.333
年份	2004~2015	2004~2015	2004~2015	2004~2015	2004~2015	2004~2015	2004~2015	2004~2015	2004~2015	2004~2015

注：括号外的数字为估计系数，括号内的数字为该系数下的标准差；*、**和***分别表示10%、5%和1%的显著性水平。

表 5-12　不同类型非农就业对农户土地种植结构的影响——基于 Bootstrap-xttobit 模型

变量	模型 (1)	模型 (2)	模型 (3)	模型 (4)	模型 (5)	模型 (6)	模型 (7)	模型 (8)	模型 (9)	模型 (10)
本地非农就业时间比例	0.147***	0.161***	0.168***	0.193***	0.193***	—	—	—	—	—
	(0.011)	(0.009)	(0.010)	(0.010)	(0.010)	—	—	—	—	—
外出非农就业时间比例	0.198***	0.224***	0.232***	0.269***	0.269***	—	—	—	—	—
	(0.022)	(0.018)	(0.020)	(0.020)	(0.020)	—	—	—	—	—
本地非农就业劳动力比例	—	—	—	—	—	-0.042***	-0.032*	-0.029*	-0.029*	-0.028*
	—	—	—	—	—	(0.016)	(0.017)	(0.016)	(0.015)	(0.016)
外出非农就业劳动力比例	—	—	—	—	—	0.167***	0.191***	0.197***	0.204***	0.207***
	—	—	—	—	—	(0.016)	(0.020)	(0.021)	(0.019)	(0.022)
户主年龄	—	0.003***	-0.011***	0.003	0.002	—	0.002***	-0.007***	0.003	0.002
	—	(0.001)	(0.002)	(0.002)	(0.002)	—	(0.000)	(0.002)	(0.003)	(0.002)
户主年龄平方项	—	—	0.000***	-0.000	-0.000	—	—	0.000***	-0.000	-0.000
	—	—	(0.000)	(0.000)	(0.000)	—	—	(0.000)	(0.000)	(0.000)
户主受教育程度	—	0.001	0.003*	0.004**	0.005**	—	0.004**	0.005**	0.005**	0.006**
	—	(0.002)	(0.002)	(0.002)	(0.002)	—	(0.002)	(0.002)	(0.002)	(0.002)
户主性别	—	-0.143***	-0.124***	-0.123***	-0.120***	—	-0.138***	-0.127***	-0.124***	-0.121***
	—	(0.010)	(0.009)	(0.009)	(0.007)	—	(0.011)	(0.011)	(0.009)	(0.008)
是否为党员	—	0.070***	0.069***	0.064***	0.061***	—	0.081***	0.080***	0.076***	0.071***
	—	(0.010)	(0.011)	(0.010)	(0.009)	—	(0.012)	(0.014)	(0.010)	(0.011)

续表

变量	模型（1）	模型（2）	模型（3）	模型（4）	模型（5）	模型（6）	模型（7）	模型（8）	模型（9）	模型（10）
家庭年龄结构	—	—	—	-0.013***	-0.013***	—	—	—	-0.011***	-0.011***
				(0.002)	(0.002)				(0.002)	(0.002)
家庭年龄结构平方项	—	—	—	0.000***	0.000***	—	—	—	0.000***	0.000***
				(0.000)	(0.000)				(0.000)	(0.000)
是否受过技术培训	—	—	—	-0.003	-0.002	—	—	—	-0.010	-0.007
				(0.014)	(0.012)				(0.018)	(0.018)
健康状况	—	—	—	-0.088***	-0.081***	—	—	—	-0.081***	-0.077***
				(0.004)	(0.005)				(0.005)	(0.006)
家庭人均收入	—	—	—	0.030***	0.033***	—	—	—	0.043***	0.044***
				(0.011)	(0.011)				(0.011)	(0.012)
常数项	0.545***	0.496***	0.811***	0.525***	0.534***	0.608***	0.576***	0.777***	0.456***	0.464***
	(0.037)	(0.039)	(0.061)	(0.107)	(0.100)	(0.035)	(0.038)	(0.058)	(0.118)	(0.110)
村庄特征变量	未控制	未控制	未控制	未控制	已控制	未控制	未控制	未控制	未控制	已控制
Bootstrap次数	100	100	100	100	100	100	100	100	100	100
观测值	17782	17782	17782	17531	17631	17782	17782	17782	17531	17631
年份	2004~2015	2004~2015	2004~2015	2004~2015	2004~2015	2004~2015	2004~2015	2004~2015	2004~2015	2004~2015

注：括号外的数字为估计系数，括号内的数字为该系数下的标准差；*、**和***分别表示10%、5%和1%的显著性水平。

表 5-13　不同就业类型滞后一期非农就业对农户土地种植决策的影响

变量	模型（1）	模型（2）	模型（3）	模型（4）	模型（5）	模型（6）	模型（7）	模型（8）	模型（9）	模型（10）
滞后一期本地非农就业时间比例	0.054***	0.052***	0.055***	0.064***	0.049***	—	—	—	—	—
	(0.008)	(0.008)	(0.008)	(0.008)	(0.008)					
滞后一期出非农就业时间比例	0.093***	0.096***	0.100***	0.111***	0.118***	—	—	—	—	—
	(0.007)	(0.007)	(0.007)	(0.007)	(0.007)					
滞后一期本地非农就业劳动力比例						-0.056***	-0.057***	-0.055***	-0.055***	-0.018**
						(0.007)	(0.007)	(0.007)	(0.007)	(0.007)
滞后一期出非农就业劳动力比例						0.062***	0.064***	0.067***	0.070***	0.105***
						(0.007)	(0.008)	(0.008)	(0.008)	(0.008)
户主年龄	—	0.001***	-0.008***	-0.001	-0.000	—	0.001***	-0.007***	-0.001	-0.001
		(0.000)	(0.002)	(0.002)	(0.002)		(0.000)	(0.002)	(0.002)	(0.002)
户主年龄平方项	—		0.000***	0.000	0.000	—		0.000***	0.000	0.000
			(0.000)	(0.000)	(0.000)			(0.000)	(0.000)	(0.000)
户主受教育程度	—	0.007***	0.008***	0.008***	0.004***	—	0.008***	0.009***	0.009***	0.004***
		(0.001)	(0.001)	(0.001)	(0.001)		(0.001)	(0.001)	(0.001)	(0.001)
户主性别	—	-0.104***	-0.091***	-0.090***	-0.051***	—	-0.102***	-0.092***	-0.090***	-0.051***
		(0.009)	(0.010)	(0.010)	(0.009)		(0.009)	(0.010)	(0.010)	(0.009)
是否为党员	—	0.050***	0.049***	0.044***	0.033***	—	0.053***	0.053***	0.048***	0.035***
		(0.007)	(0.007)	(0.007)	(0.006)		(0.007)	(0.007)	(0.007)	(0.007)
家庭年龄结构	—	—	—	-0.008***	-0.011***	—	—	—	-0.007***	-0.011***
				(0.002)	(0.001)				(0.002)	(0.001)

续表

变量	模型（1）	模型（2）	模型（3）	模型（4）	模型（5）	模型（6）	模型（7）	模型（8）	模型（9）	模型（10）
家庭年龄结构平方项	—	—	—	0.000*** (0.000)	0.000*** (0.000)	—	—	—	0.000*** (0.000)	0.000*** (0.000)
是否受过技术培训	—	—	—	0.007 (0.012)	0.001 (0.011)	—	—	—	0.007 (0.012)	0.001 (0.011)
健康状况	—	—	—	-0.065*** (0.008)	-0.025*** (0.008)	—	—	—	-0.061*** (0.008)	-0.024*** (0.008)
家庭人均收入	—	—	—	0.031*** (0.004)	0.028*** (0.004)	—	—	—	0.035*** (0.004)	0.029*** (0.004)
常数项	0.735*** (0.013)	0.718*** (0.019)	0.930*** (0.043)	0.678*** (0.059)	0.662*** (0.062)	0.800*** (0.013)	0.795*** (0.019)	0.966*** (0.043)	0.690*** (0.059)	0.671*** (0.062)
村庄特征变量	未控制	未控制	未控制	未控制	已控制	未控制	未控制	未控制	未控制	已控制
时间固定效应	已控制	已控制	已控制	已控制	已控制	已控制	已控制	已控制	已控制	已控制
农户固定效应	已控制	已控制	已控制	已控制	已控制	已控制	已控制	已控制	已控制	已控制
观测值	12540	12540	12540	12540	12540	12540	12540	12540	12540	12540
R-squared	0.125	0.135	0.136	0.145	0.319	0.123	0.134	0.135	0.142	0.317
年份	2004~2015	2004~2015	2004~2015	2004~2015	2004~2015	2004~2015	2004~2015	2004~2015	2004~2015	2004~2015

注：括号外的数字为估计系数，括号内的数字为该系数下的标准差；*、**和***分别表示10%、5%和1%的显著性水平。

例、外出非农就业时间比例与农户土地种植结构多样化两者呈现显著的正向关系，这表明非农就业时间比例与农户土地种植结构多样化存在就业类型的异质性，与表 5-11 和表 5-12 的结论一致。模型（6）至模型（10）中滞后一期的本地非农就业劳动力比例变量的估计系数均小于 0，滞后一期的外出非农就业劳动力比例的估计系数大于 0 且均通过 1% 显著性水平检验，这表明非农就业劳动力比例与农户土地种植结构多样化存在就业类型的异质性，与表 5-11 和表 5-12 的结论相一致，即本地非农就业劳动力比例越高的家庭，农户越不倾向于实现种植结构的多样化，而外出非农就业劳动力比例越高的家庭与之相反，更倾向于实现种植结构的多样化。此外，在表 5-11、表 5-12 和表 5-13 中，除核心自变量外，其他控制变量的估计结果也与基准回归表 5-5 和表 5-6 基本一致，在此不再赘述。

5.4.2　区域异质性

不同区域之间因经济发展水平的差异造成农户非农就业也存在差异。那么，不同经济发展水平的区域，非农就业对农户土地种植结构是否存在差异？与上述分析相一致，我们考虑到非农就业两种指标度量方式、非农就业类型的异质性以及非农就业与农户土地种植结构两者之间潜在内生性问题，采用面板数据滞后一期固定效应和面板数据工具变量进行估计。表 5-14 至表 5-16 分别汇报了东部、中部和西部三大区域分区域的估计结果。

在表 5-14、表 5-15 和表 5-16 中，模型（1）至模型（6）均是以非农就业时间比例作为农户非农就业代理变量的估计结果。其中，模型（1）是面板数据固定效应估计结果、模型（2）是面板数据滞后一期固定效应估计结果、模型（3）是以村庄劳动力非农就业比例作为工具变量的面板数据工具变量估计法、模型（4）是以非农就业时间比例拟合值为自变量下 100 次自抽样 Bootstrap-xt-tobit 的第二阶段估计结果、模型（5）是考虑到非农就业类型异质性的面板数据固定效应估计结果、模型（6）是以非农就业类型滞后一期为核心自变量的面板数据固定效应模型。与模型（1）至模型（6）相似，模型（7）至模型（12）是以非农就业劳动力比例作为农户非农就业代理变量的估计结果。其中，模型（7）是面板数据 OLS 固定效应估计结果、模型（8）是以非农就业劳动力比例为核心自变量的面板数据滞后一期固定效应估计结果、模型（9）是以村庄劳动力非农就业比例作为工具变量的面板数据工具变量估计法、模型（10）是以非农就业劳动力比例拟合值为自变量下 100 次自抽样 Bootstrap-xttobit 的第二阶段估计结果、模型（11）是考虑到非农就业劳动力类型异质性的面板数据固定效应估计结果、模型（12）是以非农就业劳动力类型滞后一期为核心自变量的面板数据

表 5-14　东部地区非农就业对农户土地种植结构的影响

变量	模型（1）	模型（2）	模型（3）	模型（4）	模型（5）	模型（6）	模型（7）	模型（8）	模型（9）	模型（10）	模型（11）	模型（12）
非农就业时间比例	0.094*** (0.017)	—	0.445*** (0.054)	0.271*** (0.035)	—	—	—	—	—	—	—	—
滞后一期非农就业时间比例	—	0.029* (0.016)	—	—	—	—	—	—	—	—	—	—
本地非农业时间比例	—	—	—	—	0.090*** (0.018)	—	—	—	—	—	—	—
外出非农业时间比例	—	—	—	—	0.105*** (0.019)	—	—	—	—	—	—	—
滞后一期本地非农就业时间比例	—	—	—	—	—	−0.001 (0.017)	—	—	—	—	—	—
滞后一期外出非农就业时间比例	—	—	—	—	—	0.077*** (0.018)	—	—	—	—	—	—
非农就业劳动力比例	—	—	—	—	—	—	−0.002 (0.017)	—	0.630*** (0.089)	0.308*** (0.052)	—	—
滞后一期非农就业劳动力比例	—	—	—	—	—	—	—	0.002 (0.016)	—	—	—	—

续表

变量	模型 (1)	模型 (2)	模型 (3)	模型 (4)	模型 (5)	模型 (6)	模型 (7)	模型 (8)	模型 (9)	模型 (10)	模型 (11)	模型 (12)
本地非农就业劳动力比例	—	—	—	—	—	—	—	—	—	—	−0.042**	—
											(0.017)	
外出非农就业劳动力比例	—	—	—	—	—	—	—	—	—	—	0.026	—
											(0.019)	
滞后一期本地非农就业劳动力比例	—	—	—	—	—	—	—	—	—	—	—	−0.049***
												(0.016)
滞后一期外出非农就业劳动力比例	—	—	—	—	—	—	—	—	—	—	—	0.052***
												(0.018)
控制变量	已控制	已控制	已控制	已控制	已控制	已控制	已控制	已控制	已控制	已控制	已控制	已控制
时间固定效应	已控制	已控制	已控制	已控制	已控制	已控制	已控制	已控制	已控制	已控制	已控制	已控制
农户固定效应	已控制	已控制	已控制	已控制	已控制	已控制	已控制	已控制	已控制	已控制	已控制	已控制
观测值	3049	2032	3049	3049	3049	2032	3049	2032	3049	3049	3049	2032
R-squared	0.117	0.108	−0.064	—	0.118	0.115	0.107	0.107	−0.406	—	0.111	0.115
Bootstrap次数	—	—	—	100	—	—	—	—	—	100	—	—
年份	2004~2015	2004~2015	2004~2015	2004~2015	2004~2015	2004~2015	2004~2015	2004~2015	2004~2015	2004~2015	2004~2015	2004~2015

注：括号外的数字为估计系数，括号内的数字为该系数数字下的标准差；*、**和***分别表示10%、5%和1%的显著性水平。

表 5-15 中部地区非农就业对农户土地种植结构的影响

变量	模型（1）	模型（2）	模型（3）	模型（4）	模型（5）	模型（6）	模型（7）	模型（8）	模型（9）	模型（10）	模型（11）	模型（12）
非农就业时间比例	0.218***	—	0.223***	0.753***	—	—	—	—	—	—	—	—
	(0.007)		(0.054)	(0.104)								
滞后一期非农就业时间比例	—	0.111***	—	—	—	—	—	—	—	—	—	—
		(0.007)										
本地非农就业时间比例	—	—	—	—	0.148***	—	—	—	—	—	—	—
					(0.009)							
外出非农就业时间比例	—	—	—	—	0.257***	—	—	—	—	—	—	—
					(0.008)							
滞后一期本地非农就业时间比例	—	—	—	—	—	0.066***	—	—	—	—	—	—
						(0.009)						
滞后一期外出非农就业时间比例	—	—	—	—	—	0.133***	—	—	—	—	—	—
						(0.008)						
非农就业劳动力比例	—	—	—	—	—	—	0.144***	—	0.293***	—	—	—
							(0.008)		(0.073)			
滞后一期非农就业劳动力比例	—	—	—	—	—	—	—	0.068***	—	1.168***	—	—
								(0.007)		(0.164)		

续表

变量	模型(1)	模型(2)	模型(3)	模型(4)	模型(5)	模型(6)	模型(7)	模型(8)	模型(9)	模型(10)	模型(11)	模型(12)
本地非农就业劳动力比例	—	—	—	—	—	—	—	—	—	—	0.008 (0.008)	−0.011 (0.008)
外出非农就业劳动力比例	—	—	—	—	—	—	—	—	—	—	0.230*** (0.009)	—
滞后一期本地非农就业劳动力比例	—	—	—	—	—	—	—	—	—	—	—	—
滞后一期外出非农就业劳动力比例	—	—	—	—	—	—	—	—	—	—	—	0.122*** (0.009)
控制变量	已控制	已控制	已控制	已控制	已控制	已控制	已控制	已控制	已控制	已控制	已控制	已控制
时间固定效应	已控制	已控制	已控制	已控制	已控制	已控制	已控制	已控制	已控制	已控制	已控制	已控制
农户固定效应	已控制	已控制	已控制	已控制	已控制	已控制	已控制	已控制	已控制	已控制	已控制	已控制
观测值	13295	9724	13295	13295	13295	9724	13295	9724	13295	13295	13295	9724
R-squared	0.357	0.327	0.163	—	0.364	0.330	0.331	0.319	0.093	—	0.350	0.326
Bootstrap次数	—	—	—	100	—	—	—	—	—	100	—	—
年份	2004~2015	2004~2015	2004~2015	2004~2015	2004~2015	2004~2015	2004~2015	2004~2015	2004~2015	2004~2015	2004~2015	2004~2015

注：括号外的数字为估计系数，括号内的数字为该系数下的标准差；*、**和***分别表示10%、5%和1%的显著性水平。

表 5-16　西部地区非农就业对农户土地种植结构的影响

变量	模型 (1)	模型 (2)	模型 (3)	模型 (4)	模型 (5)	模型 (6)	模型 (7)	模型 (8)	模型 (9)	模型 (10)	模型 (11)	模型 (12)
非农就业时间比例	0.136*** (0.022)	—	1.012*** (0.125)	0.417*** (0.071)	—	—	—	—	—	—	—	—
滞后一期非农就业时间比例	—	0.033 (0.021)	—	—	—	—	—	—	—	—	—	—
本地非农就业时间比例	—	—	—	—	0.088*** (0.030)	—	—	—	—	—	—	—
外出非农就业时间比例	—	—	—	—	0.158*** (0.023)	—	—	—	—	—	—	—
滞后一期本地非农就业时间比例	—	—	—	—	—	0.012 (0.030)	—	—	—	—	—	—
滞后一期外出非农就业时间比例	—	—	—	—	—	0.030 (0.022)	—	—	—	—	—	—
非农就业劳动力比例	—	—	—	—	—	—	0.143*** (0.022)	—	0.572*** (0.114)	1.771*** (0.339)	—	—
滞后一期非农就业劳动力比例	—	—	—	—	—	—	—	0.047** (0.021)	—	—	—	—

续表

变量	模型 (1)	模型 (2)	模型 (3)	模型 (4)	模型 (5)	模型 (6)	模型 (7)	模型 (8)	模型 (9)	模型 (10)	模型 (11)	模型 (12)
本地非农就业劳动力比例	—	—	—	—	—	—	—	—	—	—	0.020 (0.024)	−0.003 (0.024)
外出非农就业劳动力比例	—	—	—	—	—	—	—	—	—	—	0.166*** (0.023)	—
滞后一期本地非农就业劳动力比例	—	—	—	—	—	—	—	—	—	—	—	—
滞后一期外出非农就业劳动力比例	—	—	—	—	—	—	—	—	—	—	—	0.054** (0.022)
控制变量	已控制	已控制	已控制	已控制	已控制	已控制	已控制	已控制	已控制	已控制	已控制	已控制
时间固定效应	已控制	已控制	已控制	已控制	已控制	已控制	已控制	已控制	已控制	已控制	已控制	已控制
农户固定效应	已控制	已控制	已控制	已控制	已控制	已控制	已控制	已控制	已控制	已控制	已控制	已控制
观测值	1287	784	1287	1287	1287	784	1287	784	1287	1287	1287	784
R-squared	0.292	0.272	−0.866	—	0.297	0.272	0.185	0.197	−0.070	—	0.183	0.195
Bootstrap 次数	—	—	—	100	—	—	—	—	—	100	—	—
年份	2004~2015	2004~2015	2004~2015	2004~2015	2004~2015	2004~2015	2004~2015	2004~2015	2004~2015	2004~2015	2004~2015	2004~2015

注：括号外的数字为估计系数，括号内的数字为该系数下的标准差；*、**和***分别表示10%、5%和1%的显著性水平。

固定效应模型。

从表5-14、表5-15和表5-16的结果可以得出，非农就业对于农户土地种植结构调整的影响存在区域的异质性。在表5-14中，模型（1）中非农就业时间比例变量估计系数为0.094，通过了1%水平下显著性检验，模型（2）中滞后一期非农就业时间比例的估计系数为0.029，也通过了1%显著性水平检验。模型（3）中面板数据工具变量的LM检验和Wald检验均通过显著性检验，非农就业时间比例变量估计结果为正，为0.445；模型（4）中100次Bootstrap自抽样下的非农就业时间比例变量估计系数为0.271，也通过了显著性水平检验。这说明即使考虑潜在内生性问题，东部地区的农户非农就业时间比例越高，农户越倾向于实现种植结构调整。如果考虑到非农就业的类型异质性，本地非农就业时间比例变量的估计系数为0.090，外出非农就业时间比例变量的估计系数为0.105，两者均通过了显著性水平检验；当考虑到非农就业类型异质性的滞后效应，模型（6）中本地非农就业时间比例变量的估计系数为负，没有通过显著性检验，而外出非农就业时间比例变量的估计系数均为正，通过了显著性水平检验。这表明东部地区本地非农就业对农户种植结构调整的影响并不具有显著滞后效应，外出非农就业则对农户种植结构调整具有显著且稳健正向影响。如果以非农就业劳动力比例作为非农就业的代理变量，模型（7）中当期非农就业劳动力比例、模型（8）中滞后一期非农就业劳动力比例的估计结果均没有通过显著性水平检验。而模型（9）和模型（10）中的工具变量估计法和Bootstrap-xttobit的估计结果则与模型（7）和模型（8）并不一致，非农就业劳动力比例估计系数分别为0.630和0.308，均通过了显著性水平检验。如果考虑到非农就业劳动力比例的就业类型异质性，模型（11）和模型（12）的估计结果表明，无论是当期本地非农就业劳动力比例，还是滞后一期本地非农就业劳动力比例的估计系数均为负，均通过了显著性水平检验，这与基准回归的结果相一致，而外出非农就业劳动力比例的当期和滞后一期的估计系数为正，只有滞后一期的结果通过了显著性水平检验。

从表5-14的估计结果可以得出，从整体上看非农就业比例越高，农户越倾向于实现土地种植结构调整无论是以非农就业时间比例还是非农就业劳动力比例作为核心自变量在东部地区的结论成立。但考虑存在就业类型的异质性，本地非农就业劳动力比例越高的家庭，对种植结构调整的作用效果并不明显。外出非农就业劳动力比例越高，则越倾向于进行结构调整。

表5-15和表5-16汇报了中部地区和西部地区农户非农就业对农户土地种植结构调整的影响。与表5-14基本上相一致，在表5-15和表5-16中，模型（1）和模型（2）中当期非农就业时间比例变量和滞后一期非农就业时间比例变量的

估计系数均为正，均通过了 1% 水平下显著性检验。模型（3）工具变量估计和模型（4）中 Bootstrap-xttobit 估计系数大于 0，也均通过了 1% 水平下显著性水平检验。这也进一步说明即使考虑潜在内生性问题，中部地区和西部地区的农户非农就业时间比例越高，农户越倾向于实现种植结构调整这一结论是稳健的。如果考虑到非农就业的类型异质性，中部地区的本地非农就业时间比例变量和外出非农就业时间比例变量无论在当期还是在滞后一期的估计系数均大于 0 且通过了显著性水平检验，而西部地区滞后一期均没有通过显著性水平检验，说明西部地区并不存在滞后效应。如果以非农就业劳动力比例作为非农就业的代理变量，在表5-15 和表 5-16 中，模型（7）中当期非农就业劳动力比例、模型（8）滞后一期非农就业劳动力比例、模型（9）和模型（10）中工具变量估计法和 Boot-strap-xttobit 的估计系数均大于 0，也均通过了显著性水平检验。当考虑到非农就业劳动力比例的就业类型异质性，表 5-15 和表 5-16 中的模型（11）和模型（12）中当期和滞后一期本地非农就业劳动力估计系数与东部地区不一致，均没有通过显著性水平检验，而当期和滞后一期外出非农就业劳动力比例的估计系数与东部地区相一致均为正，均通过了显著性水平检验。

从表 5-15 和表 5-16 的估计结果可以得出，中部地区和西部地区与东部地区相一致，无论是以非农就业时间比例还是非农就业劳动力比例作为核心自变量，非农就业比例越高的农户越倾向于实现土地种植结构调整，但这一结论存在就业类型的异质性。

5.5 非农就业与土地种植结构

——基于农业机械化调节作用视角

上述基准回归和稳健性检验结果表明非农就业对农户土地种植结构会产生影响，表现为非农就业程度越高，农户越倾向于实现种植结构的调整，但考虑到非农就业的就业类型异质性，我们发现本地非农就业对于农户土地种植结构调整的促进效应并不稳健，具体体现在非农劳动力比例与土地种植结构调整两者之间并没有呈现显著且稳健关系。正如第 3 章理论分析表明，农户非农就业与土地种植结构可能会受到农业机械化的影响。一方面，机械要素能够实现对劳动力要素的有效替代。种植农业机械化程度越高的农作物意味着更加节省劳动力，从成本收益的角度来看，种植农业机械化程度较高的农作物能够更好地实现生产成本的降低，进而释放农业劳动力从事非农就业。另一方面，随着农业机械租赁市场的快速发展，越来越多的农户选择购买农机社会化服务的方式进行农业生产，考虑到农机作业服务的资产专用性，农户也可能会因为社会化服务供给状况而进行结构调整。那么，农业机械是否会对非农就业与土地种植结构产生调节效应呢？即：农业机械化程度越高，非农就业的农户越倾向于种植农业机械化程度较高的农作物，进而降低农作物的种植多元化程度；反之，农业机械化程度越低，非农就业程度越高的农户越倾向于种植农业机械化程度较低的农作物，进而增加农作物的种植多元化程度。

表5-17汇报了农业机械化调节效应下的非农就业对农户土地种植结构的影响①。在表5-17中，模型（1）报告了农业机械化对粮食作物种植比例的结果。模型（2）至模型（4）汇报了以非农就业时间比例作为核心自变量下的面板数据调节效应估计结果。模型（5）至模型（7）汇报了以非农就业劳动力比例作为核心自变量下的面板数据调节效应估计结果。模型（8）至模型（10）考虑到了非农就业的异质性，汇报了以本地非农就业时间比例和外出非农就业时间比例作为核心自变量下的面板数据调节效应估计结果。模型（11）至模型（13）则是汇报了以本地非农就业劳动力比例和外出非农就业劳动力比例作为核心自变量下的面板数据调节效应估计结果。

在表5-17中，模型（1）农业机械化变量的估计系数为0.087，通过了显著性水平检验，即农业机械化程度越高，农户越倾向于增加粮食作物的种植。模型（4）、模型（7）、模型（10）和模型（13）中的农业机械化与非农就业交互项估计系数均为负，均通过了显著性水平检验，这表明农业机械化对于非农就业影响土地种植结构调整具有调节效应，即非农就业程度越高的农户，其农业机械化程度越高，越倾向于将机械化程度较低转为机械化程度较高的农作物种植（如粮食作物），进而农户种植结构的多样化程度降低。假说2得以证实。

考虑到非农就业存在的异质性，表5-18和表5-19报告了以非农就业时间比例和非农就业劳动力比例为核心自变量下不同区域的估计结果。其中，表5-18中模型（1）、模型（5）和模型（9）分别报告了农业机械化对粮食作物种植比例在东部、中部和西部地区的估计结果。模型（2）至模型（4）为东部地区的估计结果、模型（6）至模型（8）为中部地区的估计结果、模型（10）至模型（12）为西部地区的估计结果。从表5-18和表5-19的估计结果可以得出，东部地区和中部地区的农业机械化与非农就业交互项的估计系数均为负，均通过了显

---

① 值得注意的是，全国农村固定观察点数据中在"农户家庭生产经营"部分中农业机械均表示农户购买机械服务所花费的金额。我们将农业农村部全国农村固定观察点涉及的粮食作物、经济作物和园地作物的各单项农业机械服务费用以各种作物播种面积占总播种面积比例为权重进行加权得到每个农户农业机械化费用。

表 5—17　非农就业对农户土地种植结构的影响——基于农业机械化调节效应

因变量	模型 (1)	模型 (2)	模型 (3)	模型 (4)	模型 (5)	模型 (6)	模型 (7)	模型 (8)	模型 (9)	模型 (10)	模型 (11)	模型 (12)	模型 (13)
粮食作物种植比例	DI	DI	DI	DI	DI	DI	DI	DI	DI	DI	DI	DI	DI
非农就业时间比例	—	0.193*** (0.007)	0.152*** (0.006)	0.165*** (0.006)	—	—	—	—	—	—	—	—	—
非农就业劳动力比例	—	—	—	—	0.119*** (0.007)	0.099*** (0.006)	0.107*** (0.007)	—	—	—	—	—	—
本地非农就业时间比例	—	—	—	—	—	—	—	0.135*** (0.008)	0.105*** (0.007)	0.113*** (0.008)	—	—	—
外出非农就业时间比例	—	—	—	—	—	—	—	0.227*** (0.007)	0.181*** (0.007)	0.194*** (0.007)	—	—	—
本地非农就业劳动力比例	—	—	—	—	—	—	—	—	—	—	0.000 (0.007)	0.001 (0.007)	0.001 (0.007)
外出非农就业劳动力比例	—	—	—	—	—	—	—	—	—	—	0.191*** (0.008)	0.154*** (0.007)	0.163*** (0.007)
农业机械化	0.087*** (0.000)	—	-0.026*** (0.001)	-0.022*** (0.001)	—	-0.027*** (0.001)	-0.024*** (0.001)	—	-0.026*** (0.001)	-0.022*** (0.001)	—	-0.026*** (0.001)	-0.025*** (0.001)
非农就业时间比例×农业机械化	—	—	—	-0.007*** (0.001)	—	—	—	—	—	—	—	—	—

续表

变量	模型 (1) 粮食作物种植比例	模型 (2) DI	模型 (3) DI	模型 (4) DI	模型 (5) DI	模型 (6) DI	模型 (7) DI	模型 (8) DI	模型 (9) DI	模型 (10) DI	模型 (11) DI	模型 (12) DI	模型 (13) DI
非农就业劳动力比例×农业机械化	—	—	—	—	—	—	-0.004*** (0.000)	—	—	—	—	—	—
本地非农就业时间比例×农业机械化	—	—	—	—	—	—	—	—	—	-0.004*** (0.001)	—	—	—
外出非农就业时间比例×农业机械化	—	—	—	—	—	—	—	—	—	-0.006*** (0.001)	—	—	—
本地非农就业劳动力比例×农业机械化	—	—	—	—	—	—	—	—	—	—	—	—	-0.001 (0.001)
外出非农就业劳动力比例×农业机械化	—	—	—	—	—	—	—	—	—	—	—	—	-0.004*** (0.001)
控制变量	已控制	已控制	已控制	已控制	已控制	已控制	已控制	已控制	已控制	已控制	已控制	已控制	已控制
村庄特征变量	已控制	已控制	已控制	已控制	已控制	已控制	已控制	已控制	已控制	已控制	已控制	已控制	已控制
时间固定效应	已控制	已控制	已控制	已控制	已控制	已控制	已控制	已控制	已控制	已控制	已控制	已控制	已控制
农户固定效应	已控制	已控制	已控制	已控制	已控制	已控制	已控制	已控制	已控制	已控制	已控制	已控制	已控制
观测值	10282	17631	17631	17631	17631	17631	17631	17631	17631	17631	17631	17631	17631
R-squared	0.547	0.340	0.426	0.428	0.319	0.414	0.414	0.346	0.430	0.431	0.333	0.423	0.423
年份	2004~2015	2004~2015	2004~2015	2004~2015	2004~2015	2004~2015	2004~2015	2004~2015	2004~2015	2004~2015	2004~2015	2004~2015	2004~2015

注：括号外的数字为估计系数，括号内的数字为该系数下的标准差；*、**和***分别表示10%、5%和1%的显著性水平。

表 5-18　非农就业、农业机械化对农户土地种植结构的区域异质性——基于非农就业时间

变量	模型 (1)	模型 (2)	模型 (3)	模型 (4)	模型 (5)	模型 (6)	模型 (7)	模型 (8)	模型 (9)	模型 (10)	模型 (11)	模型 (12)
因变量	粮食作物种植比例	DI	DI	DI	粮食作物种植比例	DI	DI	DI	粮食作物种植比例	DI	DI	DI
非农就业时间比例	—	0.094*** (0.017)	0.076*** (0.016)	0.090*** (0.016)	—	0.218*** (0.007)	0.172*** (0.007)	0.186*** (0.007)	—	0.136*** (0.022)	0.105*** (0.022)	0.106*** (0.023)
农业机械化	0.137*** (0.002)	—	-0.033*** (0.002)	-0.021*** (0.003)	0.008*** (0.000)	—	-0.027*** (0.001)	-0.023*** (0.001)	0.002 (0.002)	—	-0.016*** (0.002)	-0.015*** (0.003)
非农就业时间比例×农业机械化	—	—	—	-0.016*** (0.003)	—	—	—	-0.007*** (0.001)	—	—	—	-0.001 (0.003)
控制变量	已控制	已控制	已控制	已控制	已控制	已控制	已控制	已控制	已控制	已控制	已控制	已控制
村庄特征变量	已控制	已控制	已控制	已控制	已控制	已控制	已控制	已控制	已控制	已控制	已控制	已控制
时间固定效应	已控制	已控制	已控制	已控制	已控制	已控制	已控制	已控制	已控制	已控制	已控制	已控制
农户固定效应	已控制	已控制	已控制	已控制	已控制	已控制	已控制	已控制	已控制	已控制	已控制	已控制
观测值	1514	3049	3049	3049	8011	13295	13295	13295	726	1287	1287	1287
R-squared	0.452	0.117	0.227	0.232	0.574	0.357	0.452	0.453	0.249	0.292	0.339	0.339
区域	东部	东部	东部	东部	中部	中部	中部	中部	西部	西部	西部	西部
年份	2004~2015	2004~2015	2004~2015	2004~2015	2004~2015	2004~2015	2004~2015	2004~2015	2004~2015	2004~2015	2004~2015	2004~2015

注：括号外的数字为估计系数，括号内的数字为该系数下的标准差；*、**和***分别表示10%、5%和1%的显著性水平。

表5-19 非农就业、农业机械化对农户土地种植结构的区域异质性——基于非农就业劳动力

变量	模型(1)	模型(2)	模型(3)	模型(4)	模型(5)	模型(6)	模型(7)	模型(8)	模型(9)
非农就业劳动力比例	-0.002	0.007	0.017	0.144***	0.119***	0.127***	0.143***	0.121***	0.127***
	(0.017)	(0.016)	(0.016)	(0.008)	(0.007)	(0.008)	(0.022)	(0.021)	(0.022)
农业机械化	—	-0.033***	-0.024***	—	-0.028***	-0.026***	—	-0.016***	-0.014***
		(0.002)	(0.003)		(0.001)	(0.001)		(0.002)	(0.003)
非农就业劳动力比例×农业机械化	—	—	-0.013***	—	—	-0.004***	—	—	-0.003
			(0.003)			(0.001)			(0.003)
控制变量	已控制	已控制	已控制	已控制	已控制	已控制	已控制	已控制	已控制
村庄特征变量	已控制	已控制	已控制	已控制	已控制	已控制	已控制	已控制	已控制
时间固定效应	已控制	已控制	已控制	已控制	已控制	已控制	已控制	已控制	已控制
农户固定效应	已控制	已控制	已控制	已控制	已控制	已控制	已控制	已控制	已控制
观测值	3049	3049	3049	13295	13295	13295	1287	1287	1287
R-squared	0.107	0.221	0.224	0.331	0.437	0.438	0.295	0.344	0.344
区域	东部	东部	东部	中部	中部	中部	西部	西部	西部
年份	2004~2015	2004~2015	2004~2015	2004~2015	2004~2015	2004~2015	2004~2015	2004~2015	2004~2015

注：括号外的数字为估计系数，括号内的数字为该系数下的标准差；*、**和***分别表示10%、5%和1%的显著性水平。

著性水平检验，而西部地区的农业机械化与非农就业交互项的估计系数虽然为负，但是没有通过显著性水平检验。这表明东部地区和西部地区农业机械化对于非农就业与土地种植结构调整具有调节效应，模型（1）和模型（5）中农业机械化对于粮食作物种植比例具有显著正向影响，而模型（9）中西部地区农业机械化对于提升粮食作物种植比例的作用效果并不显著。表 5-19 与表 5-18 相似，农业机械化在东部地区和西部地区对于非农就业与土地种植结构调整具有调节效应，而在西部地区并不具有调节效应。

表 5-20 和表 5-21 报告了考虑到非农就业类型异质性下的农业机械化调节效应估计结果。表 5-20、表 5-21 与表 5-19 相似，模型（1）至模型（3）为东部地区的估计结果、模型（4）至模型（6）为中部地区的估计结果、模型（7）至模型（9）为西部地区的估计结果。在表 5-19 中，农业机械化与本地非农就业时间比例、外出非农就业时间交互项的估计系数在东部地区和中部地区的估计结果均为负，均通过了显著性检验，而在西部地区这一结果并没有通过显著性检验。而以非农就业劳动力比例为核心自变量的表 5-21 中，东部地区农业机械化的调节效应较为显著，而中部地区农业机械化对本地非农就业的调节效应并不显著，西部地区则农业机械化对本地非农就业和外出非农就业的调节效应均不显著。

倘若考虑到非农就业与土地种植结构两者可能存在的潜在内生性，表 5-22、表 5-23 和表 5-24 分别汇报了面板数据工具变量估计法下的农业机械化调节效应。表 5-22 报告了全样本下非农就业时间比例、非农就业劳动力比例两种情况下的估计结果，表 5-23 和表 5-24 则是在表 5-22 的基础上，考虑到不同区域下的估计结果。从表 5-22、表 5-23 和表 5-24 的估计结果可以得出，农业机械化对于非农就业与土地种植结构的调节效应在考虑到潜在内生性的情况下仍然成立，具体表现在表 5-22 中的模型（3）和模型（6）中非农就业时间比例与农业机械化的交互项、非农就业劳动力比例与农业机械化的交互项估计系数均为负，均通过了显著性水平检验；表 5-23 和表 5-24 中的模型（3）、模型（6）和模型（9）的交互项估计系数小于零，且均通过了显著性水平检验。

通过表 5-17 至表 5-24 的估计结果，可以得出如下结论：农业机械化对于非农就业与土地种植结构具有调节效应，且农业机械化程度越高，农户越倾向于种植粮食作物，且这一结论考虑到非农就业与土地种植结构两者潜在内生性的情况下仍然成立。东部地区和中部地区农业机械化的调节效应较为显著，而西部地区农业机械化的调节效应较弱。

表5-20 非农就业、农业机械化对农户土地种植结构的就业类型异质性——基于非农就业时间

变量	模型(1)	模型(2)	模型(3)	模型(4)	模型(5)	模型(6)	模型(7)	模型(8)	模型(9)
本地非农业时间比例	0.090***	0.076***	0.090***	0.148***	0.113***	0.117***	0.088***	0.079***	0.068***
	(0.018)	(0.017)	(0.017)	(0.009)	(0.009)	(0.009)	(0.030)	(0.029)	(0.031)
外出非农就业时间比例	0.105***	0.080***	0.092***	0.257***	0.206***	0.222***	0.158***	0.120***	0.120***
	(0.019)	(0.018)	(0.018)	(0.008)	(0.008)	(0.008)	(0.023)	(0.023)	(0.024)
农业机械化	—	-0.033***	-0.023***	—	-0.027***	-0.023***	—	-0.016***	-0.016***
		(0.002)	(0.003)		(0.001)	(0.001)		(0.002)	(0.003)
本地非农业时间比例×农业机械化	—	—	-0.009***	—	—	-0.002*	—	—	0.003
			(0.003)			(0.001)			(0.003)
外出非农就业时间比例×农业机械化	—	—	-0.012***	—	—	-0.007***	—	—	-0.002
			(0.003)			(0.001)			(0.003)
控制变量	已控制	已控制	已控制	已控制	已控制	已控制	已控制	已控制	已控制
村庄特征变量	已控制	已控制	已控制	已控制	已控制	已控制	已控制	已控制	已控制
时间固定效应	已控制	已控制	已控制	已控制	已控制	已控制	已控制	已控制	已控制
农户固定效应	已控制	已控制	已控制	已控制	已控制	已控制	已控制	已控制	已控制
观测值	3049	3049	3049	13295	13295	13295	1287	1287	1287
R-squared	0.118	0.227	0.233	0.364	0.457	0.459	0.297	0.341	0.342
区域	东部	东部	东部	中部	中部	中部	西部	西部	西部
年份	2004~2015	2004~2015	2004~2015	2004~2015	2004~2015	2004~2015	2004~2015	2004~2015	2004~2015

注：括号外的数字为估计系数，括号内的数字为该系数下的标准差；*、**和***分别表示10%、5%和1%的显著性水平。

表5-21　非农就业、农业机械化对农户土地种植结构的就业类型异质性——基于非农就业劳动力

变量	模型 (1)	模型 (2)	模型 (3)	模型 (4)	模型 (5)	模型 (6)	模型 (7)	模型 (8)	模型 (9)
本地非农就业劳动力比例	-0.042**	-0.024	-0.020	0.008	0.008	0.003	0.020	0.027	0.013
	(0.017)	(0.016)	(0.016)	(0.008)	(0.008)	(0.008)	(0.024)	(0.024)	(0.026)
外出非农就业劳动力比例	0.026	0.022	0.035*	0.230***	0.185***	0.197***	0.166***	0.130***	0.136***
	(0.019)	(0.018)	(0.018)	(0.009)	(0.008)	(0.009)	(0.023)	(0.023)	(0.024)
农业机械化	—	-0.033***	-0.026***	—	-0.027***	-0.026***	—	-0.016***	-0.015***
		(0.002)	(0.003)		(0.001)	(0.001)		(0.002)	(0.003)
本地非农就业劳动力比例×农业机械化		—	-0.005*	—	—	0.001	—	—	0.004
			(0.003)			(0.001)			(0.004)
外出非农就业劳动力比例×农业机械化		—	-0.012***	—	—	-0.005***	—	—	-0.004
			(0.003)			(0.001)			(0.003)
控制变量	已控制	已控制	已控制	已控制	已控制	已控制	已控制	已控制	已控制
村庄特征变量	已控制	已控制	已控制	已控制	已控制	已控制	已控制	已控制	已控制
时间固定效应	已控制	已控制	已控制	已控制	已控制	已控制	已控制	已控制	已控制
农户固定效应	已控制	已控制	已控制	已控制	已控制	已控制	已控制	已控制	已控制
观测值	3049	3049	3049	13295	13295	13295	1287	1287	1287
R-squared	0.111	0.222	0.226	0.350	0.449	0.450	0.299	0.343	0.345
区域	东部	东部	东部	中部	中部	中部	西部	西部	西部
年份	2004~2015	2004~2015	2004~2015	2004~2015	2004~2015	2004~2015	2004~2015	2004~2015	2004~2015

注：括号外的数字为估计系数，括号内的数字为该系数下的标准差；*、**和***分别表示10%、5%和1%的显著性水平。

表5-22 非农就业、农业机械化对农户土地种植结构的影响——基于工具变量估计方法

变量	模型(1)	模型(2)	模型(3)	模型(4)	模型(5)	模型(6)
非农就业时间比例	0.384***	0.228***	0.237***	—	—	—
	(0.035)	(0.033)	(0.0339)			
农业机械化	—	-0.030***	-0.020***	—	—	—
		(0.001)	(0.002)			
非农就业时间比例×农业机械化	—	—	-0.015***	—	—	—
			(0.002)			
非农就业劳动力比例	—	—	—	0.518***	0.297***	0.312***
				(0.052)	(0.045)	(0.046)
农业机械化	—	—	—	—	-0.031***	-0.019***
					(0.001)	(0.002)
非农就业劳动力比例×农业机械化	—	—	—	—	—	-0.018***
						(0.003)
控制变量	已控制	已控制	已控制	已控制	已控制	已控制
村庄特征变量	已控制	已控制	已控制	已控制	已控制	已控制
时间固定效应	已控制	已控制	已控制	已控制	已控制	已控制
农户固定效应	已控制	已控制	已控制	已控制	已控制	已控制
观测值	17631	17631	17631	17631	17631	17631
R-squared	0.118	0.298	0.305	-0.052	0.242	0.249
年份	2004~2015	2004~2015	2004~2015	2004~2015	2004~2015	2004~2015

注：括号外的数字为估计系数，括号内的数字为该系数数下的标准差；*、**和***分别表示10%、5%和1%的显著性水平。

表5-23 非农就业、农业机械化对农户土地种植结构的区域异质性——基于非农就业时间工具变量估计

变量	模型 (1)	模型 (2)	模型 (3)	模型 (4)	模型 (5)	模型 (6)	模型 (7)	模型 (8)	模型 (9)
非农就业时间比例	0.443***	0.328***	0.347***	0.204***	0.046	0.049	0.955***	0.870***	0.987***
	(0.046)	(0.043)	(0.044)	(0.052)	(0.049)	(0.051)	(0.123)	(0.151)	(0.185)
农业机械化	—	-0.029***	-0.008**	—	-0.033***	-0.030***	—	-0.006*	-0.027**
		(0.002)	(0.004)		(0.001)	(0.002)		(0.004)	(0.012)
非农就业时间比例× 农业机械化	—	—	-0.028***	—	—	-0.005*	—	—	-0.043***
			(0.004)			(0.003)			(0.011)
控制变量	已控制	已控制	已控制	已控制	已控制	已控制	已控制	已控制	已控制
村庄特征变量	已控制	已控制	已控制	已控制	已控制	已控制	已控制	已控制	已控制
时间固定效应	已控制	已控制	已控制	已控制	已控制	已控制	已控制	已控制	已控制
农户固定效应	已控制	已控制	已控制	已控制	已控制	已控制	已控制	已控制	已控制
观测值	3049	3049	3049	13295	13295	13295	1287	1287	1287
R-squared	-0.070	0.115	0.120	0.159	0.316	0.318	-0.828	-0.621	-0.796
区域	东部	东部	东部	中部	中部	中部	西部	西部	西部
年份	2004~2015	2004~2015	2004~2015	2004~2015	2004~2015	2004~2015	2004~2015	2004~2015	2004~2015

注：括号外的数字为估计系数，括号内的数字为该系数下的标准差；*、**和***分别表示10%、5%和1%的显著性水平。

表5-24 非农就业、农业机械化对农户土地种植结构的区域异质性——基于非农就业劳动力工具变量估计

变量	模型（1）	模型（2）	模型（3）	模型（4）	模型（5）	模型（6）	模型（7）	模型（8）	模型（9）
非农业劳动力比例	0.691***	0.487***	0.523***	0.264***	0.058	0.062	1.631***	1.494***	2.051***
	(0.085)	(0.070)	(0.074)	(0.070)	(0.062)	(0.065)	(0.314)	(0.379)	(0.662)
农业机械化	—	-0.033***	-0.006	—	-0.034***	-0.030***	—	-0.006	0.086**
		(0.002)	(0.004)		(0.001)	(0.002)		(0.006)	(0.038)
非农就业劳动力比例×农业机械化	—	—	-0.035***	—	—	-0.006*	—	—	-0.120***
			(0.005)			(0.003)			(0.043)
控制变量	已控制	已控制	已控制	已控制	已控制	已控制	已控制	已控制	已控制
村庄特征变量	已控制	已控制	已控制	已控制	已控制	已控制	已控制	已控制	已控制
时间固定效应	已控制	已控制	已控制	已控制	已控制	已控制	已控制	已控制	已控制
农户固定效应	已控制	已控制	已控制	已控制	已控制	已控制	已控制	已控制	已控制
观测值	3049	3049	3049	13295	13295	13295	1287	1287	1287
R-squared	-0.516	-0.091	-0.107	0.098	0.310	0.311	-3.047	-2.470	-4.310
区域	东部	东部	东部	中部	中部	中部	西部	西部	西部
年份	2004~2015	2004~2015	2004~2015	2004~2015	2004~2015	2004~2015	2004~2015	2004~2015	2004~2015

注：括号外的数字为估计系数，括号内的数字为该系数下的标准差；*，**和***分别表示10%，5%和1%的显著性水平。

5.6　本章小结

本章基于全国农村固定观察点 2004~2015 年 9 个省份农户面板数据，在纠正了以往研究关于全国农村固定观察点数据使用偏误的基础上，探究了农户非农就业与农户土地种植结构两者之间的关系，并从农业机械化的出发探究了农业机械化对两者的调节效应。研究结果表明：

第一，非农就业对于农户种植结构调整具有显著的影响，具体表现非农就业程度越高的农户，农户越倾向于进行土地种植结构调整。在基准回归中，无论是面板数据固定效应模型、Bootstrap-xttobit 模型，还是考虑滞后项和二阶段最小二乘估计法的结果均表明，非农就业与农户种植结构调整两者之间呈现显著且较为稳健正向关系。但是，非农就业与农户土地种植结构调整存在就业类型的异质性，即本地非农就业与外出非农就业对农户土地种植结构调整具有不一致的结论，其中本地非农就业对农户土地种植结构调整的结论并不稳健，而外出非农就业对农户土地种植结构调整的结论是稳健的。

第二，农业机械化对于非农就业与土地种植结构具有调节效应，且农业机械化程度越高，农户越倾向于种植粮食作物。考虑到非农就业与土地种植结构两者潜在内生性的情况下，这一结论仍然成立，假说 2 予以证实。但是，农业机械化对非农就业与土地种植结构的调节效应存在区域之间的异质性和就业类型的异质性，具体表现在东部地区和中部地区农业机械化的调节效应较为显著，而西部地区农业机械化的调节效应并不显著；农业机械化对外出非农就业的调节效应较为稳健，而对本地非农就业的调节效应并不稳健。

第6章 非农就业与农户土地流转

6.1 引言

"大国小农"作为中国农业发展实际的基本体现，如何成功推动中国农业实现现代化之路，不仅是理论研究者和学术研究者关注的重大问题，而且也是为"中国奇迹"添砖加瓦，最终为世界其他发展中国家农业发展提供"中国答案"。

长期以来，关于中国农业现代化的实现存在深入探讨。"适度规模经营"这六个字是自改革开放以来中国农业发展最常出现的名词之一。早在1987年中共中央出台的《把农村改革引入深处》中便肯定和支持农业可以采取多种形式的适度规模经营。适度规模经营，顾名思义，就是千方百计通过扩大土地经营规模面积以实现农业现代化，土地流转便应运而生。自1987年以来，土地流转在中国广大农村逐步开展，比例不断增加。据农业部的数据，截至2017年底，全国土地经营权流转面积达到5.12亿亩，占二轮承包面积达37%①。许多学者对集中农地经营规模的方式实现农业适度规模经营这一观点持肯定意见，如马晓河和崔红志（2002）认为，通过建立农地流转的制度，能够实现区域农业生产规模化经营的目标。冒佩华等（2015）的实证研究结论表明，土地经营权流转是促进中国农民收入增长和完善现有农地制度的有效途径。

土地流转意味着农户土地承包经营权中的经营权流转出去，但是并不意味着农户从农村消失。解决好农民的出路问题是土地流转的要害。这就意味着与土地流转市场相辅相成的是劳动力就业市场。值得注意的是，土地流转虽然也是农户土地种植决策的一种方式，但是与第5章中的土地种植决策（放弃土地种植决策）存在差异，反映农户土地资源配置中"种不种"的问题，具体表现为撂荒、

---

① 资料来源：http：//www.moa.gov.cn/govpublic/NCJJTZ/201810/t20181023 _ 6161286.htm? key-words＝。

弃耕和承包地面积为零；而土地流转则是反映农户土地资源配置中"谁来种"的问题，即是否将农地转包给他人或者转入他人土地。

在已有研究中，关于非农就业与土地流转两者之间的关系得到了国内外诸多学者的探讨，但研究结论存在争议。例如一部分学者的研究结论表明非农就业对农户土地流转具有显著影响（Yao，2000；Kung，2002；Huang 等，2012；黄祖辉等，2014；Yan 和 Huo，2016；Ji 等，2018）。例如，Huang 等（2012）基于两期中国农户追踪数据，研究发现非农就业对于促进农户土地流转具有显著的正向影响。黄祖辉等（2014）采用农户地块层面的投入产出数据，研究结论也表明非农就业有助于农户农地流转。Yan 和 Huo（2016）、Che（2016）、Ji 等（2018）和 Su 等（2018）对中国农户数据的研究结论均表明，非农就业对于农户土地流转具有显著的正向影响。但也有一部分学者对非农就业促进农户土地流转的观点持怀疑态度（叶剑平等，2006；Feng 和 Heerink，2008；苏群等，2016）。例如叶剑平等（2006）基于全国 17 个省份的调查数据表明，农户非农就业比例快速增长并没有随之带来农地流转比例的增加。Feng 和 Heerink（2008）的研究结论则表明，非农就业与土地流转两者存在显著的负向关系。苏群等（2016）基于2003~2011 年全国农村固定观察点的数据研究发现的结论则表明非农就业并不必然导致土地流转行为的发生。

现有研究有关非农就业与农户土地流转的研究普遍存在以下两个方面的问题：一是鲜有研究从动态的角度分析农户非农就业与土地流转两者之间的关系。虽然已有研究尝试采用面板数据进行估计，但存着样本衔接偏误的问题，可能会得到有偏的估计结果（苏群等，2016；王亚辉等，2018）；二是非农就业与农户土地流转的作用机制普遍被忽略，虽然多有探讨，但是鲜有从农户能力的角度予以探讨。

那么，非农就业是否会对农户土地流转产生影响？如果产生影响，背后的作用机制是什么？针对已有研究的不足，本章拟采用如下方式尝试解决已有研究的不足：一是采用 2004~2015 年全国农村固定观察点面板数据进行估计，从动态的角度探究非农就业与土地流转两者之间的关系；二是针对已有面板数据研究的不足依据期初土地面积、期末土地面积、土地块数和房屋面积四个指标作为衔接的指标纠正了以往研究中关于全国农村固定观察点数据使用偏误；三是从农户非农就业能力与农业生产能力的角度出发，探究非农就业与农户土地流转两者之间的作用机制。

6.2 研究设计

与第 5 章相似,本章采用的是全国农村固定观察点微观农户面板数据,探究非农就业对农户土地流转的影响。全国农村固定观察点是国内外学者研究中国农户生产、生活等微观经济活动重要宝贵数据。全国农村固定观察点问卷中在"第二部分土地情况"调查了农户土地流转的情况。因此,这里我们重点探讨农户土地资源配置的第三种情景,即选择种地的农户"谁来种"的问题。

6.2.1 模型构建

考虑到因变量农户是否流转土地为一个二元变量。为了尽可能地获得一致性估计,本章采用面板数据固定效应模型和 Bootstrap-xtlogit 模型作为基准模型进行估计。

$$y_{it} = \alpha + \beta offfarm_{it} + \gamma X_{it} + \theta_i + \kappa_t + \varepsilon_{it} \tag{6-1}$$

其中,y_{it} 表示农户是否流转土地,X_{it} 表示影响农户土地流转的因素。θ_i 为农户的个体固定效应,κ_t 表示时间固定效应。本章仍然采用非农就业时间占比和非农劳动力占比两个指标作为农户非农就业的度量指标。非农就业与农户土地流转两者之间也同样面临着潜在内生性的问题。鉴于此,为了尽可能地降低内生性问题,本章采用工具变量模型探究非农就业与农户土地种植结构两者之间可能存在的内生性问题,工具变量仍然采用村庄劳动力中非农就业比例和滞后一期农户非农就业变量作为农户非农就业的工具变量。

值得注意的是,面板数据 Logit 模型与面板数据 Tobit 一样,较难进行工具变量的估计。基于此,当考虑到自变量与因变量两者之间潜在内生性的问题时,与第 5 章研究思路相似,首先采用面板数据最小二乘估计方法得出非农就业拟合值 offfarm_ hat;其次利用非农就业拟合值 offfarm_ hat 作为自变量,采用 Bootstrap 反复抽样 100 次的方法代入式(6-1)中,以作为潜在内生性估计的稳健性检验:

$$y_{it} = \alpha + \beta offfarm\_\ hat_{it} + \gamma X_{it} + \theta_i + \kappa_t + \varepsilon_{it} \tag{6-2}$$

6.2.2 数据来源及描述性统计

本章的研究数据来自于全国农村固定观察点吉林、黑龙江、江苏、浙江、安徽、山东、河南、四川和贵州 9 个省份农户 2004~2015 年的面板数据。为了考虑到面板数据衔接的有效性,均按照期初土地面积、期末土地面积、土地块数以及房屋面积四个指标生成欧几里得度量值进行筛选，在一定程度上降低了全国农村固定观察点面板数据"张冠李戴"以及系统输入偏误的问题，同时剔除了农户承包土地面积为缺失值的样本。本章的研究样本分布如表6-1所示：

表6-1 研究样本的年度分布

年份	2004	2005	2006	2007	2008	2009	2010	2011	2012	2013	2014	2015
样本数	1363	1272	1292	1186	1167	1246	1304	916	1108	1062	1087	1112

进一步地，我们计算了因变量农户土地流转的分年情况，具体结果如表6-2所示：

表6-2 农户土地流转比例情况

年份	转出	转入
2004	0.034	0.156
2005	0.013	0.123
2006	0.021	0.153
2007	0.013	0.186
2008	0.104	0.217
2009	0.211	0.047
2010	0.234	0.032
2011	0.242	0.037
2012	0.327	0.024
2013	0.381	0.022
2014	0.431	0.017
2015	0.424	0.011

资料来源：由笔者计算所得。

由表6-2可知，样本农户中转出土地的农户比例呈现不断增加的趋势，从2004年的0.034快速增加到2015年的0.424，而转入土地的农户比例则呈现不断缩小的趋势，2015年这一比例仅为0.011。上述描述性统计结果表明：随着中央自2004年以来对"三农"工作各项惠农强农政策的出台，加之中央一号文件多次强调鼓励并支持依托土地流转的方式实现农业适度规模经营，土地流转得到了大力发展，官方统计2015年全国土地流转比例为35.2%，样本农户这一数据的比例为42.4%，这与选取的样本多是农业大省相关（如河南、安徽、吉林、黑龙江等)。农户土地转入的比例呈现不断降低的趋势,主要原因是:一方面,全国农村固定观察点调研的是小规模农户,平均经营土地面积不足1公顷;另一方面,随着农户呈现明显的分化态势,意味着对越来越多的农户家庭收入的主要来源于非农就业,因此转入比例呈现逐步下降的趋势。因此,考虑到样本中转入土地的比例较低,本章所考虑农户土地资源配置中"谁来种"的问题重点关注的是农户土地转出的这种情况。

非农就业的度量仍选取非农就业时间比例和非农就业劳动力比例。影响农户土地流转的控制变量,借鉴以往研究从户主特征、家庭特征、村庄特征和区域特征四个方面进行分析(Yan 和 Huo,2016;Ji 等,2018;Su 等,2018;苏群等,2016;钱龙等,2018),其中村庄和区域特征采用村庄省份和区域虚拟变量予以识别。具体的变量选取定义及描述性统计如表6-3所示:

表6-3 变量描述性统计

类型	细分变量	替代变量或度量方法	均值	标准差
因变量	农户是否转出土地	转出=1,不转出=0	0.185	0.388
非农就业	非农就业时间比例	家庭非农劳动力平均就业时间除以总就业时间	0.509	0.411
	非农就业劳动力比例	家庭非农就业劳动力个数除以家庭劳动力个数	0.459	0.376
	本地非农就业时间比例	家庭本地非农劳动力平均就业时间除以总就业时间	0.182	0.309
	外出非农就业时间比例	家庭外出非农劳动力平均就业时间除以总就业时间	0.329	0.397
	本地非农就业劳动力比例	家庭本地非农就业劳动力个数除以家庭劳动力个数	0.225	0.344
	外出非农就业劳动力比例	家庭外出非农就业劳动力个数除以家庭劳动力个数	0.266	0.327
户主特征	户主年龄	户主实际年龄(岁)	53.310	12.161
	户主性别	男=1,女=0	0.926	0.263
	户主受教育程度	户主实际受教育程度(年)	6.107	2.891
	户主是否为党员	是=1,否=0	0.122	0.327
家庭特征	家庭年龄结构	家庭劳动力平均年龄(岁)	47.266	13.232
	种粮补贴	从政府获得的补贴额(元)	87.758	459.212
	健康程度	健康状况为良以上的比例	0.813	0.330
	技术培训比例	受过职业教育或技术培训劳动力比例	0.079	0.204
	承包地面积	农户实际承包地面积	9.245	10.861
村庄特征	到公路的距离	距离公路的距离(千米)	1.493	3.561
	村庄互联网连通率	村庄连通互联网的户数除以总户数	0.069	0.143

如表6-4所示,无论是从非农就业时间比例还是非农就业劳动力比例上看,

当前农户非农就业程度较高。进一步地，按照就业类型的划分，无论是以非农就业时间比例还是以非农就业劳动力比例作为衡量依据，都显现出本地非农就业比例低于外出非农就业比例。

表 6-4 不同年份农户非农就业情况

年份	非农就业时间比例	非农就业劳动力比例	本地非农就业时间比例	外出非农就业时间比例	本地非农就业劳动力比例	外出非农就业劳动力比例
2004	0.394	0.482	0.147	0.249	0.260	0.255
2005	0.420	0.490	0.153	0.270	0.260	0.267
2006	0.432	0.489	0.144	0.289	0.244	0.284
2007	0.465	0.517	0.138	0.328	0.245	0.317
2008	0.489	0.504	0.147	0.344	0.223	0.318
2009	0.545	0.434	0.229	0.316	0.242	0.222
2010	0.515	0.417	0.198	0.318	0.220	0.229
2011	0.540	0.429	0.213	0.328	0.224	0.236
2012	0.544	0.421	0.204	0.342	0.198	0.245
2013	0.581	0.426	0.196	0.387	0.186	0.264
2014	0.617	0.429	0.209	0.410	0.181	0.273
2015	0.631	0.456	0.223	0.412	0.202	0.281

资料来源：由笔者根据全国农村固定观察点 9 个省份农户的数据计算所得。

由表 6-4 可知，2004~2015 年非农就业时间比例、本地非农就业时间比例和外出非农就业时间比例呈现不断上升的趋势，而非农就业劳动力比例、本地非农就业劳动力比例和外出非农就业劳动力比例则呈现先下降后缓慢提升的趋势。全国农村固定观察点 9 个省份农户样本数据的非农就业特征与第 5 章的结论一致，在此不再赘述。

6.3 实证估计

本章在基准回归部分首先采用面板数据 OLS 固定效应和 Bootstrap-xtlogit 进行估计，在回归过程中考虑到非农就业的两种指标度量。鉴于非农就业与农户土地转出两者存在潜在的内生性本部分采用滞后一期、村庄层面非农就业比例作为工具变量和 Bootstrap-xtlogit 二步法模型对估计结论予以进一步稳健性检验。

6.3.1 基准回归

表6-5汇报了面板数据OLS固定效应模型的估计结果。表6-5中模型（1）至模型（5）均表示以非农就业时间比例为自变量逐步加入控制变量的估计结果；模型（6）至模型（10）均表示以非农就业劳动力比例为自变量的估计结果，其中模型（7）至模型（10）是逐步加入控制变量的结果。表6-5中模型（1）是只加入核心自变量非农就业时间比例的估计结果，模型（6）是只加入核心自变量非农就业劳动力比例的估计结果，模型（2）和模型（7）是在模型（1）和模型（6）的基础上加入户主特征，模型（3）和模型（8）是在模型（2）和模型（7）的基础上加入户主年龄的二次项，模型（4）和模型（9）是在模型（3）和模型（8）的基础上加入家庭特征，模型（5）和模型（10）是在模型（4）和模型（9）的基础上加入距离公路的距离和互联网连通率这两个反映村庄特征的变量。从表6-5中可以得出：模型（1）至模型（5）中非农就业时间比例变量的估计系数均为正，分别为0.116、0.118、0.122、0.134和0.136，均通过了1%水平下显著性检验，这表明非农就业时间比例越高的农户家庭越倾向于将土地流转出去。模型（6）至模型（10）中非农就业劳动力比例变量的估计系数分别为0.038、0.033、0.036、0.037和0.042，均通过了1%水平下的显著性检验，这表明农户家庭非农就业劳动力比例越高，农户家庭越倾向于将土地流转给他人。在表6-5中，其他控制变量如户主是女性、户主受教育程度越高、户主年龄越高对农户土地转出具有显著的正向影响。农户健康程度不好、补贴额较低、承包土地面积越多以及距离公路越近、村庄互联网连同率越高的农户家庭也更倾向于将土地流转出去，而是否为党员、家庭年龄结构、是否接受技术培训对农户土地转出的影响程度并没有通过显著性水平检验。

鉴于因变量的取值是0或者1的离散变量，因此我们采用Bootstrap-xtlogit模型进行估计，估计结果如表6-6所示。表6-6的估计结果与表6-5基本一致，无论是非农就业时间比例还是非农就业劳动力比例，估计系数均为正，其中非农就业时间比例变量在表6-6中模型（1）至模型（5）的估计系数分别为0.693、0.667、0.727、1.140和1.193，非农就业劳动力比例变量在模型（6）至模型（10）的估计系数分别为0.256、0.188、0.250、0.476和0.535，且均通过了显著性水平检验，这也进一步表明了非农就业会对农户土地流转产生显著影响，即农户非农就业程度越高，农户越倾向于将土地流转出去。其他控制变量的估计结果如户主是女性、户主受教育程度越高、户主年龄、家庭年龄结构、健康状况、承包地面积、距离公路的距离以及互联网连通率对农户土地转出的影响程度与表6-5基本一致。与表6-5不同的是，农户获得补贴额对农户土地转出的估计系数

表 6-5　非农就业对农户土地流转的影响——基于面板数据固定效应模型

变量	模型 (1)	模型 (2)	模型 (3)	模型 (4)	模型 (5)	模型 (6)	模型 (7)	模型 (8)	模型 (9)	模型 (10)
非农就业时间比例	0.116*** （0.007）	0.118*** （0.008）	0.122*** （0.008）	0.134*** （0.008）	0.136*** （0.008）	—	—	—	—	—
非农劳动力比例	—	—	—	—	—	0.038*** （0.008）	0.033*** （0.008）	0.036*** （0.008）	0.037*** （0.008）	0.042*** （0.008）
户主年龄	—	0.001** （0.000）	-0.007*** （0.002）	-0.007*** （0.002）	-0.007*** （0.002）	—	-0.000 （0.000）	-0.005** （0.002）	-0.007** （0.003）	-0.008*** （0.002）
户主年龄平方项	—	—	0.000*** （0.000）	0.000*** （0.000）	0.000*** （0.000）	—	—	0.000** （0.000）	0.000*** （0.000）	0.000*** （0.000）
户主受教育程度	—	0.003*** （0.001）	0.004*** （0.001）	0.005*** （0.001）	0.006*** （0.001）	—	0.005*** （0.001）	0.005*** （0.001）	0.006*** （0.001）	0.007*** （0.001）
户主性别	—	-0.030** （0.012）	-0.019 （0.012）	-0.023* （0.013）	-0.030** （0.012）	—	-0.023* （0.012）	-0.017 （0.013）	-0.019 （0.013）	-0.026** （0.012）
是否为党员	—	0.012 （0.009）	0.012 （0.009）	0.010 （0.009）	0.008 （0.009）	—	0.011 （0.009）	0.011 （0.009）	0.011 （0.009）	0.009 （0.009）
家庭年龄结构	—	—	—	0.002 （0.002）	0.002 （0.002）	—	—	—	0.004** （0.002）	0.003* （0.002）
家庭年龄结构平方项	—	—	—	-0.000 （0.000）	-0.000 （0.000）	—	—	—	-0.000*** （0.000）	-0.000** （0.000）
是否受过技术培训	—	—	—	0.005 （0.015）	0.010 （0.014）	—	—	—	0.005 （0.015）	0.010 （0.014）

续表

变量	模型（1）	模型（2）	模型（3）	模型（4）	模型（5）	模型（6）	模型（7）	模型（8）	模型（9）	模型（10）
健康状况	—	—	—	-0.073***	-0.073***	—	—	—	-0.068***	-0.068***
				(0.010)	(0.010)				(0.010)	(0.010)
承包地面积对数	—	—	—	0.019***	0.017***	—	—	—	0.0131***	0.0112***
				(0.004)	(0.004)				(0.004)	(0.004)
补贴额对数	—	—	—	-0.002**	-0.003***	—	—	—	-0.003***	-0.004***
				(0.001)	(0.001)				(0.001)	(0.009)
距离公路距离	—	—	—	—	0.032***	—	—	—	—	0.032***
					(0.002)					(0.002)
互联网连通率	—	—	—	—	0.171***	—	—	—	—	0.175***
					(0.026)					(0.026)
常数项	0.110***	0.079***	0.251***	0.227***	0.314***	0.133***	0.131***	0.233***	0.262***	0.349***
	(0.015)	(0.022)	(0.052)	(0.056)	(0.056)	(0.015)	(0.023)	(0.052)	(0.056)	(0.056)
时间固定效应	已控制	已控制	已控制	已控制	已控制	已控制	已控制	已控制	已控制	已控制
农户固定效应	已控制	已控制	已控制	已控制	已控制	已控制	已控制	已控制	已控制	已控制
观测值	14115	14115	14115	14111	14111	14115	14115	14115	14111	14111
R-squared	0.065	0.066	0.067	0.073	0.098	0.050	0.052	0.052	0.057	0.082
年份	2004~2015	2004~2015	2004~2015	2004~2015	2004~2015	2004~2015	2004~2015	2004~2015	2004~2015	2004~2015

注：括号外的数字为估计系数，括号内的数字为该系数下的标准差；*、**和***分别表示10%、5%和1%的显著性水平。

表6-6　非农就业对农户土地流转的影响——基于Bootstrap-xtlogit模型

变量	模型(1)	模型(2)	模型(3)	模型(4)	模型(5)	模型(6)	模型(7)	模型(8)	模型(9)	模型(10)
非农就业时间比例	0.693*** (0.163)	0.667*** (0.176)	0.727*** (0.207)	1.140*** (0.180)	1.193*** (0.159)	—	—	—	—	—
非农劳动力比例	—	—	—	—	—	0.256*** (0.096)	0.188* (0.100)	0.250** (0.114)	0.476*** (0.086)	0.535*** (0.080)
户主年龄	—	0.002 (0.003)	-0.102*** (0.022)	-0.089*** (0.032)	-0.092*** (0.029)	—	-0.002 (0.003)	-0.081*** (0.022)	-0.095*** (0.029)	-0.098*** (0.027)
户主年龄平方项	—	—	0.001*** (0.000)	0.001*** (0.000)	0.001*** (0.000)	—	—	0.001*** (0.000)	0.001*** (0.000)	0.001*** (0.000)
户主受教育程度	—	0.040*** (0.008)	0.051*** (0.007)	0.051*** (0.007)	0.062*** (0.009)	—	0.049*** (0.007)	0.057*** (0.006)	0.056*** (0.008)	0.067*** (0.008)
户主性别	—	-0.061 (0.084)	0.041 (0.083)	-0.151** (0.069)	-0.207*** (0.080)	—	-0.045 (0.089)	0.032 (0.086)	-0.104 (0.071)	-0.161** (0.078)
是否为党员	—	0.099** (0.040)	0.093* (0.048)	0.093** (0.043)	0.076 (0.052)	—	0.097** (0.042)	0.094* (0.048)	0.116*** (0.043)	0.096** (0.048)
家庭年龄结构	—	—	—	0.000 (0.027)	-0.005 (0.025)	—	—	—	0.018 (0.023)	0.011 (0.022)
家庭年龄结构平方项	—	—	—	0.000 (0.000)	0.000 (0.000)	—	—	—	-0.000 (0.000)	-0.000 (0.000)
是否受过技术培训	—	—	—	0.099 (0.103)	0.157 (0.117)	—	—	—	0.036 (0.115)	0.097 (0.110)

续表

变量	模型（1）	模型（2）	模型（3）	模型（4）	模型（5）	模型（6）	模型（7）	模型（8）	模型（9）	模型（10）
健康状况	—	—	—	-0.796***	-0.818***			—	-0.739***	-0.768***
				(0.127)	(0.115)				(0.099)	(0.123)
承包地面积对数	—	—	—	0.358***	0.310***	—	—	—	0.282***	0.234***
				(0.052)	(0.053)				(0.066)	(0.059)
补贴额对数	—	—	—	-0.015	-0.021			—	-0.018	-0.024
				(0.018)	(0.016)				(0.016)	(0.015)
距离公路距离	—	—	—	—	0.180***	—	—	—	—	0.174***
					(0.026)					(0.027)
互联网连通率	—	—	—	—	0.957***	—	—	—	—	0.972***
					(0.367)					(0.364)
常数项	-2.591***	-2.901***	-0.488	-0.843	-0.293	-2.333***	-2.447***	-0.636	-0.489	0.099
	(0.559)	(0.602)	(0.946)	(0.941)	(0.835)	(0.546)	(0.581)	(0.955)	(0.887)	(0.780)
Bootstrap 次数	100	100	100	100	100	100	100	100	100	100
观测值	14115	14115	14115	14111	14111	14115	14115	14115	14111	14111
年份	2004~2015	2004~2015	2004~2015	2004~2015	2004~2015	2004~2015	2004~2015	2004~2015	2004~2015	2004~2015

注：括号外的数字为估计系数，括号内的数字为该系数下的标准差；*、**和***分别表示10%、5%和1%的显著性水平。

在表 6-6 中的估计系数为负，但是并没有通过显著性检验。

6.3.2　潜在内生性探讨

鉴于非农就业与农户土地转出两者之间可能存在潜在内生性问题，我们采用滞后一期面板数据固定效应、以村庄劳动力中非农就业比例作为工具变量的二阶段最小二乘估计和 Bootstrap-xttobit 二步法三种方式对潜在内生性进行探讨，同时在估计过程中也分别考虑非农就业的两种度量方式。表 6-7 报告了核心自变量滞后一期的估计结果，表 6-8 报告了工具变量检验结果，表 6-9 报告了工具变量估计结果，表 6-10 报告了 Bootstrap-xtlogit 二步法的估计结果。

表 6-7 和表 6-9 中模型（1）至模型（10）均表示以滞后一期非农就业时间比例和滞后一期非农就业劳动力比例为自变量的估计结果。其中，表 6-7 和表 6-9 中模型（1）和模型（6）分别加入滞后一期非农就业劳动力比例和滞后一期非农就业时间比例的估计结果，模型（2）至模型（5）分别是逐步加入户主特征、户主年龄二次项、家庭特征和村庄层面特征（距离公路的距离、互联网连通率）的估计结果。表 6-7 中模型（1）至模型（5）中滞后一期的非农就业时间比例变量的估计系数分别为 0.084、0.081、0.083、0.086 和 0.090，均通过了 1% 水平下显著性检验，这表明滞后一期的非农就业时间比例与农户土地转出呈现显著的正向关系。模型（6）至模型（10）中滞后一期的非农就业劳动力比例变量的估计系数均通过了显著性水平检验，分别为 0.022、0.017、0.019、0.019 和 0.026，这表明考虑到滞后效应，农户家庭滞后一期的非农就业劳动力比例越高，农户更倾向于将土地流转给他人。

表 6-8 中模型（1）至模型（10）分别报告了以非农就业时间比例和以非农就业劳动力比例为核心自变量的工具变量检验结果。从表 6-8 中 LM 检验的 P 值可以得出，P 值在模型（1）至模型（10）中均等于 0，表明工具变量不存在识别不足问题。表 6-8 中模型（1）至模型（10）的 Wald 检验 F 值均远大于 10% 水平下临界值，拒绝了"工具变量冗余"的原假设，表明工具变量估计过程中不存在弱工具变量问题，即采用村庄劳动力中非农就业比例作为非农就业的工具变量进行分析是合适的。表 6-9 报告了面板数据工具变量最小二乘估计结果，与表 6-7 的估计结果相似，当采用村庄层面非农就业比例作为非农就业的工具变量，无论是非农就业时间比例还是非农就业劳动力比例，估计系数均为正，均通过了 1% 水平下显著性检验，这表明当考虑到非农就业与农户土地转出两者之间互为因果关系的情况下，非农就业水平越高的农户越倾向于将土地流转给他人的这一结论是显著且稳健的。

表 6-10 中模型（1）和模型（2）报告了考虑到控制变量情况下以非农就业

表6-7 非农就业对农户土地流转的影响——滞后一期面板数据固定效应模型

变量	模型（1）	模型（2）	模型（3）	模型（4）	模型（5）	模型（6）	模型（7）	模型（8）	模型（9）	模型（10）
滞后一期非农就业时间比例	0.084*** (0.007)	0.081*** (0.007)	0.083*** (0.008)	0.086*** (0.008)	0.090*** (0.008)	—	—	—	—	—
滞后一期非农劳动力比例	—	—	—	—	—	0.022*** (0.008)	0.017** (0.008)	0.019** (0.008)	0.019** (0.008)	0.026*** (0.008)
户主年龄	—	0.000 (0.000)	-0.005** (0.002)	-0.007*** (0.003)	-0.007*** (0.002)	—	-0.000 (0.000)	-0.004* (0.002)	-0.007*** (0.003)	-0.008*** (0.002)
户主年龄平方项	—	—	0.000*** (0.000)	0.000*** (0.000)	0.000*** (0.000)	—	—	0.000*** (0.000)	0.000*** (0.000)	0.000*** (0.000)
户主受教育程度	—	0.004*** (0.001)	0.005*** (0.001)	0.005*** (0.001)	0.007*** (0.001)	—	0.005*** (0.001)	0.006*** (0.001)	0.006*** (0.001)	0.007*** (0.001)
户主性别	—	-0.022* (0.012)	-0.015 (0.012)	-0.017 (0.013)	-0.024* (0.012)	—	-0.021* (0.012)	-0.016 (0.013)	-0.017 (0.013)	-0.024* (0.012)
是否为党员	—	0.011 (0.009)	0.011 (0.009)	0.009 (0.009)	0.008 (0.009)	—	0.011 (0.009)	0.011 (0.009)	0.010 (0.009)	0.009 (0.009)
家庭年龄结构	—	—	—	0.004* (0.002)	0.003 (0.002)	—	—	—	0.005** (0.002)	0.004** (0.002)
家庭年龄结构平方项	—	—	—	-0.000** (0.000)	-0.000* (0.000)	—	—	—	-0.000*** (0.000)	-0.000*** (0.000)
是否受过技术培训	—	—	—	0.005 (0.015)	0.010 (0.014)	—	—	—	0.006 (0.015)	0.011 (0.014)

续表

变量	模型（1）	模型（2）	模型（3）	模型（4）	模型（5）	模型（6）	模型（7）	模型（8）	模型（9）	模型（10）
健康状况	—	—	—	-0.069***	-0.069***	—	—	—	-0.066***	-0.066***
				(0.010)	(0.010)				(0.010)	(0.010)
承包地面积对数	—	—	—	0.015***	0.013***	—	—	—	0.012***	0.010**
				(0.004)	(0.004)				(0.004)	(0.004)
补贴额对数	—	—	—	-0.003***	-0.003***	—	—	—	-0.003***	-0.004***
				(0.001)	(0.001)				(0.001)	(0.001)
距离公路距离	—	—	—	—	0.033***	—	—	—	—	0.032***
					(0.002)					(0.002)
互联网连通率	—	—	—	—	0.172***	—	—	—	—	0.175***
					(0.026)					(0.026)
常数项	0.120***	0.102***	0.226***	0.231***	0.318***	0.137***	0.139***	0.225***	0.254***	0.340***
	(0.015)	(0.022)	(0.052)	(0.056)	(0.056)	(0.015)	(0.023)	(0.052)	(0.056)	(0.056)
时间固定效应	已控制	已控制	已控制	已控制	已控制	已控制	已控制	已控制	已控制	已控制
农户固定效应	已控制	已控制	已控制	已控制	已控制	已控制	已控制	已控制	已控制	已控制
观测值	9368	9368	9368	9365	9365	9368	9368	9368	9365	9365
R-squared	0.058	0.059	0.059	0.064	0.090	0.049	0.051	0.051	0.056	0.082
年份	2004~2015	2004~2015	2004~2015	2004~2015	2004~2015	2004~2015	2004~2015	2004~2015	2004~2015	2004~2015

注：括号外的数字为估计系数，括号内的数字为该系数下的标准差；*、**和***分别表示10%、5%和1%的显著性水平。

表6-8 非农就业对农户土地流转的影响——工具变量检验结果

变量	模型（1）	模型（2）	模型（3）	模型（4）	模型（5）	模型（6）	模型（7）	模型（8）	模型（9）	模型（10）
LM检验	1038.866	541.420	526.476	457.139	456.422	542.865	387.368	373.329	282.399	282.801
P值	0.000	0.000	0.000	0.000	0.000	0.000	0.000	0.000	0.000	0.000
Wald检验	1121.397	562.517	546.349	471.788	470.956	564.559	397.941	383.100	287.762	288.140
10%maximal IV size	16.38	16.38	16.38	16.38	16.38	16.38	16.38	16.38	16.38	16.38
15%maximal IV size	8.96	8.96	8.96	8.96	8.96	8.96	8.96	8.96	8.96	8.96
20%maximal IV size	6.66	6.66	6.66	6.66	6.66	6.66	6.66	6.66	6.66	6.66
25%maximal IV size	5.53	5.53	5.53	5.53	5.53	5.53	5.53	5.53	5.53	5.53
Sargan statistic	0.000	0.000	0.000	0.000	0.000	0.000	0.000	0.000	0.000	0.000

表6-9 非农就业对农户土地流转的影响——二阶段最小二乘法

变量	模型（1）	模型（2）	模型（3）	模型（4）	模型（5）	模型（6）	模型（7）	模型（8）	模型（9）	模型（10）
非农就业时间比例	0.072*** (0.027)	0.284*** (0.040)	0.293*** (0.041)	0.356*** (0.047)	0.338*** (0.047)	—	—	—	—	—
非农劳动力比例	—	—	—	—	—	0.107*** (0.041)	0.353*** (0.052)	0.366*** (0.053)	0.457*** (0.065)	0.433*** (0.063)
户主年龄	—	0.002*** (0.000)	-0.012*** (0.002)	-0.006** (0.003)	-0.006* (0.003)	—	0.002*** (0.000)	-0.014*** (0.003)	-0.009*** (0.003)	-0.009*** (0.003)
户主年龄平方项	—	—	0.000*** (0.000)	0.000** (0.000)	0.000*** (0.000)	—	—	0.000*** (0.000)	0.000*** (0.000)	0.000*** (0.000)
户主受教育程度	—	0.000 (0.001)	0.002 (0.001)	0.004*** (0.001)	0.005*** (0.001)	—	0.002 (0.001)	0.004*** (0.001)	0.005*** (0.001)	0.006*** (0.001)
户主性别	—	-0.043*** (0.013)	-0.024* (0.013)	-0.035*** (0.013)	-0.040*** (0.013)	—	-0.051*** (0.014)	-0.030** (0.013)	-0.048*** (0.014)	-0.053*** (0.014)

续表

变量	模型 (1)	模型 (2)	模型 (3)	模型 (4)	模型 (5)	模型 (6)	模型 (7)	模型 (8)	模型 (9)	模型 (10)
是否为党员	—	0.014 (0.009)	0.013 (0.009)	0.009 (0.009)	0.008 (0.009)	—	0.016* (0.009)	0.015 (0.009)	0.014 (0.009)	0.013 (0.009)
家庭年龄结构	—	—	—	-0.002 (0.002)	-0.002 (0.002)	—	—	—	-0.006** (0.003)	-0.006** (0.003)
家庭年龄结构平方项	—	—	—	0.000*** (0.000)	0.000*** (0.000)	—	—	—	0.000*** (0.000)	0.000*** (0.000)
是否受过技术培训	—	—	—	0.003 (0.015)	0.008 (0.015)	—	—	—	-0.008 (0.016)	-0.002 (0.016)
健康状况	—	—	—	-0.088*** (0.011)	-0.086*** (0.011)	—	—	—	-0.107*** (0.012)	-0.104*** (0.012)
承包地面积对数	—	—	—	0.033*** (0.005)	0.029*** (0.005)	—	—	—	0.039*** (0.006)	0.035*** (0.006)
补贴额对数	—	—	—	-0.001 (0.001)	-0.002** (0.001)	—	—	—	0.000 (0.001)	-0.001 (0.001)
距离公路距离	—	—	—	—	0.033*** (0.002)	—	—	—	—	0.035*** (0.002)
互联网连通率	—	—	—	—	0.164*** (0.026)	—	—	—	—	0.165*** (0.028)
区域特征变量	未控制	未控制	未控制	未控制	已控制	未控制	未控制	未控制	未控制	已控制
时间固定效应	已控制	已控制	已控制	已控制	已控制	已控制	已控制	已控制	已控制	已控制
农户固定效应	已控制	已控制	已控制	已控制	已控制	已控制	已控制	已控制	已控制	已控制
观测值	14115	14115	14115	14111	14111	17782	17782	17782	17631	17631
R-squared	0.011	0.036	0.035	0.026	0.060	-1.096	-0.004	-0.005	-0.022	-0.073
年份	2004~2015	2004~2015	2004~2015	2004~2015	2004~2015	2004~2015	2004~2015	2004~2015	2004~2015	2004~2015

注：括号外的数字为估计系数，括号内的数字为该系数下的标准差；*、**和***分别表示10%、5%和1%的显著性水平。

表 6-10 非农就业对农户土地流转的影响——Bootstrap-xtlogit 二步法

因变量	模型（1）非农就业时间比例	模型（2）是否转出	模型（3）非农就业劳动力比例	模型（4）是否转出
村庄非农就业比例	0.326 ***	—	0.254 ***	—
	(0.015)		(0.015)	
非农就业时间比例拟合值	—	2.607 ***	—	—
		(0.636)		
非农劳动力比例拟合值	—	—	—	3.985 ***
				(0.640)
常数项	0.026	-1.063	-0.324 ***	0.072
	(0.057)	(0.947)	(0.056)	(0.839)
控制变量	已控制	已控制	已控制	已控制
Bootstrap 次数	—	100	—	100
观测值	14111	14111	14111	14111
R-squared	0.301	—	0.186	—
年份	2004~2015	2004~2015	2004~2015	2004~2015

注：括号外的数字为估计系数，括号内的数字为该系数下的标准差；*、**和***分别表示10%、5%和1%的显著性水平。

时间比例为自变量的 Bootstrap-xtlogit 二步法的估计结果。模型（3）和模型（4）则是报告了考虑到控制变量情况下以非农就业劳动力比例为自变量的 Bootstrap-xtlogit 二步法的估计结果。表 6-10 中模型（1）和模型（3）是 Bootstrap-xtlogit 二步法中的第一阶段以村庄层面非农就业比例作为工具变量的估计结果，村庄层面非农就业比例的估计系数均为正，分别为 0.326 和 0.254，且通过了显著性水平检验。模型（2）和模型（4）是 Bootstrap-xtlogit 二步法中的第二阶段的估计结果，其中模型（2）中的非农就业时间比例和模型（4）中的非农就业劳动力比例的估计系数均为正，通过了显著性水平检验。Bootstrap-xttlogit 二步法结果也进一步证实非农就业促进土地转出这一结论是稳健的。在表 6-7 至表 6-10 中，控制变量的估计系数方向及显著性水平与表 6-5 和表 6-6 基本一致，在此不再赘述。

6.4 稳健性检验

在基准回归中，无论是面板数据固定效应模型、Bootstrap-xtlogit 模型，还是考虑滞后项、二阶段最小二乘估计法和 Bootstrap-xtlogit 二步法的结果均表明，非农就业与农户土地转出之间呈现显著且较为稳健的正向关系。但是，非农就业存在就业类型和区域的异质性，不同就业类型以及不同区域之间这一结论是否稳健？基于此，我们分别从就业类型和就业区域两个维度对上述基准回归进行稳健性检验。

6.4.1 就业类型异质性

农户非农就业类型存在本地非农就业和外出非农就业两类，不同类型的非农就业对农户种植结构是否会存在差异？与基准回归相一致，我们分别采用面板数据固定效应模型和 Bootstrap-xtlogit 模型进行估计估计，估计结果如表 6-11 和表6-12 所示。

考虑到就业类型的异质性，在表 6-11 中，本地非农就业时间比例和外出非农就业时间比例在模型（1）至模型（5）的估计系数均为正，且均通过了 1% 水平下显著性水平检验，说明本地非农就业时间比例和外出务工非农就业时间比例越高，农户越倾向于将土地转出给他人。模型（6）至模型（10）中本地非农就业劳动力比例的估计系数为负，均通过了显著性水平检验，而外出务工非农劳动力比例在模型（6）至模型（10）的估计系数均为正，且均通过了显著性水平检验，这表明非农就业劳动力对农户土地流转的影响存在明显的就业类型异质性。本地非农就业劳动力越高，越不倾向于将土地流转给他人，而外出非农就业劳动力对农户土地转出则具有显著且稳健正向影响。一方面，在本地从事非农就业劳动力数量越高的家庭，意味着"离土不离乡"，对土地配置决策可以选择通过入股、购买农业社会化服务等方式进行农业种植；另一方面，外出从事非农就业劳动力数量越高的家庭，意味着"离土离乡"，采取将土地流转给他人获得租金的方式更加"省心"，因此存在就业类型的异质性。表 6-12 中采用 Bootstrap-xtlogit模型的估计结果与表 6-11 基本一致。对比表 6-11、表 6-12 与表 6-7、表 6-9和表 6-10 的结果，非农就业时间比例对农户土地转出具有显著且稳健的正向影响，即使考虑到非农就业的类型异质性，这一结论仍成立；而非农就业劳动力比例促进农户土地转出的结论并不稳健，虽然总体上非农就业劳动力比例对农户土地转出的估计结果是正向且显著的，但是本地非农就业与外出非农就业对农户土

表6-11 不同就业类型非农就业对农户土地流转的影响——基于面板数据固定效应模型

变量	模型 (1)	模型 (2)	模型 (3)	模型 (4)	模型 (5)	模型 (6)	模型 (7)	模型 (8)	模型 (9)	模型 (10)
本地非农就业时间比例	0.047*** (0.010)	0.049*** (0.010)	0.053*** (0.010)	0.067*** (0.011)	0.073*** (0.011)	—	—	—	—	—
外出非农就业时间比例	0.146*** (0.008)	0.151*** (0.008)	0.155*** (0.008)	0.170*** (0.009)	0.169*** (0.009)	—	—	—	—	—
本地非农就业劳动力比例	—	—	—	—	—	-0.063*** (0.009)	-0.064*** (0.009)	-0.062*** (0.009)	-0.059*** (0.009)	-0.051*** (0.009)
外出非农就业劳动力比例	—	—	—	—	—	0.111*** (0.009)	0.110*** (0.010)	0.113*** (0.010)	0.114*** (0.010)	0.113*** (0.010)
户主年龄	—	0.001*** (0.000)	-0.007*** (0.002)	-0.007*** (0.002)	-0.007*** (0.002)	—	0.000 (0.000)	-0.005** (0.002)	-0.007*** (0.002)	-0.008*** (0.002)
户主年龄平方项	—	—	0.000*** (0.000)	0.000*** (0.000)	0.000*** (0.000)	—	—	0.000*** (0.000)	0.000*** (0.000)	0.000*** (0.000)
户主受教育程度	—	0.003*** (0.001)	0.004*** (0.001)	0.005*** (0.001)	0.006*** (0.001)	—	0.004*** (0.001)	0.005*** (0.001)	0.005*** (0.001)	0.007*** (0.001)
户主性别	—	-0.029** (0.012)	-0.019 (0.012)	-0.021* (0.013)	-0.028** (0.012)	—	-0.024* (0.012)	-0.017 (0.012)	-0.016 (0.013)	-0.023* (0.012)
是否为党员	—	0.017* (0.009)	0.016* (0.009)	0.014 (0.009)	0.012 (0.009)	—	0.018** (0.009)	0.018* (0.009)	0.016* (0.009)	0.014 (0.009)
家庭年龄结构	—	—	—	0.003 (0.002)	0.002 (0.002)	—	—	—	0.005** (0.002)	0.004** (0.00)

续表

变量	模型 (1)	模型 (2)	模型 (3)	模型 (4)	模型 (5)	模型 (6)	模型 (7)	模型 (8)	模型 (9)	模型 (10)
家庭年龄结构平方项	—	—	—	-0.000 (0.000)	-0.000 (0.000)	—	—	—	-0.000*** (0.000)	-0.000** (0.000)
是否受过技术培训	—	—	—	0.007 (0.014)	0.012 (0.014)	—	—	—	0.009 (0.015)	0.014 (0.014)
健康状况	—	—	—	-0.069*** (0.010)	-0.069*** (0.010)	—	—	—	-0.064*** (0.010)	-0.064*** (0.010)
承包地面积对数	—	—	—	0.016*** (0.004)	0.014*** (0.004)	—	—	—	0.009** (0.004)	0.007* (0.004)
补贴额对数	—	—	—	-0.002*** (0.001)	-0.003*** (0.001)	—	—	—	-0.003** (0.001)	-0.004*** (0.001)
距离公路距离	—	—	—	—	0.032*** (0.002)	—	—	—	—	0.031*** (0.002)
互联网连通率	—	—	—	—	0.185*** (0.026)	—	—	—	—	0.188*** (0.026)
常数项	0.113*** (0.015)	0.072*** (0.022)	0.247*** (0.052)	0.201*** (0.056)	0.286*** (0.055)	0.134*** (0.015)	0.112*** (0.022)	0.228*** (0.052)	0.225*** (0.056)	0.309*** (0.056)
时间固定效应	已控制	已控制	已控制	已控制	已控制	已控制	已控制	已控制	已控制	已控制
农户固定效应	已控制	已控制	已控制	已控制	已控制	已控制	已控制	已控制	已控制	已控制
观测值	14115	14115	14115	14111	14111	14115	14115	14115	14111	14111
R-squared	0.071	0.072	0.073	0.079	0.103	0.064	0.066	0.066	0.070	0.094
年份	2004~2015	2004~2015	2004~2015	2004~2015	2004~2015	2004~2015	2004~2015	2004~2015	2004~2015	2004~2015

注：括号外的数字为估计系数，括号内的数字为该系数下的标准差；*、**和***分别表示10%、5%和1%的显著性水平。

表6-12 不同类型非农就业对农户土地流转的影响——基于 Bootstrap-xtlogit 模型

变量	模型（1）	模型（2）	模型（3）	模型（4）	模型（5）	模型（6）	模型（7）	模型（8）	模型（9）	模型（10）
本地非农就业时间比例	0.214	0.185	0.238	0.679***	0.728***	—	—	—	—	—
	(0.196)	(0.198)	(0.176)	(0.169)	(0.172)					
外出非农就业时间比例	0.889***	0.877***	0.944***	1.375***	1.424***	—	—	—	—	—
	(0.180)	(0.201)	(0.208)	(0.179)	(0.192)					
本地非农就业劳动力比例						-0.645***	-0.682***	-0.645***	-0.490***	-0.440**
						(0.130)	(0.132)	(0.138)	(0.140)	(0.172)
外出非农就业劳动力比例						0.825***	0.783***	0.858***	1.091***	1.139***
						(0.148)	(0.154)	(0.158)	(0.129)	(0.129)
户主年龄	—	0.004	-0.105***	-0.093***	-0.096***		0.000	-0.092***	-0.104***	-0.107***
		(0.004)	(0.020)	(0.033)	(0.031)		(0.004)	(0.023)	(0.032)	(0.029)
户主年龄平方项			0.001***	0.001***	0.001***			0.001***	0.001***	0.001***
			(0.000)	(0.000)	(0.000)			(0.000)	(0.000)	(0.000)
户主受教育程度		0.041***	0.052***	0.053***	0.063***		0.048***	0.058***	0.058***	0.068***
		(0.008)	(0.008)	(0.009)	(0.010)		(0.008)	(0.008)	(0.006)	(0.009)
户主性别	—	-0.049	0.055	-0.136*	-0.190**		-0.031	0.057	-0.081	-0.137*
		(0.091)	(0.085)	(0.078)	(0.084)		(0.095)	(0.091)	(0.073)	(0.076)
是否为党员	—	0.136***	0.131***	0.122**	0.098*		0.146***	0.144***	0.154***	0.126***
		(0.051)	(0.048)	(0.048)	(0.051)		(0.046)	(0.046)	(0.040)	(0.047)
家庭年龄结构	—	—	—	—	-0.000		—	—	0.025	0.018
					(0.024)				(0.022)	(0.023)

续表

变量	模型 (1)	模型 (2)	模型 (3)	模型 (4)	模型 (5)	模型 (6)	模型 (7)	模型 (8)	模型 (9)	模型 (10)
家庭年龄结构平方项	—	—	—	0.000 (0.000)	0.000 (0.000)	—	—	—	-0.000 (0.000)	-0.000 (0.000)
是否受过技术培训	—	—	—	0.110 (0.116)	0.173 (0.131)	—	—	—	0.103 (0.138)	0.159 (0.146)
健康状况	—	—	—	-0.743*** (0.124)	-0.769*** (0.126)	—	—	—	-0.672*** (0.104)	-0.707*** (0.101)
承包地面积对数	—	—	—	0.354*** (0.0566)	0.309*** (0.052)	—	—	—	0.289*** (0.062)	0.245*** (0.051)
补贴额对数	—	—	—	-0.016 (0.016)	-0.022 (0.017)	—	—	—	-0.020 (0.015)	-0.026* (0.013)
距离公路距离	—	—	—	—	0.178*** (0.025)	—	—	—	—	0.169*** (0.025)
互联网连通率	—	—	—	—	1.098*** (0.413)	—	—	—	—	1.161** (0.459)
常数项	-2.579*** (0.478)	-2.982*** (0.715)	-0.460 (0.893)	-0.993 (0.892)	-0.460 (0.913)	-2.333*** (0.501)	-2.604*** (0.518)	-0.479 (0.908)	-0.617 (0.911)	-0.076 (0.787)
村庄特征变量	未控制	未控制	未控制	未控制	已控制	未控制	未控制	未控制	未控制	已控制
Bootstrap 次数	100	100	100	100	100	100	100	100	100	100
观测值	14115	14115	14115	14111	14111	14115	14115	14115	14111	14111
年份	2004~2015	2004~2015	2004~2015	2004~2015	2004~2015	2004~2015	2004~2015	2004~2015	2004~2015	2004~2015

注：括号外的数字为估计系数，括号内的数字为该系数下的标准差；*、**和***分别表示10%、5%和1%的显著性水平。

地转出存在差异，即本地非农就业劳动力越多的农户越不倾向于将土地流转给他人，而外出非农就业劳动力越多的农户与之相反，更倾向于将土地流转出去。

表 6-13 汇报了不同类型滞后一期非农就业对农户土地转出的影响。与表 6-7 相似，表 6-13 中模型（1）至模型（5）均表示以滞后一期本地非农就业时间比例、外出非农就业时间比例为核心自变量的估计结果，模型（6）至模型（10）均表示以滞后一期本地非农就业劳动力比例、外出非农就业劳动力比例为自变量的估计结果。表 6-12 中模型（1）是只加入核心自变量滞后一期本地非农就业时间比例和滞后一期外出非农就业时间比例的估计结果，模型（6）是只加入核心自变量滞后一期本地非农就业劳动力比例和滞后一期外出非农就业劳动力比例的估计结果。模型（2）至模型（5）和模型（7）至模型（10）分别是在模型（1）和模型（6）逐步加入控制变量的估计结果。

从表 6-13 可以得出：模型（1）至模型（5）中滞后一期的本地非农就业时间比例变量的估计系数和滞后一期的外出非农就业时间比例变量的估计系数均大于 0 且通过了 1% 水平下显著性检验。这表明滞后一期的本地非农就业时间比例和外出非农就业时间比例与农户土地转出两者呈现显著正向关系，与表 6-11 和表 6-12 的结论相一致。模型（6）至模型（10）中滞后一期的本地非农就业劳动力比例变量的估计系数均小于 0，滞后一期的外出非农就业劳动力比例的估计系数均为正，均通过 1% 显著性水平检验，这表明考虑到滞后效应下，非农就业劳动力比例与农户土地转出存在就业类型的异质性，与表 6-11 和表 6-12 的结论也相一致。此外，在表 6-11、表 6-12 和表 6-13 中，除核心自变量外，其他控制变量的估计结果也与基准回归（见表 6-5 和表 6-6）基本一致，在此不再赘述。

6.4.2　区域异质性

农户非农就业因地区经济发展水平的差异在不同区域之间存在差异。那么，不同经济发展水平的区域，非农就业对农户土地转出的影响是否存在差异？与上述分析相一致，我们考虑到非农就业两种指标度量方式、非农就业类型的异质性以及非农就业与农户土地转出二者之间潜在内生性问题，采用面板数据滞后一期固定效应、面板数据工具变量和 Bootstrap-xtlogit 进行估计。表 6-14 至表 6-16 分别汇报了东部、中部和西部三大区域分区域的估计结果。

在表 6-14、表 6-15 和表 6-16 中，模型（1）至模型（6）均是以非农就业时间比例作为农户非农就业代理变量的估计结果。其中，模型（1）是面板数据固定效应估计结果、模型（2）是面板数据滞后一期固定效应估计结果、模型（3）是以村庄劳动力非农就业比例作为工具变量的面板数据工具变量估计法、模

表6-13 不同就业类型滞后一期非农就业对农户土地流转的影响

变量	模型 (1)	模型 (2)	模型 (3)	模型 (4)	模型 (5)	模型 (6)	模型 (7)	模型 (8)	模型 (9)	模型 (10)
滞后一期本地非农就业时间比例	0.046*** (0.010)	0.044*** (0.010)	0.046*** (0.0109)	0.051*** (0.010)	0.058*** (0.010)	—	—	—	—	—
滞后一期外出非农就业时间比例	0.100*** (0.008)	0.0992*** (0.008)	0.101*** (0.008)	0.103*** (0.009)	0.105*** (0.008)	—	—	—	—	—
滞后一期本地非农就业劳动力比例	—	—	—	—	—	-0.050*** (0.009)	-0.054*** (0.009)	-0.0506*** (0.009)	-0.0473*** (0.009)	-0.0365*** (0.009)
滞后一期外出非农就业劳动力比例	—	—	—	—	—	0.0712*** (0.009)	0.0671*** (0.009)	0.0688*** (0.009)	0.0673*** (0.010)	0.0704*** (0.009)
户主年龄	—	0.000 (0.000)	-0.005** (0.002)	-0.007*** (0.003)	-0.007*** (0.002)	—	-0.000 (0.000)	-0.004** (0.002)	-0.008*** (0.003)	-0.008*** (0.002)
户主年龄平方项	—	—	0.000*** (0.000)	0.000*** (0.000)	0.000*** (0.000)	—	—	0.000*** (0.000)	0.000*** (0.000)	0.000*** (0.000)
户主受教育程度	—	0.004*** (0.001)	0.005*** (0.001)	0.005*** (0.00117)	0.006*** (0.001)	—	0.005*** (0.001)	0.005*** (0.001)	0.006*** (0.001)	0.007*** (0.001)
户主性别	—	-0.023* (0.012)	-0.015 (0.012)	-0.016 (0.013)	-0.023* (0.012)	—	-0.021* (0.012)	-0.015 (0.012)	-0.015 (0.013)	-0.022* (0.012)
是否为党员	—	0.013 (0.009)	0.012 (0.009)	0.011 (0.009)	0.009 (0.009)	—	0.013 (0.009)	0.013 (0.009)	0.012 (0.009)	0.010 (0.009)
家庭年龄结构	—	—	—	0.004*** (0.002)	0.003 (0.00193)	—	—	—	0.005*** (0.002)	0.004** (0.002)

续表

变量	模型 (1)	模型 (2)	模型 (3)	模型 (4)	模型 (5)	模型 (6)	模型 (7)	模型 (8)	模型 (9)	模型 (10)
家庭年龄结构平方项	—	—	—	-0.000**	-0.000*	—	—	—	-0.000***	-0.000***
				(0.000)	(0.000)				(0.000)	(0.000)
是否受过技术培训	—	—	—	0.007	0.012	—	—	—	0.010	0.015
				(0.015)	(0.014)				(0.015)	(0.014)
健康状况	—	—	—	-0.067***	-0.067***	—	—	—	-0.063***	-0.064***
				(0.010)	(0.010)				(0.010)	(0.010)
承包地面积对数	—	—	—	0.013***	0.012***	—	—	—	0.009**	0.007*
				(0.004)	(0.004)				(0.004)	(0.004)
补贴额对数	—	—	—	—	-0.003***	—	—	—	-0.003***	-0.004***
					(0.001)				(0.001)	(0.001)
距离公路距离	—	—	—	—	0.032***	—	—	—	—	0.032***
					(0.002)					(0.002)
互联网连通率	—	—	—	—	0.178***	—	—	—	—	0.184***
					(0.026)					(0.026)
常数项	0.121***	0.0980***	0.225***	0.222***	0.308***	0.137***	0.130***	0.227***	0.240***	0.324***
	(0.015)	(0.022)	(0.052)	(0.056)	(0.056)	(0.015)	(0.022)	(0.052)	(0.056)	(0.056)
时间固定效应	已控制	已控制	已控制	已控制	已控制	已控制	已控制	已控制	已控制	已控制
农户固定效应	已控制	已控制	已控制	已控制	已控制	已控制	已控制	已控制	已控制	已控制
观测值	9368	9368	9368	9365	9365	9368	9368	9368	9365	9365
R-squared	0.059	0.060	0.061	0.065	0.091	0.056	0.058	0.058	0.062	0.087
年份	2004~2015	2004~2015	2004~2015	2004~2015	2004~2015	2004~2015	2004~2015	2004~2015	2004~2015	2004~2015

注：括号外的数字为估计系数，括号内的数字为该系数下的标准差；*、**和***分别表示10%，5%和1%的显著性水平。

表6-14 东部地区非农就业对农户土地流转的影响

变量	模型（1）	模型（2）	模型（3）	模型（4）	模型（5）	模型（6）	模型（7）	模型（8）	模型（9）	模型（10）	模型（11）	模型（12）
非农就业时间比例	0.092*** (0.023)	—	0.142* (0.075)	—	—	—	—	—	—	—	—	—
滞后一期非农就业时间比例	—	0.044** (0.021)	—	1.430 (1.499)	—	—	—	—	—	—	—	—
本地非农就业时间比例	—	—	—	—	0.034 (0.026)	—	—	—	—	—	—	—
外出非农就业时间比例	—	—	—	—	0.138*** (0.026)	—	—	—	—	—	—	—
滞后一期本地非农就业时间比例	—	—	—	—	—	0.046* (0.024)	—	—	—	—	—	—
滞后一期外出非农就业时间比例	—	—	—	—	—	0.039 (0.025)	—	—	—	—	—	—
非农就业劳动力比例	—	—	—	—	—	—	0.022 (0.022)	—	0.185* (0.099)	0.935 (1.594)	—	—
滞后一期非农就业劳动力比例	—	—	—	—	—	—	—	0.023 (0.022)	—	—	—	—

续表

变量	模型（1）	模型（2）	模型（3）	模型（4）	模型（5）	模型（6）	模型（7）	模型（8）	模型（9）	模型（10）	模型（11）	模型（12）
本地非农就业劳动力比例	—	—	—	—	—	—	—	—	—	—	-0.025	—
											(0.023)	—
外出非农就业劳动力比例	—	—	—	—	—	—	—	—	—	—	0.082***	—
											(0.026)	—
滞后一期本地非农就业劳动力比例												0.025
												(0.023)
滞后一期外出非农就业劳动力比例												0.028
												(0.026)
控制变量	已控制	已控制	已控制	已控制	已控制	已控制	已控制	已控制	已控制	已控制	已控制	已控制
时间固定效应	已控制	已控制	已控制	已控制	已控制	已控制	已控制	已控制	已控制	已控制	已控制	已控制
农户固定效应	已控制	已控制	已控制	已控制	已控制	已控制	已控制	已控制	已控制	已控制	已控制	已控制
观测值	1914	1046	1914	1914	1914	1046	1914	1046	1914	1914	1914	1046
R-squared	0.122	0.116	0.120	—	0.129	0.116	0.115	0.115	0.089	—	0.121	0.115
Bootstrap次数	—	—	—	100	—	—	—	—	—	100	—	—
年份	2004~2015	2004~2015	2004~2015	2004~2015	2004~2015	2004~2015	2004~2015	2004~2015	2004~2015	2004~2015	2004~2015	2004~2015

注：括号外的数字为估计系数，括号内的数字为该系数下的标准差；*、**和***分别表示10%、5%和1%的显著性水平。

表 6-15　中部地区非农就业对农户土地流转的影响

变量	模型 (1)	模型 (2)	模型 (3)	模型 (4)	模型 (5)	模型 (6)	模型 (7)	模型 (8)	模型 (9)	模型 (10)	模型 (11)	模型 (12)
非农就业时间比例	0.132*** (0.009)	—	0.335*** (0.057)	2.372** (1.178)	—	—	—	—	—	—	—	—
滞后一期非农就业时间比例	—	0.088*** (0.009)	—	—	—	—	—	—	—	—	—	—
本地非农就业时间比例	—	—	—	—	0.072*** (0.012)	—	—	—	—	—	—	—
外出非农就业时间比例	—	—	—	—	0.162*** (0.010)	—	—	—	—	—	—	—
滞后一期本地非农就业时间比例	—	—	—	—	—	0.050*** (0.011)	—	—	—	—	—	—
滞后一期外出非农就业时间比例	—	—	—	—	—	0.106*** (0.009)	—	—	—	—	—	—
非农就业劳动力比例	—	—	—	—	—	—	0.040*** (0.009)	—	0.418*** (0.076)	5.152*** (1.179)	—	—
滞后一期非农就业劳动力比例	—	—	—	—	—	—	—	0.018** (0.00898)	—	—	—	—

续表

变量	模型(1)	模型(2)	模型(3)	模型(4)	模型(5)	模型(6)	模型(7)	模型(8)	模型(9)	模型(10)	模型(11)	模型(12)
本地非农就业劳动力比例	—	—	—	—	—	—	—	—	—	—	-0.056***	—
											(0.010)	—
外出非农就业劳动力比例	—	—	—	—	—	—	—	—	—	—	0.115***	—
											(0.011)	—
滞后一期本地非农就业劳动力比例	—	—	—	—	—	—	—	—	—	—	—	-0.051***
												(0.010)
滞后一期外出非农就业劳动力比例	—	—	—	—	—	—	—	—	—	—	—	0.072***
												(0.011)
控制变量	已控制	已控制	已控制	已控制	已控制	已控制	已控制	已控制	已控制	已控制	已控制	已控制
时间固定效应	已控制	已控制	已控制	已控制	已控制	已控制	已控制	已控制	已控制	已控制	已控制	已控制
农户固定效应	已控制	已控制	已控制	已控制	已控制	已控制	已控制	已控制	已控制	已控制	已控制	已控制
观测值	11108	7713	11108	11108	11108	7713	11108	7713	11108	11108	11108	7713
R-squared	0.103	0.095	0.064	—	0.108	0.097	0.088	0.087	-0.046	—	0.100	0.094
Bootstrap 次数	—	—	—	100	—	—	—	—	—	100	—	—
年份	2004~2015	2004~2015	2004~2015	2004~2015	2004~2015	2004~2015	2004~2015	2004~2015	2004~2015	2004~2015	2004~2015	2004~2015

注：括号外的数字为估计系数，括号内的数字为该系数下的标准差；*、**和***分别表示10%、5%和1%的显著性水平。

表 6-16　西部地区非农就业对农户土地流转的影响

变量	模型（1）	模型（2）	模型（3）	模型（4）	模型（5）	模型（6）	模型（7）	模型（8）	模型（9）	模型（10）	模型（11）	模型（12）
非农就业时间比例	0.288*** (0.029)	—	0.660*** (0.118)	12.54*** (3.274)	—	—	—	—	—	—	—	—
滞后一期非农就业时间比例	—	0.192*** (0.028)	—	—	—	—	—	—	—	—	—	—
本地非农就业时间比例	—	—	—	—	0.166*** (0.044)	—	—	—	—	—	—	—
外出非农就业时间比例	—	—	—	—	0.312*** (0.030)	—	—	—	—	—	—	—
滞后一期本地非农就业时间比例	—	—	—	—	—	0.106** (0.043)	—	—	—	—	—	—
滞后一期外出非农就业时间比例	—	—	—	—	—	0.200*** (0.028)	—	—	—	—	—	—
非农就业劳动力比例	—	—	—	—	—	—	0.143*** (0.029)	—	1.034*** (0.240)	19.250*** (4.826)	—	—
滞后一期非农就业劳动力比例	—	—	—	—	—	—	—	0.149*** (0.028)	—	—	—	—

续表

变量	模型（1）	模型（2）	模型（3）	模型（4）	模型（5）	模型（6）	模型（7）	模型（8）	模型（9）	模型（10）	模型（11）	模型（12）
本地非农业劳动力比例	—	—	—	—	—	—	—	—	—	—	-0.046	—
											(0.033)	
外出非农就业劳动力比例	—	—	—	—	—	—	—	—	—	—	0.210***	—
											(0.031)	
滞后一期本地非农就业劳动力比例	—	—	—	—	—	—	—	—	—	—	—	-0.007
												(0.032)
滞后一期外出非农就业劳动力比例	—	—	—	—	—	—	—	—	—	—	—	0.182***
												(0.030)
控制变量	已控制	已控制	已控制	已控制	已控制	已控制	已控制	已控制	已控制	已控制	已控制	已控制
时间固定效应	已控制	已控制	已控制	已控制	已控制	已控制	已控制	已控制	已控制	已控制	已控制	已控制
农户固定效应	已控制	已控制	已控制	已控制	已控制	已控制	已控制	已控制	已控制	已控制	已控制	已控制
观测值	1089	606	1089	1089	1089	606	1089	606	1089	1089	1089	606
R-squared	0.290	0.259	0.144	—	0.297	0.261	0.243	0.246	-0.450	—	0.260	0.253
Bootstrap 次数	—	—	—	100	—	—	—	—	—	100	—	—
年份	2004~2015	2004~2015	2004~2015	2004~2015	2004~2015	2004~2015	2004~2015	2004~2015	2004~2015	2004~2015	2004~2015	2004~2015

注：括号外的数字为估计系数，括号内的数字为该系数下的标准差；*、**和***分别表示10%、5%和1%的显著性水平。

型（4）是以非农就业时间比例拟合值为自变量下 100 次自抽样 Bootstrap-xtlogit 的第二阶段估计结果、模型（5）是考虑到非农就业类型异质性的面板数据固定效应估计结果、模型（6）是以非农就业类型滞后一期为核心自变量的面板数据固定效应模型。与模型（1）至模型（6）相似，模型（7）至模型（12）是以非农就业劳动力比例作为农户非农就业代理变量的估计结果。其中，模型（7）是以非农就业劳动力比例为面板数据 OLS 固定效应估计结果、模型（8）是以非农就业劳动力比例为核心自变量的面板数据滞后一期固定效应估计结果、模型（9）是以村庄劳动力非农就业比例作为工具变量的面板数据工具变量估计法、模型（10）是以非农就业劳动力比例拟合值为自变量下 100 次自抽样 Bootstrap-xtlogit 的第二阶段估计结果、模型（11）是考虑到非农就业劳动力类型异质性的面板数据固定效应估计结果、模型（12）是以非农就业劳动力类型滞后一期为核心自变量的面板数据固定效应模型。

从表 6-14、表 6-15 和表 6-16 的结果可以得出，非农就业对于农户土地转出的影响存在显著的区域异质性。表 6-14 中模型（1）中非农就业时间比例变量估计系数为 0.092，通过了 1%水平下显著性检验，模型（2）中滞后一期非农就业时间比例的估计系数为 0.044，也通过了 1%显著性水平检验。模型（3）中面板数据工具变量的 LM 检验和 Wald 检验均通过显著性检验，非农就业时间比例变量估计结果为正，为 0.142，通过了 10%水平下显著性检验；模型（4）中 100 次 Bootstrap 自抽样下 Bootstrap-xtlogit 第二阶段估计结果中的非农就业时间比例变量估计系数为 1.430，并没有通过了显著性水平检验。当考虑到非农就业的类型异质性，模型（5）中的本地非农就业时间比例变量的估计系数为 0.034，没有通过显著性水平检验，而外出非农就业时间比例变量的估计系数为 0.138，通过了显著性水平检验；当考虑到非农就业类型与农户土地转出的潜在内生性，模型（6）中滞后一期本地非农就业时间比例变量的估计系数为 0.046，通过了 10%水平下的显著性水平检验，而滞后一期外出非农就业时间比例变量的估计系数 0.039，没有通过显著性水平检验。这表明东部地区本地非农就业对农户土地转出的影响和外出非农就业则对农户土地转出的影响并不一致。

如果以非农就业劳动力比例作为非农就业的代理变量，表 6-14 中模型（7）中当期非农就业劳动力比例、模型（8）中滞后一期非农就业劳动力比例的估计结果的估计系数均为正，但是均没有通过显著性水平检验。而模型（9）中二阶段最小二乘估计结果系数为正，通过了显著性水平检验，但 Bootstrap-xtlogit 的估计结果与模型（7）和模型（8）一致，非农就业劳动力比例估计系数为 0.935，没有通过了显著性水平检验。如果考虑到非农就业劳动力比例的就业类型异质性，模型（11）和模型（12）的估计结果表明，东部地区本地非农就业劳动力比例和外出非农就业劳动力比例对土地转出的影响并没有显著且一致正向影响。从表6-14的估计结果可以得出，东部地区非农就业与农户土地转出两者之间并没有出现显著且稳健的估计结果，尤其是考虑到非农就业类型的异质性，本地非农就业与外出非农就业对农户土地转出也存在差异。东部地区处于经济发达的区域，本地非农就业较其他区域相比具有更多的机会，而且东部地区农业社会化服务业日趋完善，"离土不离乡"农户自身的土地具有多种选择，同时考虑到流转后部分新型农业经营主体可能因出现"弃耕毁约"后的收益损失（如租金得不到垫付、土地复垦），因此造成了东部地区农户非农就业与土地流转并不存在显著且稳健的影响。

表6-15和表6-16汇报了中部地区和西部地区农户非农就业对农户土地转出的影响。表6-15和表6-16中模型（1）和模型（2）中当期非农就业时间比例变量和滞后一期非农就业时间比例变量的估计系数均为正，均通过了1%水平下显著性检验。模型（3）中工具变量估计和模型（4）中Bootstrap-xtlogit估计系数大于0，均通过了1%水平下显著性水平检验。这也进一步说明即使考虑潜在内生性问题，中部地区和西部地区的农户非农就业时间比例越高，农户越倾向于将土地流转给他人这一结论是稳健的。如果考虑到非农就业的类型异质性，中部地区和西部地区的本地非农就业时间比例变量和外出非农就业时间比例变量无论在当期还是滞后一期的估计系数均大于0且通过了显著性水平检验。如果以非农就业劳动力比例作为非农就业的代理变量，表6-15和表6-16中模型（7）中当期非农就业劳动力比例、模型（8）中滞后一期非农就业劳动力比例、模型（9）和模型（10）中的工具变量估计法和Bootstrap-xtlogit的估计系数均大于0，也均通过了显著性水平检验。当考虑到非农就业劳动力比例的就业类型异质性，中部地区当期和滞后一期本地非农就业劳动力估计系数均为负，通过显著性水平检验，而当期和滞后一期外出非农就业劳动力比例的估计系数均为正，均通过了显著性水平检验。而西部地区当期和滞后一期的外出非农就业劳动力比例与中部地区相一致，均通过了显著性水平检验，但是当期和滞后一期外出非农就业劳动力比例的估计系数均为负，并没有通过显著性检验。从表6-15和表6-16的估计结果可以得出，中部地区和西部地区与东部地区相一致存在差异，非农就业与农户土地流转具有较为显著且稳健正向影响，但这一结论存在就业类型的异质性，即本地非农就业与外出非农就业两者的影响方向相反。

6.5　作用机制分析

基准回归与稳健性检验表明：当前中国农户非农就业程度越高，越倾向于将土地流转出去，这一结论在考虑到就业类型的异质性的情况下依然成立，虽然存在区域的异质性。东部地区农户非农就业水平越高，并不意味着农户越倾向于将土地流转出去，而中部地区和西部地区的农户则与总体样本的结果相一致，即农户非农就业程度与土地转出两者之间存在显著的正向关系。那么，经验证据能否证明两者背后的逻辑？

第 3 章的理论分析已经表明了非农就业影响农户土地转出的背后机制是农户非农就业能力与农业生产能力两者之间的差异：即当农户非农就业能力低于或者等同于从事农业生产的能力，农业生产能力越高的农户越不倾向于将土地流转给他人。这一部分我们将通过实证方式证实上述研究假说。

6.5.1　模型设定

农户非农就业能力与农业生产能力以及两者的差值，我们采用如下方式进行度量：第一，将全国农村固定观察点问卷中"农户家庭生产经营情况"中的"播种面积"与"总收入"按照作物进行加总并计算出土地的亩均边际产出，用以反映农户农业生产能力。第二，与第 5 章相似，仍然依据全国农村固定观察点问卷中"家庭成员的构成及就业情况"中的"外出从业收入"与"外出从业支出"计算非农就业收入与支出的差值，用以反映农户非农就业能力。第三，为了能够对农户非农就业能力与农业生产能力进行比较，我们将农业生产能力与非农就业能力两者做差值（diff），将两者差值大于 0 的农户 diff 取值为 1，意味着农业生产能力强于非农就业能力；小于 0 的农户 diff 取值为 0，意味着农业生产能力弱于非农就业能力。

在实证方法中，本小节依据温忠麟等（2004）在 Baron 和 Kenny（1986）基础上建构的中介效应检验方法进行回归分析。具体如下：

$$\text{landtransfer}_{it} = \alpha_{it} + \beta_1 \text{offfarm}_{it} + \gamma X_{it} + \theta_i + \kappa_t + \varepsilon_{it} \tag{6-3}$$

$$\text{diff}_{it} = \alpha_{it} + \beta_2 \text{offfarm}_{it} + \gamma X_{it} + \theta_i + \kappa_t + \varepsilon_{it} \tag{6-4}$$

$$\text{landtransfer}_{it} = \alpha_{it} + \beta_3 \text{diff}_{it} + \gamma X_{it} + \theta_i + \kappa_t + \varepsilon_{it} \tag{6-5}$$

$$\text{landtransfer}_{it} = \alpha_{it} + \beta_4 \text{diff}_{it} + \beta_5 \text{offfarm}_{it} + \gamma X_{it} + \theta_i + \kappa_t + \varepsilon_{it} \tag{6-6}$$

式（6-3）至式（6-6）中，landtransfer_{it} 表示农户土地是否转出，landtransfer_{it} 取 1 表示土地转出土地，landtransfer_{it} 取 0 表示农户没有转出土地。offfarm_{it}

表示农户非农就业情况，$diff_{it}$ 表示衡量农户农业生产能力与非农就业能力的指标。与第 5 章中介检验的程序一致，通过判断式（6-3）中解释变量 $offfarm_{it}$ 对被解释变量 $landtransfer_{it}$ 影响是否显著，以及判断解释变量 $offfarm_{it}$ 对中介变量 $diff_{it}$、中介变量 $diff_{it}$ 对被解释变量 $landtransfer_{it}$ 影响、中介变量 $diff_{it}$ 加入到解释变量 $offfarm_{it}$ 对被解释变量 $landtransfer_{it}$ 影响的回归中的显著性，如果中介变量 $diff_{it}$ 加入到解释变量 $offfarm_{it}$ 的估计系数都通过了显著性检验，说明存在部分中介效应；如果中介变量 $diff_{it}$ 系数显著，而非农就业变量 $offfarm_{it}$ 系数不显著，表示存在完全中介效应。

6.5.2 实证结果

依据式（6-3）和式（6-6）对中介效应模型进行了估计，估计结果如表 6-17 和表 6-18 所示，估计过程中均采用面板数据固定效应模型。

表 6-17 非农就业对农户土地转出的作用机制检验——基于非农就业时间比例视角

变量	模型（1）因变量 landtransfer	模型（2）因变量 diff	模型（3）因变量 landtransfer	模型（4）因变量 landtransfer	模型（5）因变量 landtransfer	模型（6）因变量 diff	模型（7）因变量 landtransfer	模型（8）因变量 landtransfer
非农就业时间比例	0.136*** (0.008)	-0.444*** (0.010)	—	0.052*** (0.008)	—	—	—	—
本地非农就业时间比例	—	—	—	—	0.073*** (0.011)	-0.161*** (0.013)	—	0.043*** (0.010)
外出非农就业时间比例	—	—	—	—	0.169*** (0.009)	-0.603*** (0.011)	—	0.056*** (0.010)
农业非农能力差异	—	—	-0.203*** (0.006)	-0.189*** (0.007)	—	—	-0.203*** (0.006)	-0.187*** (0.007)
控制变量	已控制	已控制	已控制	已控制	已控制	已控制	已控制	已控制
时间固定效应	已控制	已控制	已控制	已控制	已控制	已控制	已控制	已控制
农户固定效应	已控制	已控制	已控制	已控制	已控制	已控制	已控制	已控制
观测值	14111	14111	14111	14111	14111	14111	14111	14111
R-squared	0.098	0.224	0.146	0.148	0.103	0.286	0.146	0.148

注：括号外的数字为估计系数，括号内的数字为该系数下的标准差；*、**和***分别表示10%、5%和1%的显著性水平。

表 6-18 非农就业对农户土地转出的作用机制检验——基于非农就业劳动力视角

变量	模型（1）因变量 landtransfer	模型（2）因变量 diff	模型（3）因变量 landtransfer	模型（4）因变量 landtransfer	模型（5）因变量 landtransfer	模型（6）因变量 diff	模型（7）因变量 landtransfer	模型（8）因变量 landtransfer
非农就业劳动力比例	0.042***	-0.276***	—	-0.015*	—	—	—	—
	(0.008)	(0.011)		(0.008)				
本地非农就业劳动力比例	—	—	—	—	-0.051***	0.013	—	-0.048***
					(0.009)	(0.011)		(0.008)
外出非农就业劳动力比例	—	—	—	—	0.113***	-0.598***	—	-0.007
					(0.010)	(0.012)		(0.010)
农业非农能力差异	—	—	-0.203***	-0.205***	—	—	-0.203***	-0.201***
			(0.006)	(0.006)			(0.006)	(0.007)
控制变量	已控制	已控制	已控制	已控制	已控制	已控制	已控制	已控制
时间固定效应	已控制	已控制	已控制	已控制	已控制	已控制	已控制	已控制
农户固定效应	已控制	已控制	已控制	已控制	已控制	已控制	已控制	已控制
观测值	14111	14111	14111	14111	14111	14111	14111	14111
R-squared	0.082	0.159	0.146	0.146	0.094	0.261	0.146	0.148

注：括号外的数字为估计系数，括号内的数字为该系数下的标准差；*、**和***分别表示10%、5%和1%的显著性水平。

表 6-17 汇报了与非农就业时间比例为非农就业代理变量的估计结果。表 6-17 中模型（1）至模型（4）考虑的是非农就业时间比例依据农业生产能力与非农就业能力比较优势影响土地转出，分别对应于式（6-2）至式（6-5）。模型（5）至模型（8）考虑到了非农就业的就业类型异质性下的中介效应估计结果。从表 6-16 中结果可以得出，农业生产能力与非农就业能力差异是非农就业影响农户土地转出的作用机制，具体表现在表 6-17 中模型（1）中的非农就业时间比例变量的估计系数为正，且通过了显著性水平检验，表明非农就业程度越高，农户将土地流转给他人的可能性越大。模型（2）是以农业生产能力与非农就业能力差值为因变量的估计结果，非农就业时间比例变量的估计系数为-0.444，通过了显著性水平检验，说明非农就业程度越高，意味着农户非农就业的能力越高，进而缩小农户农业生产能力与非农就业能力二者之间的差值。模型（3）中农业生产能力与非农就业能力差值为-0.203，通过了1%水平下显著性检验，说明农户农业生产能力与非农就业能力的差值越大，农户越不倾向于将土地流转给他人。模型（4）是同时考虑非农就业时间比例和农业生产能力与非农就业能力

的差值情况下的结果，非农就业时间比例的估计系数为 0.052，通过了 1% 水平下显著性水平检验，而农业生产能力与非农就业能力的差值的估计系数小于 0，为 -0.189，通过了 1% 水平下的显著性检验，进一步表明了当农户农业生产能力强于非农就业能力，农户越不倾向于将土地流转给他人。依据中介效应模型的检验方法，表 6-17 中模型（1）至模型（4）证实了农业生产能力与非农就业能力的差值是非农就业影响农户土地转出的中介变量，且存在部分中介。

　　表 6-17 中本地非农就业时间比例和外出非农就业时间比例在模型（5）中估计系数均为正，均通过了 1% 水平下的显著性水平检验，说明本地非农就业时间比例和外出非农就业时间比例越高的农户，越倾向于将土地流转给他人。模型（6）中本地非农就业时间比例和外出非农就业时间比例对农业生产能力与非农就业能力的差值的估计系数均小于 0，分别为 -0.161 和 -0.603，通过了显著性水平检验，表明农户本地非农就业时间比例和外出非农就业时间比例越高，越能够降低农业生产能力与非农就业能力的差值。模型（8）中估计结果本地非农就业时间比例、外出非农就业时间比例估计系数均为正，农业生产能力与非农就业能力差值的估计系数为负，均通过了显著性水平检验。这表明当考虑到非农就业的异质性，农业生产能力与非农就业能力差值仍然是非农就业影响农户土地转出中介变量。

　　表 6-18 汇报了与非农就业劳动力为非农就业代理变量的估计结果。表 6-18 中模型（1）至模型（4）以及模型（5）至模型（8）分别是考虑到农业生产能力与非农就业能力差值情况下非农就业劳动力比例对农户土地转出影响的结果，其中模型（5）至模型（8）考虑到非农就业类型的异质性。从表 6-18 中结果可以得出，即便是考虑到非农就业劳动力的情况下，农业生产能力与非农就业能力差值仍然是非农就业影响农户土地转出的中介变量，具体表现在表 6-18 中模型（1）中非农就业时间比例变量的估计系数分别为 0.042，且通过了显著性水平检验；模型（2）中非农就业时间比例变量为 -0.276。模型（3）中农业生产能力与非农就业能力差值的估计系数小于 0，也通过了显著性水平检验。当把农业生产能力与非农就业能力差值加入模型（4）中，非农就业劳动力比例和农业生产能力与非农就业能力差值的估计系数分别为 -0.015 和 -0.205，均通过了显著性水平检验。模型（5）中本地非农就业劳动力比例的估计系数为 -0.051，外出非农就业劳动力比例的估计系数为 0.113，均通过了 1% 水平下的显著性水平检验，与基准回归的结果相一致。模型（6）中本地非农就业劳动力比例对农业生产能力与非农就业能力差值的估计系数为正，但是没有通过显著性水平检验，而外出非农就业劳动力比例则对农业生产能力与非农就业能力差值具有显著影响，估计系数为 -0.598，说明外出务工劳动力比例增加能够通过提升非农就业能力进而降

表6-19 不同区域非农就业对农户土地转出的作用机制检验——基于非农就业时间比例视角

变量	模型(1) 因变量 landtransfer	模型(2) 因变量 diff	模型(3) 因变量 landtransfer	模型(4) 因变量 landtransfer	模型(5) 因变量 landtransfer	模型(6) 因变量 diff	模型(7) 因变量 landtransfer	模型(8) 因变量 landtransfer	模型(9) 因变量 landtransfer	模型(10) 因变量 diff	模型(11) 因变量 landtransfer	模型(12) 因变量 landtransfer
非农就业时间比例	0.092*** (0.023)	-0.272*** (0.028)	—	0.085*** (0.023)	0.132*** (0.009)	-0.470*** (0.012)	—	0.028*** (0.009)	0.288*** (0.029)	-0.488*** (0.038)	—	0.248*** (0.031)
农业非农能力差异	—	—	-0.042** (0.018)	-0.027 (0.019)	—	—	-0.228*** (0.007)	-0.220*** (0.007)		—	-0.152*** (0.023)	-0.083*** (0.024)
控制变量	已控制	已控制	已控制	已控制	已控制	已控制	已控制	已控制	已控制	已控制	已控制	已控制
时间固定效应	已控制	已控制	已控制	已控制	已控制	已控制	已控制	已控制	已控制	已控制	已控制	已控制
农户固定效应	已控制	已控制	已控制	已控制	已控制	已控制	已控制	已控制	已控制	已控制	已控制	已控制
区域	东部	东部	东部	东部	中部	中部	中部	中部	西部	西部	西部	西部
观测值	1914	1914	1914	1914	11108	11108	11108	11108	1089	1089	1089	1089
R-squared	0.122	0.198	0.117	0.123	0.103	0.226	0.171	0.172	0.290	0.311	0.257	0.299

注：括号外的数字为估计系数，括号内的数字为该系数下的标准差；*、**和***分别表示10%、5%和1%的显著性水平。

表6-20 不同区域非农就业对农户土地转出的作用机制检验——基于非农就业劳动力比例视角

变量	模型(1) 因变量 landtransfer	模型(2) 因变量 diff	模型(3) 因变量 landtransfer	模型(4) 因变量 landtransfer	模型(5) 因变量 landtransfer	模型(6) 因变量 diff	模型(7) 因变量 landtransfer	模型(8) 因变量 landtransfer	模型(9) 因变量 landtransfer	模型(10) 因变量 diff	模型(11) 因变量 landtransfer	模型(12) 因变量 landtransfer
非农就业劳动力比例	0.022 (0.022)	-0.141*** (0.028)	—	0.016 (0.022)	0.040*** (0.009)	-0.292*** (0.012)	—	-0.028*** (0.009)	0.143*** (0.029)	-0.350*** (0.038)	—	0.098*** (0.030)
农业非农能力差异	—	—	-0.042** (0.018)	-0.040** (0.018)	—	—	-0.228*** (0.007)	-0.233*** (0.007)	—	—	-0.152*** (0.023)	-0.131*** (0.024)
控制变量	已控制	已控制	已控制	已控制	已控制	已控制	已控制	已控制	已控制	已控制	已控制	已控制
时间固定效应	已控制	已控制	已控制	已控制	已控制	已控制	已控制	已控制	已控制	已控制	已控制	已控制
农户固定效应	已控制	已控制	已控制	已控制	已控制	已控制	已控制	已控制	已控制	已控制	已控制	已控制
区域	东部	东部	东部	东部	中部	中部	中部	中部	西部	西部	西部	西部
观测值	1914	1914	1914	1914	11108	11108	11108	11108	1089	1089	1089	1089
R-squared	0.115	0.170	0.117	0.117	0.088	0.153	0.171	0.172	0.243	0.263	0.257	0.265

注：括号外的数字为估计系数，括号内的数字为该系数下的标准差；*、**和***分别表示10%、5%和1%的显著性水平。

低农业生产能力与非农就业能力二者的差值。模型（8）中估计结果本地非农就业劳动力比例、外出非农就业劳动力比例和农业生产能力与非农就业能力差值的估计系数分别为 −0.048、−0.007 和 −0.201，只有本地非农就业劳动力比例和农业生产能力与非农就业能力差值通过了显著性水平检验。依据中介效应模型的检验方法，表 6-18 中证实了即使考虑到非农就业类型异质性，农业生产能力与非农就业能力的差值是非农就业影响农户土地转出的中介变量。进一步，表 6-19 和表 6-20 报告了考虑到非农就业的区域异质性的结果。表 6-19 中模型（1）至模型（12）分别汇报了东部、中部和西部地区的估计结果。表 6-19 和表 6-20 的估计结果与表 6-17 的估计结果基本一致，即农业生产能力与非农就业能力的差值的估计系数均为负，且通过了显著性水平检验，说明即使考虑到非农就业区域异质性，农业生产能力与非农就业能力的差值仍然是非农就业影响农户土地转出的中介变量。因此，依据表 6-17 和表 6-18 的估计结果，证实了研究假说 3，即农户非农就业能力低于或者等同于从事农业生产的能力，农业生产能力越高的农户越不倾向于将土地流转给他人。

6.6　本章小结

本章基于全国农村固定观察点 2004~2015 年 9 个省份农户面板数据，在纠正了以往研究关于全国农村固定观察点数据使用偏误的基础上，重点考虑农户非农就业与农户土地资源配置中"谁来种"中的土地转出两者之间关系。并从农户农业生产能力与非农就业能力的角度探究了非农就业与土地转出的作用机制。之所以只考虑土地转出，而没有考虑土地转入，主要原因是全国农村固定观察点中转入土地的农户样本较少。研究结果表明：

第一，非农就业对于农户土地转出具有显著的影响，具体表现非农就业程度越高的农户，农户越倾向于实现将土地流转给他人。在基准回归中，无论是面板数据固定效应模型、Bootstrap-xtlogit 模型，还是考虑滞后项和二阶段最小二乘估计法的结果均表明，非农就业与农户土地转出两者之间呈现显著且较为稳健正向关系。

第二，非农就业与农户土地转出不仅存在就业类型的异质性，也存在区域的异质性。其中，非农就业时间比例对农户土地转出具有显著且稳健的正向影响，即使考虑到非农就业的类型异质性，这一结论仍成立；而非农就业劳动力比例促进农户土地转出的结论并不稳健，本地非农就业劳动力越多的农户越不倾向于将土地流转给他人，而外出非农就业劳动力越多的农户则更倾向于将土地流转出去。东部地区非农就业与农户土地转出两者之间并没有出现显著且稳健的估计结果，此外本地非农就业与外出非农就业对农户土地转出也存在差异。中部地区和西部地区非农就业与农户土地转出的结果与基准回归相一致，即非农就业与农户土地转出具有显著且较为稳健的正向影响。

第三，农户农业生产能力与非农就业能力的差异是农户非农就业与土地转出两者背后的作用机制，即农户非农就业能力低于或者等同于从事农业生产的能力，农业生产能力越高的农户越不倾向于将土地流转给他人。考虑到区域的异质性，这一结论在不同区域之间依然成立，因此，假说 3 予以证实。

第7章 土地资源配置与
农户全要素生产率

7.1 引言

实现小农户与现代农业发展的有机衔接的重要标志是依托现代农业的发展实现农户农业全要素生产率（Total Factor Productivity）的提升。农业全要素生产率的探讨，已经成为学术界和政策层面判断一个国家或一个地区农业经济发展质量的重要衡量指标（McMillan，1989；Gautam 和 Yu，2015）。2018 年 3 月，习近平总书记在参加十三届全国人大一次会议山东代表团审议中明确指出，要提高农业创新力、竞争力、全要素生产率，提高农业质量、效益、整体素质。全要素生产率作为中国经济增长的重要驱动力，越是在较高经济发展阶段，越是需要依靠提升全要素生产率的形式实现经济增长。作为中国农业生产经营主体的重要主体，如何提升农户的全要素生产率显得尤为重要。值得注意的是，当前中国农业全要素生产率呈现增速放缓的趋势（Gong，2018），不同农户之间的全要素生产率也存在较大差异（许庆，2013）。那么，农户与农户之间农业全要素生产率产生差异的原因是什么？一般来说，提升农户全要素生产率通常具有以下两条路径，一条路径是技术进步，另一条路径是提升要素的配置效率。现有研究在针对这一问题进行了有益的解释，农户与农户之间技术进步率的差异较小，导致全要素生产率存在差异的原因是农户的要素配置效率存在差异（许庆，2013）。李谷成等（2007）通过对湖北省微观农户面板数据，研究结论也表明农户的要素配置效率与全要素生产率两者呈现正向关系。Key 等（2008）通过对美国生猪行业全要素生产率分解发现，配置效率是影响全要素生产率的重要因素。Deininger 等（2014）基于中国河北、陕西、辽宁、浙江、四川和湖北 6 省份微观农户数据研究发现，要素配置趋于合理化有助于实现农户生产率水平的提升。农户在农业生产过程中的要素配置是一个联动的过程，是多要素联合配置的行为（杜鑫，

2013)。土地要素作为农户农业生产中最为重要的生产资料，农业生产中农户要考虑到的是如何实现与自身经营面积相匹配的劳动力和资本投入。换句话说，农户要素配置合理性的落脚点是土地要素的配置。朱喜等（2011）认为，消除农户全要素生产率的扭曲的关键因素是土地要素，如果农户拥有更多的土地，就可以在一定程度上更好地实现规模经营，资本和劳动的配置效率都将得到改善。因此，提升农户全要素生产率的关键因素是如何实现土地要素的合理配置。

当前中国农户呈现不断分化的态势，具体表现为非农户的比例不断增长、纯农户比例不断缩小，兼业农户是农户的主流类型（张琛等，2019）。由于农业生产的比较效益低下，许多农户家庭青壮年劳动力选择进城打工，选择放弃对土地的精耕细作，随之而来的是土地资源该如何配置的问题？当前，农户对土地的配置大体上有以下三种情况：第一，土地"种不种"的问题，具体表现为农户将土地撂荒；第二，土地"种什么"的问题，具体表现为农户种植何种作物；第三，土地"谁来种"的问题，即土地种植的经营主体是农户还是其他经营主体（如新型农业经营主体、新型服务主体）。根据 Hsieh 和 Klenow（2009）的研究，在资源得到最有效配置的状态下，不同资源的边际产出应该是相等的，如果出现各种资源边际产出不一致的情况，则说明存在资源错配。土地"种不种""种什么""给谁种"三种土地资源配置的情形，只有当土地要素实现在各种情形下的边际产出相等的情况，从宏观角度看是最优资源配置的，如果土地边际产出在不同情形下存在差异，则意味着农户土地要素存在"错配"（Misallocation）。按照 Hsieh 和 Klenow（2009）的思路，本章将土地要素边际产出价值的离散程度作为衡量土地资源配置效率的指标。那么，如果解决了上述农户三种土地资源配置的错配，能够实现农户"加总"全要素生产率多大幅度的提升？针对不同农户土地资源配置的情形，政策层面又该如何制定出针对性的对策？

在现有研究中，关于土地资源配置与农业全要素生产率两者之间的关系得到了国内外学者的广泛关注。例如，Adamopoulos 和 Restuccia（2014）基于菲律宾的微观农户数据，研究发现土地要素的配置不当阻碍了农业全要素生产率的提升，如果能够消除要素扭曲能够实现菲律宾农业全要素生产率增加17%。Chen（2017）通过建立两部门一般均衡模型采用跨国数据探究土地配置对农业生产率的影响，研究结果发现如果土地配置不当得到有效解决，就能够提升42%的农业生产率。Restuccia 和 Santaeulalia-Llopis（2017）、Ayerst 等（2018）分别对马拉维和越南的农户研究发现，如果能够实现土地要素的配置合理，马拉维和越南农业"加总"生产率将会增加2.6倍和68%~80%。针对中国土地资源配置与农户全要素生产率的研究中，陈训波（2012）基于2004~2010年中国省级面板数据对农业的资源配置扭曲情况进行分析，研究发现消除要素扭曲能够实现农业全要素生产率增加 6%~36%。Adamopoulos 等（2017）基于 1993~2002 年全国农村固定观察点的数据，研究发现土地要素扭曲的消除，能够实现农业全要素生产率增加 40%~120%。盖庆恩等（2017）基于 2004~2013 年全国农村固定观察点的数据研究发现，如果土地要素能够得到有效配置，就能够实现农业部门的全要素生产率提高 1.36 倍。Han 等（2018）基于 CFPS2012 的数据研究发现，如果土地要素得到再配置，就能够实现农业产出水平的增加 26%~151%。

但现有研究针对中国土地资源配置与农户全要素生产率的研究仍存在以下几个方面需要深入探讨的问题：一是现有研究只是从土地流转的角度探究农户土地资源的合理配置对农户"加总"全要素生产率的影响程度，忽略了农户土地资源配置中的前两种情形，即"种不种"和"种什么"的问题。二是现有研究从土地流转的视角探究中国农户土地资源配置与全要素生产率也缺乏对农户异质性的探讨，即忽略了不同规模的农户土地资源配置对"加总"农业全要素生产率的影响。三是现有研究中的数据使用可能存在偏误，进而造成估计结果的有偏性。例如盖庆恩等（2017）和 Adamopoulos 等（2017）采用全国农村固定观察点微观农户面板数据，忽略了全国农村固定观察点面板数据衔接存在的问题，估计结果可能存在"有偏性"。针对已有研究的不足，本章拟采用如下方式尝试解决已有研究的不足：一是借鉴 Hsieh 和 Klenow（2009）提出的资源错配分析框架，分别从土地"种不种""种什么""给谁种"三种配置情形探究农户土地资源错配对"加总"全要素生产率的影响，并进一步将种地农户进行规模划分，弥补已有研究的不足。二是采用 2004~2015 年全国农村固定观察点 9 个省份农户面板数据，采用期初土地面积、期末土地面积、土地块数和房屋面积四个指标作为衔接全国农村固定观察点面板数据的指标，在解决已有研究关于全国农村固定观察点数据使用偏误的基础上，以期能够降低全国农村固定观察点面板数据衔接偏误的问题。

7.2　研究设计

本章采用的是全国农村固定观察点微观农户面板数据，重点探究土地资源得到有效配置对农户"加总"全要素生产率提升的效果，并进一步探究不同情况下的土地资源配置对农户"加总"全要素生产率的影响效果。全国农村固定观察点问卷中在"第二部分土地情况"调查了农户土地流转的情况。因此，这里我们重点探讨农户土地资源配置的第三种情况，即选择种地的农户"谁来种"的问题。

7.2.1 模型构建

本章借鉴 Restuccia 和 Santaeulalia-Llopis（2017）、Adamopoulos 等（2017）和 Chen（2018）的农户生产分析框架。假定不同农户的农业生产能力为 s_i，采用 Lucas Jr（1978）提出的价值增值生产函数模型，该模型认为农业生产率较高的农民可获得的生产技术是可变投入表现为规模收益递减。

$$y_i = (A_\alpha s_i)^{1-\gamma} [L_i^\alpha K_i^{1-\alpha}]^\gamma \tag{7-1}$$

其中，y_i 表示价值增值，L_i 表示土地，K_i 表示资本，α 表示土地在农业生产的相对重要程度。需要说明的是，式（7-1）的生产函数虽然不同于常见的农业生产函数，但本质仍是 C-D 生产函数。按照 Restuccia 和 Santaeulalia-Llopis（2017）、Adamopoulos 等（2017）和 Chen 等（2017）的研究，本章将因变量价值增值、土地和资本按照农业生产劳动投入天数进行标准化。γ 是控制农场规模报酬的参数，主要反映农场的规模报酬。$1-\gamma$ 表示劳动收入份额，$\alpha\gamma$ 和 $(1-\alpha)\gamma$ 分别表示土地收入份额和资本收入份额。社会计划者的目标是实现加总产出水平最大化。

7.2.2 数据来源及描述性统计

本章的研究数据来自 2004~2015 年全国农村固定观察点 9 个省份农户的面板数据，这 9 个省份分别是吉林、黑龙江、江苏、浙江、安徽、山东、河南、四川和贵州。选取上述 9 个省份作为本章研究对象，主要原因有以下两方面：第一，从经济发展水平来看，这 9 个省份基本反映了农业经济发展高、中、低不同层级；第二，从区域分布来看，这 9 个省份涵盖了中国东部、中部、西部和东北四大区域。因此，本章的研究样本具有较强的代表性。

已有研究关于全国农村固定观察点数据的使用，普遍存在数据使用偏误问题，即面板数据并没有实现有效衔接，因此估计结果会存在有偏性。虽然已有研究都是按照特定省码、村码和户码生成特定农户编码的方式构建面板数据，但是同一个农户编码并不能反映同一个农户的特征（朱喜等，2011；Zhang 等，2014；张琛等，2019；张云华等，2019）。产生这一偏误可能是由以下三个方面的原因所造成的：一是可能由于调查员在不同年份的录入过程中出现了张冠李戴；二是可能由于数据系统输出问题；三是可能是部分省份因县码重复导致生成的农户编码出现重复。针对全国农村固定观察点数据可能存在的问题，本章通过以下方法对数据进行筛选：第一，根据农户的编码从总体样本中筛选上述 9 个省份的平衡面板数据。第二，采用期初土地面积、期末土地面积、土地块数和房屋面积四个方式来判断农户面板数据的衔接情况，主要原因如下：同一农户的本期期初（末）土地面积应该与上一期末（初）土地面积数量不具有较大的差异；虽然农村家庭可能存在分家的情况，但全国农村固定观察点调查系统会调查拆分后的农户家庭，因此相邻年份农户家庭的房屋面积应该不具有很大差距；虽然农村内部存在土地调整的情况，但一般情况下村庄内部的农村土地调整次数不会太频繁，相邻年份农户拥有的土地块数应该不会具有太大差异。具体来看，本章在 Zhang 等（2014）、张琛等（2019）和张云华等（2019）研究的基础上，分别生成农户本期期初土地面积与上一期期末土地面积的差值 α_1、本期期末土地面积与上一期期初土地面积的差值 α_2、本期土地块数和上期土地块数的差值 α_3 以及本期房屋面积与上一期房屋面积的差值 α_4，生成欧几里得度量值 $\alpha = \sqrt{\alpha_1^2 + \alpha_2^2 + \alpha_3^2 + \alpha_4^2}$，剔除 α 大于 0 的样本。最终本章研究的样本为非平衡面板，

7.3　基准回归

7.3.1　参数校准

考虑到本章的研究对象为农户"加总"全要素生产率，因此农户农业生产的作物类型涵盖全国农村固定观察点的所有种植类作物，即将粮食作物、经济作物和园地作物进行加总。按照式（7-1），本章首先计算全国农村固定观察点 2004~2015 年 9 个省份农户农业生产过程中的单位劳动力的价值增值情况，即单位劳动力的农户农业生产增加值。其中，农户农业生产的增加值计算方式为农业总收入与中间投入品的差值。农业总收入指的是农户各种农作物的销售量与其销售价格的乘积。中间投入品包括化肥、农膜、农药、柴油等，即将农户各种作物生产过程中所投入的中间投入品金额加总。本章采用永续盘存法测算农户资本存量。

$$K_t = (1-\delta)K_{t-1} + I_t \tag{7-2}$$

其中，δ 为固定资产折旧率。按照孔祥智等（2018）对农业资本测算折旧率的设定，取 5.3%。选取全国农村固定观察点问卷中第七部分"家庭全年收支情况"中的"购置生产性固定资产支出"作为永续盘存法中农户每一年的生产性固定资产投资额。农户每工时价值增值、资本存量以及土地经营面积的测算结果如表 7-1 所示：

表 7-1 报告农户单位劳动力的价值增值、单位劳动力的资本存量投入额以及单位劳动力的土地经营面积的结果。从产出角度来看，2004~2015 年，样本农户的

每工时价值增值在增加，由 2004 年的 50.433 元/日增加到 2015 年的 61.045 元/日。从投入角度来看，土地要素投入基本不变，稳定在 0.07~0.09 亩/日；资本要素投入与产出要素具有相似的趋势，从 2004 年的 42.767 元/日增加到 2015 年的 75.006 元/日，说明当前中国农户单位劳动力的资本存量不断增长，也意味着农户的资本有机构成比例不断上升，与孔祥智等（2018）的测算结论相一致。

表 7-1 农户每工时产出及要素投入情况　　　　单位：元/月

年份	劳均价值增值	劳均资本投入	劳均土地经营面积
2004	50.433	42.767	0.074
2005	51.393	45.631	0.074
2006	52.950	46.980	0.080
2007	52.965	48.404	0.085
2008	53.038	50.039	0.075
2009	54.537	50.315	0.085
2010	54.441	52.379	0.083
2011	55.212	55.066	0.099
2012	56.229	62.439	0.083
2013	58.408	65.934	0.077
2014	59.923	72.394	0.079
2015	61.045	75.006	0.078

资料来源：数据由笔者计算所得。

为了测度农户土地资源错配与"加总"全要素生产率的影响程度。依据理论分析，需要得知劳动力、土地和资本三种要素的收入份额，即 α 和 γ。在已有研究中，少数学者如伍山林（2016）和盖庆恩等（2017）均采用生产函数估计的方式对不同要素的收入份额予以测度。而大多数学者如 Lagakos 和 Waugh（2013）、Adamopoulos 等（2017）和 Chen 等（2017）则是借鉴了 Valentinyi 和 Herrendorf（2008）的研究，将劳动力、土地和资本三种要素的收入份额分别设定为 0.46、0.36 和 0.18。其中，Valentinyi 和 Herrendorf（2008）认为，价值增值生产函数土地与资本的收入份额之和为 0.54，而劳动的收入份额为 0.46。本章研究以 Lagakos 和 Waugh（2013）、Adamopoulos 等（2017）和 Chen 等（2017）提出的要素份额作为校准的基础，并对不同学者提出的要素份额进行稳健性检验。

确定了校准参数后，可以得出土地要素扭曲程度的核密度曲线分布情况如图 7-1 所示：

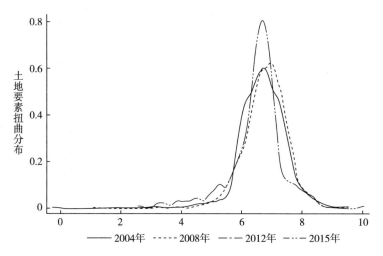

图 7-1 农户土地要素扭曲核密度分布情况

由图 7-1 可知，农户土地要素扭曲核密度分布符合正态分布，土地要素的边际产出的离散程度呈现不断增加的趋势，从 2004 年的 0.768 增加到 2015 年的 0.891，说明当前农户土地要素配置的扭曲程度在不断增加。进一步地，图 7-2 报告了全要素生产率离散程度与农户全要素生产率的分布情况。

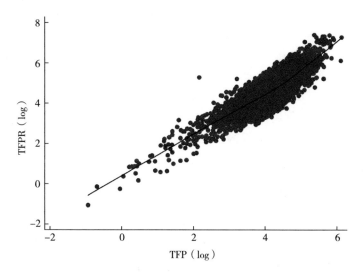

图 7-2 农户全要素生产率离散程度与全要素生产率分布情况

由图 7-2 可知，全要素生产率离散程度（logTFPR）与农户全要素生产率（logTFP）两者之间呈现正向相关关系，两者的相关系数从 2004 年的 0.828 增加到 2015 年的 0.911，均通过了 1% 水平下的显著性检验。这表明当前全要素生产率离散程度越高的农户，农业生产中面临着越高的要素扭曲程度。因此，土地要素的合理配置能够实现农户"加总"全要素生产率水平的提升。本章将农户价值增值生产函数中的各变量进行加总，测度如果农户土地要素得到有效配置，能够实现农户"加总"全要素生产率提升幅度。具体测算公式如下：

$$E = Y_A / Y - 1 \tag{7-3}$$

其中，Y_A 表示实现有效土地要素有效配置下的产出，Y 表示农户实际产出。按照 Lagakos 和 Waugh（2013）、Adamopoulos 等（2017）、Chen 等（2017）和 Restuccia 和 Santaeulalia-Llopis（2017）的研究，E 表示农户全要素生产率提升幅度。根据式（7-3），本章计算了基准回归下的效率提升，计算结果如表 7-2 所示：

表 7-2　不同年份农户全要素生产率效率改进幅度

年份	2004	2005	2006	2007	2008	2009	2010	2011	2012	2013	2014	2015	平均
E	0.28	0.24	0.32	0.34	0.26	0.18	0.18	0.25	0.23	0.17	0.16	0.15	0.226

资料来源：数据由笔者计算所得。

由表 7-2 可知，如果能够实现土地要素配置的扭曲消除，能够实现农户全要素生产率提升 22.6%，这一结论低于盖庆恩等（2017）的研究结论，假说 4 得以验证。分年份来看，农户全要素生产率提升幅度呈逐年下降的趋势，具体表现为从 2004 年的 28% 逐步下降到 2015 年的 15%。得益于党和政府的各项惠农强农政策，尤其是农业社会化服务的大力开展，使农户要素的配置日趋合理。近年来，土地要素对农户全要素生产率的效率改进效果不断降低，主要原因是城镇化进程的加快导致农户出现分化，表现为非农户的比例快速上升和纯农户比例不断下降（张琛等，2019），劳动力要素因价格变动，逐步成为影响全要素生产率的重要因素。

7.3.2　不同情况下土地资源配置的提升效果

基准校准模型的估计结果表明，如果农户土地要素错配得到消除，能够实现农户全要素生产率提升 22.6%。当前农户土地资源配置存在以下三种情况，即土地"种不种"、土地"种什么"和土地"谁来种"。在基准校准模型的基础上，分别测算三种情况下农户"加总"全要素生产率的提升情况。

7.3.2.1 土地资源情况一：土地"种不种"

农户土地资源配置可以选择"种地"或者"不种地"两种选择，判断的标准是农户承包经营的土地是否撂荒或者是否退出。鉴于全国农村固定观察点问卷中在"第二部分土地部分"调查了农户土地种植情况，并没有涉及农户土地退出的指标，本章以农户土地经营面积为 0 作为判断农户土地"种不种"的标准，根据式（7-3）的测算结果如表 7-3 所示：

表 7-3　种地农户"加总"全要素生产率改进情况

类别	平均值	标准差	中位数	90%分位点/10%分位点
种地	0.231	0.226	0.242	2.037
基准	0.226	0.061	0.234	2.198

资料来源：数据由笔者计算所得。

由表 7-3 可知，种地农户"加总"全要素生产率改进程度的平均值和中位数分别为 23.1% 和 24.2%，高于基准结果 22.6% 和 23.4%。从 90% 分位点与 10% 分位点的比值来看，种地农户低于基准结果（2.198）。这表明，如果能够实现将农户闲置的承包地加以盘活利用，能够实现农户"加总"全要素生产率额外增加 0.5 个百分点，最终实现"加总"全要素生产率增加 23.1%，假说 4a 得以验证。

7.3.2.2 土地资源情况二：土地"种什么"

农户土地资源配置的第二种情况是农户选择种植何种农作物。本章将农户种植类型按照要素投入划分为土地密集型农作物和劳动密集型农作物。其中，土地密集型农作物如小麦、水稻、玉米等，而劳动密集型农作物如蔬菜、水果等。本章首先将全国农村固定观察点农户所有种植作物的播种面积进行加总得到总播种面积，再将土地密集型农作物播种面积占总播种面积的比例大于 50% 的农户定义为以土地密集型农作物生产为主的农户，反之则是以劳动密集型农作物生产为主的农户。根据式（7-3），土地密集型农户与劳动密集型农户对"加总"全要素生产率的提升幅度如表 7-4 所示：

表 7-4　土地密集型与劳动密集型农户"加总"全要素生产率改进情况

类别	平均值	标准差	中位数	90%分位点/10%分位点
土地密集型农户	0.245	0.059	0.254	2.002
劳动密集型农户	0.206	0.058	0.179	2.334

资料来源：数据由笔者计算所得。

由表 7-4 可知, 土地密集型农户 "加总" 全要素生产率改进程度的平均值和中位数分别为 24.5% 和 25.4%, 高于劳动密集型农户 "加总" 全要素生产率改进程度的平均值 (20.6%) 和中位数 (17.9%)。从 90% 分位点与 10% 分位点的比值来看, 土地密集型农户低于劳动密集型农户。当前小农户在种植结构选择中种植土地密集型农作物相对于种植劳动密集型农作物能够实现农户 "加总" 全要素生产率额外增加 3.9 个百分点, 最终实现 "加总" 全要素生产率增加 24.5%, 假说 4b 得以验证。种植土地密集型农作物对农户 "加总" 全要素生产率的提升效果高于劳动密集型农作物的提升效果, 主要原因有以下两个方面: 一方面, 土地密集型农作物的机械化水平高于劳动密集型农作物的机械化水平, 具有较低的技术进入 "门槛"。当前, 土地密集型农作物如小麦、玉米、水稻的综合机械化率远高于劳动密集型农作物 (如水果、蔬菜) 的综合机械化率 (路玉彬和孔祥智, 2018), 且土地密集型农作物的农业机械服务价格远低于劳动密集型农作物的机械服务价格, 尤其是当前农户非农就业程度的日益加深, 小农户更倾向于选择机械化率较高、具有较低技术进入 "门槛" 的土地密集型农作物生产。农业机械化程度越高意味着农业生产中技术投入增加, 进而实现全要素生产率水平的提升。另一方面, 土地密集型农作物相比于劳动密集型农作物具有更高的抵御风险的能力。劳动密集型农作物更加容易受到市场风险和自然风险的影响, 如大蒜产业出现的由 "蒜你狠" 变为 "蒜你惨", 市场风险会影响劳动密集型农作物的产出进而会影响全要素生产率。

7.3.2.3　土地资源情况三: 土地 "谁来种"

农户土地资源配置的第三种情况是土地 "谁来种"。换句话说, 是农户经营多大规模的土地对 "加总" 全要素生产率的提升幅度最大。本章将农户经营规模按照样本农户经营规模的数值分布划分为 5 亩以下、5~10 亩和 10 亩以上三类。根据式 (7-3), 不同经营规模对农户 "加总" 全要素生产率的提升幅度如表 7-5 所示:

表 7-5　不同经营规模对农户 "加总" 全要素生产率改进情况

	平均值	标准差	中位数	90%分位点/10%分位点
5 亩以下	0.211	0.060	0.181	2.329
5~10 亩	0.254	0.055	0.254	1.900
10 亩以上	0.229	0.060	0.234	2.193

资料来源: 数据由笔者计算所得。

由表 7-5 可知, 经营土地面积为 5~10 亩的农户 "加总" 全要素生产率改进程度的平均值和中位数分别为 25.4% 和 25.4%, 高于经营土地面积为 5 亩以下和

10 亩以上的农户"加总"全要素生产率改进程度的平均值和中位数。从 90% 分位点与 10% 分位点的比值来看，经营土地面积为 5~10 亩的农户也远低于经营土地面积为 5 亩以下和 10 亩以上的农户。当前小农户经营规模为 5~10 亩能实现农户"加总"全要素生产率额外增加 2.8 个百分点（以基准结果为参照），经营规模在 10 亩以上的农户能够实现农户"加总"全要素生产率额外增加 0.3 个百分点，而经营土地面积在 5 亩以下的农户相比于基准结果使全要素生产率下降了 1.5 个百分点。因此，农户经营规模与"加总"全要素生产率两者之间呈现倒"U"形的关系，拐点为 5~10 亩。农户经营土地规模较小，难以充分发挥土地规模效应，而农户经营土地面积过大，由于自身资本、技术等约束，难以实现有效管理，因此小农户的经营规模与全要素生产率的关系并不是越大越好，而是呈现经营规模与生产率两者倒"U"形关系，这一结论与许多学者的研究结果相一致（Savastano 和 Scandizzo，2017；Sheng 等，2019），假说 4c 得以验证。

7.4　稳健性检验

在基准回归中，本章将参数校准中的劳动收入份额设定为 0.46、土地和资本收入份额分别设定为 0.36 和 0.18，研究结果表明如果能够消除土地要素配置的扭曲，能够实现农户"加总"全要素生产率提升 22.6%。三种情况下，将闲置土地资源有效盘活能够实现"加总"全要素生产率额外增加 0.5 个百分点、种植土地密集型农作物能够实现"加总"全要素生产率额外增加 3.9 个百分点、经营规模在 5~10 亩的农户能够实现农户"加总"全要素生产率额外增加 2.8 个百分点。那么，这一结论在其他参数校准下是否一致？

本章分别将土地、劳动和资本份额按照 Cheremukhin 等（2015）、伍山林（2016）的设定值进行稳健性检验。Cheremukhin 等将土地、劳动和资本的收入份额设定为 0.31、0.55 和 0.14。伍山林则将上述三种要素的收入份额设定为 0.26、0.45 和 0.29。需要说明的是，宋铮（2006）、潘珊等（2017）将农业部门的劳动收入份额定义为 0.8，白重恩和钱震接（2009）测算出农业部门的劳动收入份额为 0.85，本章并没有采用上述结果，原因是上述研究只设定了劳动力单一要素的份额，无法对土地和资本要素予以设定，因此本章并没有采用上述参数校准。

进一步地，图 7-3 报告了 Cheremukhin 等和伍山林设定的参数校准下的全要素生产率离散程度与农户全要素生产率的分布情况。图 7-3（a）是 Cheremukhin 等的结果，图 7-3（b）是伍山林的结果。由图 7-3 可知，全要素生产率离散程度（logTFPR）与农户全要素生产率（logTFP）两者之间呈现显著的正向相关关系，两者的相关系数均通过了1%水平下的显著性检验。这表明，农户生产率越高的农户在农业生产中要素错配程度也越大，与基准研究的结论相一致。

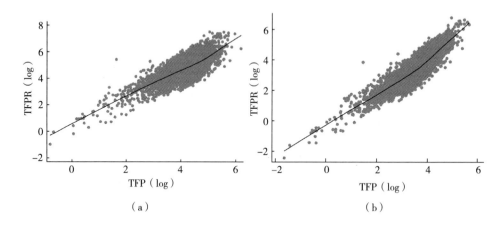

图7-3　不同参数校准下全要素生产率离散程度与全要素生产率分布情况

以 Cheremukhin 等和伍山林提出的参数为基准，本章的校准结果如表7-6所示：

表7-6　不同参数校准下农户"加总"全要素生产率改进情况

	Cheremukhin 等	伍山林
平均结果	0.075	0.384
种地	0.079	0.394
土地密集型	0.089	0.421
劳动密集型	0.061	0.345
5 亩以下	0.064	0.352
5~10 亩	0.095	0.444
10 亩以上	0.076	0.393

资料来源：数据由笔者计算所得。

由表7-6可知，采用 Cheremukhin 等和伍山林设定的参数校准后的结果表明，农户土地要素错配是存在的，对"加总"全要素生产率的影响程度依然与基准结果相一致：如果能够消除土地要素配置的扭曲，能够实现农户"加总"全要素生产率得到提升。三种情况下，将闲置土地资源有效盘活、种植土地密集型农作物以及经营规模在 5~10 亩的农户均能够实现农户"加总"全要素生产率额外增加。只是不同参数校准下的提升效果存在差异，依据伍山林的参数设定校准后的结果普遍高于基准结果，而依据 Cheremukhin 等的参数设定校准后的结果普遍低于基准结果。

7.5　本章小结

如何衡量实现小农户与现代农业发展有机衔接的质量，关键抓手是农户的全要素生产率。土地要素作为最基础的变量，当前农户土地资源配置是否存在扭曲，如果消除扭曲能实现全要素生产率多大水平的跃升。基于此，本章以 Hsieh 和 Klenow（2009）提出的资源错配分析框架为出发点，在纠正了以往研究中关于全国农村固定观察点数据使用偏误的基础上采用 2004~2015 年全国农村固定观察点 9 个省份农户的面板数据进行分析。以土地要素边际产出价值的离散程度作为衡量土地资源配置效率的指标表明，当前中国农户资源配置中存在土地要素配置扭曲的状况。本章将农户土地资源配置分为"种不种""种什么""谁来种"三种情况，采用不同参数校准的方式进行稳健性检验，分析了三种不同情况下的农户土地资源得到有效配置对"加总"全要素生产率的影响。

研究结论表明：第一，全要素生产率水平越高的农户面临的要素扭曲程度越高，基于不同参数校准下的稳健性检验结果也证实了这一点。第二，当前中国农户土地要素存在配置扭曲，如果能够消除土地要素的配置扭曲，能够实现农户"加总"全要素生产率提升 22.6%，稳健性检验的结果也证实了这一点，对"加总"全要素生产率提升最高可达 38.4%，最低为 7.5%。第三，将不种地农户的闲置土地资源有效盘活、种植土地密集型农作物能够分别实现"加总"全要素生产率额外增加 0.5 个和 3.9 个百分点、经营规模在 5~10 亩能实现农户"加总"全要素生产率额外增加幅度最高（2.8 个百分点），且这一结论在不同参数校准下的结果相一致。第四，基于宏观加总分析的视角，小农户土地经营规模的最优区间为 5~10 亩，且这一结论在不同参数校准下的结果相一致，即假说 4、假说 4a、假说 4b 和假说 4c 均得以验证。

基于上述结论，在农业农村发展进入新形势下，解决小农户与现代农业发展有机衔接的困境的出发点和落脚点可以从解决小农户要素配置的角度出发，尤其是解决农业发展最基础变量土地要素配置扭曲。

本章的研究结论有以下政策启示：第一，盘活农户土地闲置资源，为进城农民提供保障。实证结果表明如果能够盘活农户闲置的土地要素，能够实现"加总"全要素生产率的提升。当前越来越多的农户选择"离土离乡"，需要加强对"离土离乡"农户的土地要素处置，实现资源的有效配置。第二，加大对土地密集型农户的扶持力度。农户从事土地密集型农作物生产对"加总"全要素生产率具有较高的促进效用，一方面得益于土地密集型农作物自身抗风险的特性，另一方面也得益于现代农业发展带来的技术革新。因此，需要加大对土地密集型农户的扶持力度。第三，小农户经营规模并不是越大越好，5～10 亩是最优区间。适度规模经营不仅适用于新型农业经营主体，也同样适用于小农户。小农户作为中国农业生产经营主体的重要组成部分，并没有在农业发展中而被抛弃，将长期存在。因此，需要加强对小农户土地流转的有序引导，对从事较大规模生产的小农户予以技术等方面的扶持，以实现农户经营规模增加与自身经营能力的动态匹配。

第8章 农户土地规模化经营的实践经验

前文证实了非农就业通过对农户土地资源配置产生影响，进而影响农户全要素生产率，土地资源得到有效配置能够实现农户"加总"全要素生产率提升22.6%。需要注意的是，实证结果中一个暗含的假定是农户技术不变。然而，任何实证结果的得出都离不开经济模型的经典假设，本书的实证结果就暗含了农户技术不变的假设。但是，在实践中，随着中国农业发展迈入新阶段，新技术在农业中的应用越来越广泛。考虑到实证结果的理论限制，本章放松了实证模型中技术不变的假设，拟通过案例研究的方式，着重对"谁来种"这一现实意义较强的问题进行案例分析。

8.1 引言

城镇化进程的加快、"人地关系"的改变引致了土地要素的再分配，这一现象在实践中得到了充分体现。在实践层面，土地资源配置的现实反映是土地集中规模。如何实现"适度规模"经营一直以来是政策关注的核心话题。2016年中央一号文件提出要建立新型农业服务主体，发挥多种形式农业适度规模经营引领作用，充分发挥多种形式适度规模经营在农业机械和科技成果应用、绿色发展、市场开拓等方面的引领功能；2017年中央一号文件再次提出要积极发展适度规模经营，通过经营权流转、股份合作、代耕代种、土地托管等多种方式，加快发展土地流转型、服务带动型等多种形式规模经营；2018年中央一号文件更是指出培育发展家庭农场、合作社、龙头企业、社会化服务组织和农业产业化联合体，发展多种形式适度规模经营；2019年中央一号文件和同年4月中共中央、国务院发布的《关于建立健全城乡融合发展体制机制和政策体系的意见》均指出要发展多种形式农业适度规模经营。

发展多种形式农业适度规模经营的初衷是农业规模化经营，通过集中土地发挥规模收益递增的优势。换句话说，其本质是实现土地资源的优化配置。无论是土地流转、股份合作、代耕代种还是土地托管等多种形式，目的都是让有能力的农户种更多的地，并给予政策上的保障。基于此，本章基于四家规模经营案例对土地"谁来种"进行深入剖析。从实践层面来看，农业规模化经营有两种形式：一是以土地流转为主的规模化经营，二是以农业社会化服务为主的规模化经营。需要说明的是，以土地流转为主的规模化经营面临着国内生产成本上升和全球农产品价格下跌的双重挑战，其中生产成本上升的根本原因是土地租金的快速上涨，许多地区更是出现了"弃耕毁约"的现象（秦风明和李宏斌，2015；高强，2017）。弃耕毁约，从表面上看是种粮大户或其他一些规模经营主体放弃土地种植而"跑路"的行为，从本质上看是一部分种粮大户不具备规模经营的能力，即土地没有让有能力种的人种植，最终结果是土地不仅没有得到优化配置，反而加剧了资源错配。"跑路"的种粮大户因对市场判断不足，且缺乏有效的经营管理，只有资金投入没有其他优质生产要素投入，是农业规模化经营的失败范例。然而，实践层面也有诸多案例通过自身探索，得到了卓有成效的经济社会效益，为农业适度规模经营提供了参考样本。例如，山东省供销系统依托基层供销社建设为农服务中心，采用"土地托管服务圈"的形式托管土地面积超过 2000 万亩，既实现了农业规模化经营，又实现了农民收益共享。河南省荥阳市新田地种植专业合作社（以下简称新田地合作社）以 1000 亩为单元成立农业生产要素车间，构建农业全程社会化服务体系，既实现了农业规模化经营，也实现了农民"省钱、省工、省心"。黑龙江省克山县仁发现代农业农机专业合作社（以下简称仁发合作社）将承包土地面积划分 22 块，采用模块式的管理方式，为入社农户提供从种到收的全程农业社会化服务，也实现了农业规模化经营；湖南锦绣千村农业合作社（以下简称锦绣千村合作社）集"供销合作、生产合作、信用合作、教育培训"四大平台于一体，创建了"全程、多元、高效"的农业社会化服务模式，实现了农业规模化经营。这些经验表明，以农业社会化服务为抓手实现农业规模化经营，是实现产业兴旺的可行之路。那么，上述成功的案例，又是如何在大量农村劳动力外出务工的背景下，实现自身规模化经营发展的？这是本章所关注的问题。

8.2　研究设计

8.2.1　分析框架

按照全要素生产率的定义，产出增长率超出要素投入增长率的部分为全要素生产率。鉴于案例分析无法计算出单个案例的全要素生产率。为了解决这一难题，我们采用案例全要素生产率的变化率予以反映。其中，全要素生产率的变化率可以表现为两个方面：一方面是技术变化，另一方面是配置效率的变化（Kumbhakar 和 Lovell，2003）。当案例配置效率得到提升，或是采用新技术，均有助于提升案例的全要素生产率。

一方面，合理配置生产要素投入所产生的配置效率提升是全要素生产率提升的另一条路径。有能力的经营主体往往具备先进的管理理念，一些主体甚至雇佣职业经理人进行经营管理。已有研究也证实了较高企业家的才能对组织的绩效具有显著影响（冀县卿，2009；Liang 和 Hendrikse，2013）。在实践案例中，"崇州试验"的农业共营制，也证实了以职业经理人为代表的较高企业家才能是破解农业经营体系困境的重要举措。较高企业家才能是较高人力资本的体现，不仅是优质要素的投入，而且也能够实现组织更加优化资源配置。因此，先进管理理念所带来的优化要素配置通过配置效率提升的方式促进全要素生产率水平的提升。另一方面，新技术的运用通过技术进步的路径实现全要素生产率提升。在实践层面，新技术在农业生产中得到了广泛运用。例如，无人机逐渐在农业生产中逐步得以运用，是对传统农业受到地形限制的重大突破。一些作物的耕作环节农业机械技术不断革新，提升了作物的综合机械化率。智慧农业的出现，利用物联网、人工智能等新兴技术与现代农业有机融合，传感器、大数据和云计算等数据处理分析手段运用，能够对农作物生长进行实时预测，做到精准管理。此外，随着农业科研水平的提升，绿色优质品种培育提升单位面积产值，加之智能农机装备、植物工厂、良种繁育技术、超级稻、转基因抗虫棉等技术的突破，都是农业新技术与现代农业相结合的表现形式。2017 年中国农业科技进步率达 57.5%。有能力的经营主体往往具备一定的资金规模和新技术的应用能力，能够突破小农户面临着的"资金"和"技术"双重门槛，更倾向于将新技术运用于农业生产中。因此，有能力的经营主体将农业新技术应用于农业生产中所产生技术进步能够实现全要素生产率水平提升。

基于上述分析，本章分析框架如图 8-1 所示：

8.2.2　案例选取及资料收集

本章选取的案例为山东省安丘市官庄镇供销社农民合作社联合社（以下简称官庄联社）、新田地合作社、仁发合作社和锦绣千村合作社。之所以选择这四个新型农业经营主体作为研究对象，主要是考虑了以下四个方面的因素：一是所选取案例均实现了农业规模化经营，都是有经营能力的人种植更多土地的典范，符合研究目标的需要。二是所选取案例的类型反映了当前两种农业规模化经营的主

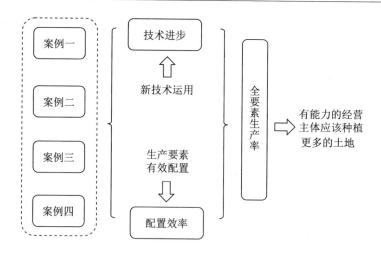

图 8-1　案例分析框架

体类型。官庄联社是政府推动型，而新田地合作社、仁发合作社和锦绣千村合作社则是市场推动型。三是所选的四个新型农业经营主体理论上都属于合作经济组织，其经营决策和内部治理具有相似性，便于对比分析，且能够反映当前中国农民专业合作社的两种类型，即要素参与型和市场买卖型（周振和孔祥智，2017；张琛和孔祥智，2018）。四是所选取的四个新型农业经营主体中涵盖中国不同区域，充分考虑不同区域的差异。其中，仁发合作社地处东北地区、新田地合作社和官庄联社分别位于中部地区和东部地区，而锦绣千村合作社地处南方。

　　为了深入了解当前案例合作社农业规模化经营的基本情况，课题组采用 Miles 和 Huberman（1994）提出的三角测量法，不仅通过对所选取的案例进行实地调研收集一手资料，又收集了省、市、县三级农业部门对所选取案例的书面总结材料和新闻媒体资料，以保证案例资料实现相互补充和交叉验证。

　　在政府推动型农业规模化经营主体的资料收集上，课题组于 2016 年 11 月和 2017 年 7 月先后两次赴山东省供销社综合改革试点县进行深入调研，共对安丘市等 10 县（市）供销社改革以及基层供销社提供农业社会化服务情况进行了调研，共获得供销社系统领办或支持的农民合作社（或联合社）访谈案例 40 余个。在市场推动型农业社会化服务供给主体的资料收集上，课题组分别对新田地合作社和仁发合作社进行了三次和五次跟踪调查，重点了解两家农民合作社的成立背景、发展历程、内部治理机制、农业社会化服务形式、社员成本收益以及经营战略等方面的内容。具体来看，课题组对新田地合作社开展了三次较为详细的调查：第一次在 2016 年 6 月，课题组成员在国家行政学院会议室与新田地合作社理事长李某进行了长达 4 个小时面对面的深度访谈，对新田地合作社的成员结构、股权结构、经营模式和成本收益有了初步了解。第二次在 2016 年 9 月，课题组一行 6 人赴河南省荥阳市对新田地合作社进行了实地调查，与合作社理事长李某、理事会成员和监事会成员 5 人进行了半结构化访谈，对新田地合作社的发展历程有了清晰了解，着重调查了合作社内部管理机制、社会化服务模式以及合作社社员粮食种植的成本收益情况。第三次在 2017 年 5 月，为进一步深入了解新田地合作社农业生产要素车间的运行机制以及社会化服务机制，课题组一行 5 人再次赴河南省荥阳市与新田地合作理事长、监事长、3 名农业生产要素车间主任、1 名播种肥农机手和 10 余名合作社社员进行了总计长达 6 小时的半结构化访谈，并实地考察了合作社社员分布较为集中的后侯村农业生产要素车间。通过实地考察，课题组对新田地合作社形成了近 3 万字的访谈记录。课题组对仁发合作社共开展了五次细致的跟踪调查：第一次在 2013 年 8 月，课题组在克山县河南乡仁发合作社会客厅与仁发合作社理事长进行了长达 5 个小时的面对面深度访谈。通过这次访谈，课题组初步了解了仁发合作社成立初期的发展历程，了解仁发合作社的基本运行机制、股权结构和经营绩效。第二次在 2013 年 9 月，课题组与仁发合作社党委书记、理事会成员、监事会成员、农机手和部分合作社社员进行了长达 4 个小时的半结构化访谈，重点关注合作社的内部盈余分配形式、内部治理机制和社员粮食种植的成本收益情况。第三次在 2015 年 3 月，课题组再次赴克山县与理事长和党委书记进行了长达 4 个小时的半结构化访谈，主要考察仁发合作社农业作业服务、粮食烘干等社会化服务环节，着重关注仁发合作社管理模式创新和多元化经营的具体举措，进一步深入了解合作社的盈余分配方式、组织运行机制、社会化服务模式以及经营绩效。第四次在 2017 年 8 月，课题组访谈了仁发合作社党委书记和部分社员，重点了解在农业供给侧结构性改革背景下仁发合作社调整农业种植结构、纵向延伸产业链以及牵头成立农民专业合作社联合社的情况，并对仁发合作社基本情况、盈余分配方式、内部管理机制和经营绩效进行更为全面的了解。第五次在 2019 年 6 月，课题组一行四人访谈仁发合作社理事长和党委书记，重点了解了仁发合作社牵头组建的克山县联兴联合社的发展情况。通过以上 5 次实地调查，课题组对仁发合作社形成了近 4 万字访谈记录。锦绣千村合作社的资料来源于课题组 2017 年赴湖南省常德市澧县进行的实地调研。

8.2.3　案例介绍

8.2.3.1　官庄联社

官庄联社位于山东省安丘市官庄镇，由官庄镇供销合作社牵头，安丘市丽蕾果蔬种植专业合作社、西利见牛蒡种植专业合作社、寿山花生种植专业合作社、金冠大葱专业合作社及青芋果蔬种植专业合作社共同组建成立，并于2015年2月登记注册成立，注册资本为1000万元。其中，官庄镇供销合作社出资额占注册资金的51%，剩余49%由五家合作社相同比例出资。根据《中共中央 国务院关于深化供销合作社综合改革的决定》和《山东省委 省政府关于深化供销合作社综合改革的实施意见》文件的指示，山东省供销社开展了"改造自我、服务农民"的综合改革试点工作。在官庄联社在供销社综合改革试点的基础上，开展以土地托管服务为核心的农业社会化服务，以服务规模化实现了农业规模化经营。官庄联社的服务主体是两个为农服务中心：管公为农服务中心和西利见为农服务中心。所谓为农服务中心，是指为农户提供全程农业社会化服务，具体包括：通过测土配方实现智能施肥、推广应用优良种子、机械化耕种、飞防植保、土壤熏蒸改良、烘干贮藏、信息咨询服务等的平台机构。这一平台机构由安丘市农业服务公司与官庄联社共同建设和运营。两大为农服务中心由财政扶持资金、县级农业服务公司和官庄联社共同出资建设。其中，官庄联社按照"农民出资、农民参与、农民受益"的原则自筹资金，出资额度不得低于70%（其中社员持股比例不得低于80%），充分体现了农民在为农服务中心的主体地位。

8.2.3.2 新田地合作社

新田地合作社于2011年3月成立，位于河南省荥阳市高村乡高村七组。成立时，新田地合作社注册资本100万元，其中理事长出资40%，其余6人分别出资10%。新田地合作社采用工业化管理农业的思想实现了农业规模化经营。新田地合作社土地经营面积由成立初期的200亩快速激增到2016年的51000亩，总盈余也实现了扭亏为盈。新田地合作社主要经营业务是向农户提供粮食种植的生产性服务和烘干、销售服务为一体的农业全程社会化服务。新田地合作社农业社会化服务的主体是农业生产要素车间。随着土地经营规模的不断扩张，新田地合作社以1000亩为一个单位设立农业生产要素车间，在农业生产要素车间内部实行统一经营管理。具体来看，新田地合作社以农业生产要素车间为一个单元，在车间内部实现"统一生产资料采购、统一农业技术推广、统一农作物植保、统一农业机械服务、统一粮食收储及销售"为一体的全程社会化服务体系。新田地合作社的基本情况如表8-1所示：

表8-1 新田地合作社基本情况 单位：人，亩

年份	成员数	社员数	土地面积
2011	6	6	200

续表

年份	成员数	社员数	土地面积
2012	20	20	500
2013	203	203	5000
2014	203	6000	19000
2015	203	12000	51000
2016	203	12000	51000

资料来源：由笔者根据调研资料整理所得。

8.2.3.3 仁发合作社

仁发合作社于 2009 年 10 月成立，位于黑龙江省克山县河南乡仁发村。成立时，仁发合作社的注册资本 850 万元，其中理事长出资 550 万元，其余 6 人分别出资 50 万元。仁发合作社要求农民以土地承包经营权入股的方式加入合作社，成功地走出了一条"带地入社、盈余分配"的规模化发展之路。仁发合作社土地经营面积由成立初期的 1100 亩快速激增到 2016 年的 56000 亩，总盈余也实现了扭亏为盈，2016 年接近 1 亿元。随着仁发合作社土地经营面积的不断扩张，仁发合作社将土地划分为若干块，承包给 22 人，为农户从种到收全方位提供服务。具体包括：统一购买农药、化肥等生产资料、统一开展技术培训、统一进行农业机械作业、统一对外销售农产品。仁发合作社的基本情况如表 8-2 所示：

表 8-2　仁发合作社基本情况　　　　　　单位：人，亩

年份	成员数	土地面积
2010	7	1100
2011	314	15000
2012	1222	30128
2013	2436	50159
2014	2638	54000
2015	1014	56000
2016	1014	56000

资料来源：由笔者根据调研资料整理所得。

8.2.3.4 锦绣千村合作社

锦绣千村合作社于 2011 年 5 月成立，位于湖南省常德市澧县。合作社现有成员 5818 户，带动农户 5 万余户，服务面积 40 余万亩，是集供销合作、生产合

作、信用合作、教育培训四大平台为一体的新型农业社会化服务综合型合作社。锦绣千村合作社以县、镇、村三级服务体系为载体，为合作社成员提供农资采购配送、土地托管、集中育秧、统防统治、机耕、机插、机收、烘干仓储、农产品购销、技术指导、新职农民培育、内部资金互助等服务，合作社打造的"锦绣千村"商标被认定为湖南省著名商标。2016 年，种植规模在 50 亩以下的成员数为4691 户，50~500 亩以上成员 1069 户，500 亩以上规模成员 58 户。锦绣千村合作社的社员以合作社所在地澧县农户为主，共计 4429 户，其余社员来自澧县的周边邻近县域，包括来自津市的农户 911 户，临澧县农户 374 户以及 104 户其他地区的农户。锦绣千村合作社的基本情况如表 8-3 所示：

表 8-3　锦绣千村合作社基本情况　　　　　　　　单位：人

年份	成员数
2011	228
2012	476
2013	1027
2014	1931
2015	3252
2016	5818

资料来源：由笔者根据调研资料整理所得。

8.3　案例分析

8.3.1　确定合理规模经营半径实现配置效率最优

为了实现农业规模化经营，官庄联社、新田地合作社、仁发合作社和锦绣千村合作社分别依托为农服务中心、农业生产要素车间、分块承包经营和"总社—分社—服务站"的方式，通过确定符合自身发展的规模经营半径，实现农业规模化。需要说明的是，上述四个案例规模经营半径的数值和形式存在差异，例如从规模经营半径的大小来看，官庄联社的规模经营半径为 3 千米（约为 40000 亩），新田地合作社的规模经营半径约为 1000 亩，仁发合作社的规模经营半径约 2500 亩[①]，锦绣千村合作社的规模经营半径约 5000 亩[②]；从规模经营半径的形式来看，官庄联社的规模经营半径就是 1 个为农服务中心的覆盖范围，这一范围实际就是官庄镇在乡镇撤并之前原乡镇（管公乡或官庄镇）的行政区域，而由于乡镇供销社没有随着乡镇撤并而合并，故规模经营半径与 1 个乡镇供销社的业务覆盖范围几乎重合，每个为农服务中心的规模经营半径约 40000 亩；新田地合作社规模经营半径是按照村组的土地面积为单位，其服务单元——农业生产要素车间平均大小与当地一个村（如高村）的土地面积基本一致，该合作社共覆盖 50 个村的 51000 亩土地；而仁发合作社的规模经营半径则是以集中连片的模块式土地为单位，不与村或镇的行政区划相挂钩，这些模块共涉及 5 个村 22 个模块的 56000 亩土地。锦绣千村合作社采用"总社—分社—服务站"的三级模式，以乡镇为单位建立分社，以村为单位建立基层工作服务站。虽然上述四个案例规模经营半径的数值和形式不尽相同，但本质上都是根据自身资源禀赋通过确定合理的规模经营半径，实现了在规模经营半径内的配置效率最优化。

官庄联社的生产经营活动主要依赖于其为农服务中心。以管公为农服务中心为例，它成立于 2015 年 1 月，共投资 300 万元，占地面积 17 亩，建有 1500 平方米的机械仓库、700 平方米的服务大厅和 100 平方米的职业农民培训中心。由于充分考虑到行政区划因素的影响，以乡镇行政区域为服务半径能够充分发挥官庄联社在乡镇统一调度的执行力，有效整合资源，打出了农业社会化服务的"组合拳"，最大限度地解决了资源错配的问题：一是在为农服务中心设立生产经营部、现代流通部、合作金融部三个部门。生产经营部负责农业生产，对农业生产中所涉及的农业生产资料投入、农业机械服务、农业信息服务以及烘干贮藏服务进行全面负责，解决了单一农业生产性资料服务不经济的弊端；现代流通部根据市场需求及时调配，有效地解决了农产品的生产与销售两者衔接的问题；合作金融部通过资金信用互助，在防控风险的情况下实现了资本要素的有序流动。二是依托为农服务中心开展农业托管服务。为农服务中心不仅购置了各种类型的农业机械 11 台（套），可用于耕地、播种、灌溉、采收等不同环节，还组建"打井服务队""农业技术服务队""农业机械作业队"等大田作物托管经营服务组织，对官庄镇所管辖范围内的管公村、西利见村、郑家沙沟、花家岭、朱家庄等 10 余个村的农民专业合作社、家庭农场、种植大户、普通农户提供农业社会化服务。

---

① 仁发合作社将经营的 56000 亩土地承包给 22 人，平均每人承包面积约 2500 亩。
② 锦绣千村合作社服务面积近 40 万亩，目前共有工作服务站 86 个，平均每个服务站的服务半径约 5000 亩。

三是以为农服务中心为基地组建了若干专业服务小组，开展测土配方、土壤熏蒸、智能配肥、农机作业、农产品收储和农民职业培训等服务项目；特别是聘请了安丘市农业局植保站技术人员为技术顾问，对农作物的耕种、灌溉、测土配方用肥、病虫害防治实行田间统一管理进行指导。

新田地合作社和仁发合作社依托农业生产要素车间和土地模块式管理，实现了资源的合理配置。具体来看，之所以新田地合作社采用 1000 亩为一个单元成立生产要素车间，是因为 1000 亩基本上与当地一个村庄的土地经营规模相当，依托村组便于实现社会化服务的管理。为了实现资源的有效配置，充分发挥村庄治理的内部优势，以村组的土地面积为单位作为服务半径能够有效地实现农业社会化服务的各项统一。例如，新田地合作社后侯村农业生产要素车间 M 主任与本村社员签订土地托管合同，统一种植高品质小麦和玉米，为社员提供耕、种、收社会化服务，并按照当时价格统一收购。在农业生产要素车间内部实现要素的统一配置：一是统一品种选育，不仅做到科学选种，保证产品品质质量，也能够瞄准市场需求，提供市场销售价格；二是统一生产服务，即实现了农业技术、农作物植保、机械服务三者的统一调度；三是与以往收购过程相比，在农业生产要素车间内部的统一销售能够有效地降低合作社与一家一户谈判的交易成本。新田地合作社以农业生产要素车间为载体充分实现了要素在生产要素车间内部的有序流动，有效降低了新田地合作社在提供托管服务中的资源错配的问题。正如其理事长所说："农业生产要素车间让合作社社员既是服务对象又是服务主体，采用工业化管理农业的理念能够让生产要素车间内的各要素实现合理配置，产生出最大价值。"为了实现调动管理者的主观能动性，进而获得更高的预期收益，仁发合作社采用土地模块式管理方式，将社员以土地承包经营权入股的土地分给 22 名管理者进行管理，实现了资源的有效配置。为了实现农机手与管理者相互监督，仁发合作社实施农机具作业单车核算方式（即将每台农机具承包给驾驶员并统一供油、维修和调度），并制定了严格奖惩机制，避免农机手随意加机油、农机手不爱护农业机械现象的发生，尽可能地降低农机空跑率，实现了农机具的最优配置。

锦绣千村合作社采用"总社—分社—服务站"的三级模式，以乡镇为单位建立分社，以村为单位建立基层工作服务站，各司其职，实现了资源的合理配置。具体来看，锦绣千村合作社中的总社、分社和服务站三级机构职责明确，能够有效解决成员服务最后一公里的问题。总社主要负责合作社的总体战略规划、策划企划、建立机制、教育培训、项目资源等统领全局；分社主要负责业务督导与执行、物流配送、农产品收购、生产服务、资金互助等；服务站主要是贯彻落实合作社各项服务，充分发挥合作社供销服务平台、生产服务平台、信用合作平台以及教育培训平台的优势，解决社会化服务"最后一公里"的问题。

综合来看，官庄联社、新田地合作社、仁发合作社和锦绣千村合作社分别在为农服务中心、农业生产要素车间、土地模块式管理和"总社—分社—服务站"服务模式内实现了农业生产要素在规模服务半径内部的有序流动，通过统一调度和各项配套服务，既保障了农业生产要素投入的品质，又有效降低了交易成本，配置效率得到了有效的提升。

8.3.2　运用新技术将前沿科技应用于农业生产

官庄联社、新田地合作社、仁发合作社和锦绣千村合作社在实现农业规模化经营的过程中均十分重视将农业科技应用于实际生产中。

官庄联社隶属于山东省安丘市供销社系统，在山东省供销社"3 控 3×6+1"H 型双线运行体系（其中，"3 控 3×6+1"H 型双线运行体系中"3 控"指的是省（市）社控股社有龙头企业，县级社控股农业服务公司，乡镇农民合作社联合社控股为农服务中心；"3×6+1"指的是省（市）龙头企业、县农业服务公司、为农服务中心分别承担 6 项服务职能，并为涉农部门搭建服务平台）总要求下，将科技应用于为农服务中心。官庄联社在县农业服务公司（安丘金穗现代农业社会化服务公司）的带领下，以安丘源家美信息科技有限公司和批发市场分别作为线上线下流通平台，将农业科技运用在农业规模化经营之中：一是农业科技信息服务。官庄联社抓住安丘金穗现代农业社会化服务公司与北京农科院合作的契机，以中国农业科学研究院植物保护研究所安丘教科研中心为平台，购置了土壤检测设备，主要用于土壤统防统治、土壤化验、测土配方智能配肥等提供科技信息服务支撑。官庄联社具有智能配肥机和植保飞机，有效运用现代科技解决种地问题。二是土壤熏蒸服务。官庄联社利用潍坊市氯化苦储备库研制出的土壤熏蒸机和复配机，为农民开展专业化土地熏蒸服务。在官庄镇所辖区域内建立了"农业行业替代甲基溴防治病虫草害示范区"，使用氯化苦熏蒸土地杀灭线虫病害的方法，相比原先的溴甲烷熏地方法，能够实现每亩成本节省 500 元，农药使用量减少 50%，产量提高 20% 以上。这一点可以从对某王姓村民的访谈可以得出："以前不懂技术，不会熏，现在只需要几十分钟，土地就熏蒸好了，这可真是解决大问题了。"三是开展农业技术服务。组建"打井服务队""农业技术服务队""农业机械作业队"，重点对官庄镇以及管公村、西利见村、郑家沙沟、花家岭、朱家庄等周边 10 余个村开展服务，聘请安丘农业局植保站技术人员为技术顾问，对农作物的耕、种、灌溉、测土配方用肥、病虫害防治实行田间统一管理。四是冷链物流服务。相比于传统的储存方式，冷链物流服务是通过科技手段保证农产品质量，减少农产品损耗。官庄镇为农服务中心建设 1800 吨级的恒温库和 800

平方米的蔬菜分拣加工车间，为农户提供果蔬冷链物流服务。五是把握数字经济。安丘供销社大力发展"互联网+"，建设了"网上供销社"，并培训了电商人才，官庄联社镇级电商服务站以及各个村级电商服务点，通过互联网这一新兴技术构建了农产品产销一体化流通体系。

新田地合作社为了度过成长初期所遇到的困难时期，理事长李某痛定思痛，思考如何才能将合作社粮食卖出好价钱，依托科技提升农产品品质显得尤为关键。于是，李某决定依托科技提升合作社农产品品质。2012年初，新田地合作社对五得利面粉集团有限公司、郑州思念食品有限公司、开封天丰面业有限公司、河南一加一面粉有限公司等企业进行全面详细的调研后发现，新田地合作社原先种植的普通小麦、玉米利润较低的原因是产品同质性程度高。市场调研发现，相关面粉企业对于高端产品"专用粉""饺子粉""面包粉"等产品的需求量大，高端产品的附加值较高。基于此，新田地合作社从2012年开始从传统小麦种植向强筋小麦种植全面转型，种植以"新麦26"为主要品种的强筋小麦。这一品种的小麦湿面筋含量、沉降值、稳定性等指标都符合生产"专用粉"的要求，具有良好的市场销路。为了保障品质，新田地合作社从2012年开始和国家小麦工程技术研究中心合作，共同制定了"新麦26"高产栽培标准化生产流程。新田地合作社于2013年申请了无公害基地，采用设施氮肥后移技术，将传统的"新麦26"的湿面筋含量从30%提高到33%，进一步将新田地合作社主要种植品种"新麦26"提高到一个新的品质，并与湖北新洋丰肥业股份有限公司、南京红太阳集团、新乡市九圣禾种业股份有限公司、郑州秋乐种业科技股份有限公司形成联合。此外，新田地合作社在播种季节引进适合河南地区小麦、玉米生产的新品种和新技术，依托示范基地，树立生产样板，得到了社员的广泛认可。新田地合作社始终以"品种先行、技术集成、服务到位"为核心的社会化服务理念，保障合作社产品品质处于技术前沿。

仁发合作社作为土地股份制合作社，考虑到自身所处的环境，农业机械的技术革新显得尤为重要。仁发合作社将新技术运用于农业生产，具体表现在以下四个方面：第一，仁发合作社逐步采用大马力农机具替代原先的小马力农机具，拥有大型农业机械装备132台（仁发合作社具有两台价值560万元的进口马铃薯收割机）和两台玉米烘干塔。第二，仁发合作社大力推广高效化种植。具体来看，仁发合作社以市场需求为定位，以质量效益为目标，以绿色有机、高产高效为方向，推广应用先进栽培模式，并依据区域优势，把做强种薯研发作为提高效益的首要任务，引进荷兰优质马铃薯品种，与荷兰夸特纳斯公司合作，投资1.2亿元建设种薯繁育项目，通过建设组培室、温室、网棚等设施，全面提高马铃薯品质和质量。此外，仁发合作社依托信息技术、发挥"互联网+农业"的优势，建设了集农业环境监控、病虫害在线监控、农田作业视频监控、农技在线服务和农机智能管理五大系统的高标准有机食品基地 8800 亩，并与之配套地建立了农产品质量安全追溯体系，并引进 GAP 栽培模式（浅播、动力中耕、适时灌溉）的引进，按照"深松、大垄、良种、减施、防病、喷灌"的十二字方针，指导农业生产，实现了农产品质量和品质的双提升，技术装备能力处于行业领先地位。第三，为了延伸产业链获得产业链价值增值收益，仁发合作社引进精加工设备，大力发展加工业。仁发合作社于 2016 年建立仁发食品加工有限公司，投资 6 亿元建设年加工 4000 吨马铃薯法式薯条和年生产马铃薯薯丁 1 万吨项目，建立法式薯条项目加工车间、智能马铃薯气调库、成品库，联系订购荷兰薯条生产线。投资 6000 万元新上彩色马铃薯加工项目，产品将囊括彩色马铃薯片、彩色马铃薯条、彩色马铃薯丁、彩色马铃薯角等系列休闲食品、彩色马铃薯粉、彩色马铃薯泥、彩色马铃薯汁饮品和花青素提炼品八大种类。投资 7500 万元建设甜玉米加工项目，日生产能力达 30 万穗，总储藏能力 1000 万穗，新增鲜食玉米生产线，年可生产速冻甜玉米料 2 万吨。第四，仁发合作社牵头成立的克山县联兴农业农机联合社会定期组织各成员社代表参加技术型培训。

锦绣千村合作社也十分重视技术在农业生产中的运用。在人员配置方面，锦绣千村合作社目前共有农业技术专家 10 人，农业硕士研究生 1 人；在农民培训方面，锦绣千村合作社每年培训成员和新型职业农民 3000 人次；在固定资产方面，锦绣千村合作社共有农业技术服务车辆 15 台；在农业生产方面，锦绣千村合作社依靠统防统治的管理技术，有效保证了化肥、农药的合理施（使）用，并建设温室大棚、育秧工厂、水稻新品种示范种植基地，将农业新科技运用其中；在流通阶段，锦绣千村合作社投资 2000 多万元建设具有多项功能的仓储烘干设施，由合作社的农产品购销部负责，为农户优价提供烘干、代储、代销等服务。

8.3.3 小结

根据上述分析，官庄联社、新田地合作社、仁发合作社和锦绣千村合作社在实现农业规模化经营的过程中一方面实现了配置效率的提升，另一方面也重视新技术引用所带来的"红利"，逐步实现了农户农业生产中的"省钱、省工、省心"。

官庄联社通过推广优良种子、改良土壤、开展机械作业服务既能够实现亩产增收 10%~20%，又能够以农业生产资料团购的形式直接与农资公司联系，以低于市场价 10%~15% 的价格直接配送到农户手中。可见，官庄联社服务规模化对农民的节本增效十分明显，农民更愿意与官庄联社打交道。此外，官庄联社借助山东省供销社开通的面向农民群众的"96621"服务热线，进一步增强了与农民的联系。从农民口中常说的一句话——"96621、服务找供销"，可以反映出官庄联社在农民心中的地位。

新田地合作社规模化经营亩均种子、化肥投入量分别比传统农户减少5千克、40千克，使用强筋小麦"新麦26"实现种子投入每亩节省20元，化肥投入单价每千克比传统农户减少0.2元，每亩肥料投入比传统农户节省50元，机械服务每亩比传统农户节省20元，农药每亩比传统农户节省10元，具体如表8-4所示。由表8-4可知，新田地合作社可实现每亩种植成本节省111元。除了节本增效外，新田地合作社还有效实现省工。以玉米为例，新田地合作社社员种植一亩玉米，与普通农户劳动相比较而言共节省9个工，具体来看：打药节省1个工，种肥同播节省2个工，除草节省1个工，收割、脱粒、晾晒、运输和销售环节共节省5个工。

表8-4　2016年荥阳市传统农户与新田地合作社服务农户亩均小麦成本对比

生产资料	荥阳市传统农户			新田地合作社服务农户			节约成本
	名称	使用量	金额	名称	使用量	金额	
种子	普通麦	15千克	60元	强筋麦	10千克	40元	20元
化肥	底肥	50千克	150元	控施肥（一次施肥）	50千克	140元	50元
	追肥	40千克	40元				
农药	除草剂	1袋	10元	除草剂	1袋	0元	10元
	防倒伏	1瓶	5元	防倒伏	1瓶	4元	1元
	飞防	1次	25元	飞防	1次	15元	10元
	叶面肥	1袋	2元	叶面肥	1袋	2元	0元
机械	播种	1次	30元	播种	1次	20元	10元
	收割	1次	50元	收割	1次	40元	10元
成本合计			372元			261元	111元

资料来源：由笔者调研整理所得。

仁发合作社社员化肥厂家直接配送，每吨节省300~500元、种子价格每斤节省30%、农药每亩节省40~50元、因农机作业不漏跑，节省空运转费用、每吨节省油费500~600元。普通大豆亩产高出15斤、普通玉米亩产高出100斤、马铃薯亩产最高达到7000斤以上。普通玉米每斤销售价格比非社员高出0.03元、有机大豆销售价格达13元/斤。锦绣千村合作社依托"全程、多元、高效"服务，实现了合作社社员增加产量、提升品质、提高售价"三增"和减少农资成本、减少人工成本、减少投入品用量的"三减"，成功帮助成员每亩节本增收300元左右。合作社节本增效具体情况如表 8-5 所示。

表 8-5　锦绣千村合作社节本增效情况的效果　　　　单位：元

项目	其他农户每亩市场价	锦绣千村合作社农户每亩托管价	节约成本
旋耕	100	80	20
秧苗	240	210	30
肥料	130	100	30
机插	60	50	10
机播	20	15	5
统防统治	70	50	20
除草剂	40	30	10
飞防	110	100	10
管水	40	30	10
收割	90	80	10
短途运输	30	20	10
成本总计	930	765	165

资料来源：由笔者调研整理所得。

8.4　结论与讨论

全要素生产率水平受到配置效率水平和技术水平的影响，倘若两者均提升，那么全要素生产率将会得到提升。通过深入分析官庄联社、新田地合作社、仁发合作社和锦绣千村合作社四个具有典型特征的案例，上述合作社在实现农业规模化经营的过程中，确定合理规模经营半径实现配置效率最优，并运用新技术将前沿科技应用于农业生产中，是当前推进农业规模化经营中所需要关注的两个核心内容，有助于实现农业规模化经营稳步发展。

本章的研究结论进一步证实了这一结论，即有能力的经营主体种植更多的土地，关键是要通过提升配置效率以及运用新技术通过技术进步的方式予以实现。

第一，如果经营主体只注重经营规模，没有考虑到要素合理配置，也不与时俱进发挥技术进步所产生的红利，农业规模化经营的路子也将会走偏。合理确定规模经营半径，是实现农业规模化经营的重要前提。规模化经营与小农户种植相比，优势是"统"，缺点是"分"。规模化经营依托"统"获得规模收益，但"统"得过多会产生生产成本较高的弊端。规模化经营依托"分"能够降低规模化成本，但"分"得不足会产生低积极性问题。合理地确定规模经营的半径，是实现资源配置效率提升的关键，应该要做到"统分结合"，即在符合自身实际条件的规模经营半径中统一进行经营，同时按照农业生产的需要进行细分。"统分结合"的关键是合理的规模经营半径，"统"得过多和"分"得严重不足均不利于农业全要素生产率水平的提升。官庄联社、新田地合作社、仁发合作社和锦绣千村合作社四者均实现了农业规模化经营，一个共同的特点是确定了符合自身实际情况的规模经营半径。

第二，将新技术运用于农业生产之中，是充分发挥技术"红利"的重要举措。新技术的应用能够发挥技术的"溢出效应"。先进技术的使用能够提升全要素生产率，是农业转型发展的重要表现。以良种技术革新为标志的农业科技进步，带来了粮食增产。加强农业机械工艺技术的革新，逐步走出了一条以农机智能化引领农业现代化发展之路。未来，应该加大农业生产基础性、关键性、适用性技术的研发，培养农业科技人才队伍，发挥技术进步的溢出效应和正外部性，增强农业科技对农业现代化发展的支撑作用。

第9章 研究结论及政策含义

9.1 研究结论

小农户是中国农业生产的重要微观主体。党的十九大报告明确提出要健全农业社会化服务体系，实现小农户和现代农业发展有机衔接。全要素生产率作为衡量一个国家或地区农业经济发展的重要依据，可以对小农户从事农业生产的有效性进行科学测度。

为此，本书围绕"在劳动力转移数量不断增加的背景下，为什么中国农户全要素生产率仍实现稳中有升"这一问题开展了细致的研究。农户全要素生产率受生产技术和配置效率影响，鉴于农户间技术差异较小，本书重点从要素配置的角度分析农户全要素生产率之间的差异，以回答所提出的研究问题。在城镇化快速发展的大背景下，在农户分化趋势日益明显和现代农业发展迈入新阶段的新形势下，农业生产中劳动力资源离开农村已成为不争的事实，还需要转移约1亿农村劳动力。劳动转移带来人地关系的改变，势必会影响土地要素的配置。农村劳动力要素的转移造成了"人地关系"的改变，"地随人动"导致土地要素的再配置带来了全要素生产率水平的提升。基于此，本书将土地要素配置分为"种不种""种什么""谁来种"三种情况，重点从"人地关系"的角度来考虑，探究了非农就业影响农户农业全要素生产率的作用机制，进一步厘清了非农就业对不同情况下土地资源配置影响深层次原因。在已有研究的基础上，通过构建宏观校准模型，测度出如果土地资源得到合理配置对农户全要素生产率水平提升的作用效果。

本书通过数理模型分析，归纳出了如下非农就业通过影响土地资源配置进而影响农户全要素生产率的理论假说。

首先是非农就业对土地是否种植的理论假说。考虑到中国农民普遍缺乏"契约精神"并具有风险规避特性，农户选择是否种地会考虑风险因素。相比于农业生产，非农就业能够获得更高的收入，但也面临着较高的风险，一方面是当前经济进入新常态下，部分行业经验效益的下降对劳动力需求质量的提升，加大了就业难度；另一方面从家庭照料的角度来看，非农就业意味着离开家庭，因此农户土地种植决策不仅需要考虑收入效应，也需要考虑情感效应。具体来看，收入效应指的是农户选择非农就业所获得高于农业生产的收入。情感效应一方面是农户出于对土地的情感，另一方面也是农户出于照料家庭、规避外出就业风险等多方面的考虑。越来越多的农户出于风险规避的角度对于非农就业的选择保持谨慎。本书认为，非农就业收入越高的农户，越倾向选择放弃土地种植，即收入效应大于情感效应；非农收入越低的农户，更倾向于选择耕种土地，即收入效应低于情感效应。

其次是非农就业对土地种植结构的理论假说。鉴于农业机械与劳动力两者存在替代效应，非农工资率水平上升幅度与农业机械服务价格的上升幅度的差值意味着劳动力相对于农业机械的稀缺性。非农就业意味着劳动力离开农业生产，作为理性的农户更倾向于选择种植易于机械化操作的农作物。通过构建要素替代数理模型，劳动力与农业机械价格的变化因边际产出的变化会导致劳动力与农业机械要素投入量的变化。本书认为非农就业会对农户土地种植结构的产生影响，受到机械化调节效应的影响，以土地密集型农产品种植为主的农户，非农就业程度越高，越倾向于增加土地密集型农产品的种植。

再次是非农就业对土地流转的理论假说。以农户农业生产能力为落脚点，通过构建一个包含农户生产能力的数理模型，并纠正了已有研究在数理模型推导过程中的农户农业生产能力与非农就业能力相等的暗含假定。本书认为，农户选择是否流转土地取决于农户非农就业能力与农业生产能力两者的差异。当非农就业能力低于或者等同于从事农业生产的能力，农业生产能力越高的农户越不倾向于转出土地。

最后是土地资源配置与农户全要素生产率的理论假说。关于土地资源配置与农户全要素生产率两者之间的关系已经得到了国内外学者的广泛探讨。借鉴 Hsieh 和 Klenow（2009）的研究，将土地要素边际产出价值的离散程度作为衡量土地资源配置效率的指标，构建数理模型证实了当农户土地要素得到有效配置后，能够实现农户全要素生产率水平的提升。此外，本书进一步对不同情况下土地资源配置对农户全要素生产率的影响进行理论分析，针对第一种土地资源配置情况"种不种"，本书认为盘活利用闲置土地能够实现农户"加总"全要素生产率额外增加。针对第二种土地资源配置情况"种什么"，一方面土地密集型农作物的机械化水平高于劳动密集型农作物的机械化水平并具有较低的技术进入"门槛"，另一方面土地密集型农作物相比于劳动密集型农作物具有更高抵御市场风险的能力，本书认为种植土地密集型农作物对小农户"加总"全要素生产率的提升效果高于劳动密集型农作物的提升效果。针对第三种土地资源配置情况"谁来种"。农户经营较小的土地经营规模，难以发挥土地规模效应。农户经营较大的土地经营规模，小农户由于自身资本、技术等条件的约束，难以实现最优的资源配置。本书认为在技术条件不变的情况下，不同经营规模与农户"加总"全要素生产率的提升幅度两者之间呈现倒"U"形关系。

　　围绕上述研究假说，本书采用全国农村固定观察点农户微观数据进行探究。具体来看，本书的样本时间跨度为 2004～2015 年，采用期初土地面积、期末土地面积、土地块数和房屋面积四个指标通过构建欧几里得距离值进行匹配的情况下选取了 10 个省份的数据，具体包括：山东、江苏、浙江、安徽、河南、吉林、黑龙江、四川、贵州和陕西，充分考虑到东部、中部、西部和东北地区的差异，采用多种估计方法，开展了大量的实证分析，得到了如下研究结论：

　　第一，非农就业对于农户放弃土地种植具有显著正向影响，即非农就业程度越高的农户，其放弃土地种植的可能性越高，且这一结论在考虑到非农就业的两种度量方式（非农就业时间比例以及非农劳动力比例）和就业类型异质性（本地非农就业和外出非农就业）的情况下，在多种稳健性检验的情况下依然成立。但是，这一结论在不同区域之间呈现差异性：在考虑到非农就业与农户土地种植决策两者之间可能存在的潜在内生性，东部地区农户非农就业程度与土地种植两者之间存在正向关系并不显著，而中部地区和西部地区的农户非农就业程度越高，越倾向于放弃土地种植这一结论是稳健的。作用机制分析表明，非农就业带来的收入效应和情感效应是农户非农就业程度与土地放弃种植两者背后的作用机制，即当农户非农就业收入效应大于情感效应，那么农户非农就业程度越高，越倾向于放弃土地种植。非农收入越低的农户，更倾向于选择耕种土地，即收入效应低于情感效应。

　　第二，非农就业对于农户种植结构调整具有显著的影响，具体表现为非农就业程度越高的农户，农户越倾向于进行土地种植结构调整。在基准回归中，无论是面板数据固定效应模型、Bootstrap-xttobit 二步法模型，还是考虑滞后项和二阶段最小二乘估计法的结果均表明，非农就业与农户种植结构多样化两者之间呈现显著且较为稳健的正向关系。但是，非农就业与农户土地种植结构调整存在就业类型的异质性，即本地非农就业与外出非农就业对农户土地种植结构调整具有不一致的结论，其中本地非农就业对农户土地种植结构调整的结论并不稳健，而外出非农就业对农户土地种植结构调整的结论是稳健的。作用机制分析结果表明，农业机械化对于非农就业与土地种植结构具有调节效应，且农业机械化程度越高，农户越倾向于种植粮食作物。考虑到非农就业与土地种植结构两者潜在内生性的情况下，这一结论仍然成立。但是，农业机械化对非农就业与土地种植结构的调节效应存在区域之间的异质性和就业类型的异质性，具体表现在东部地区和中部地区农业机械化的调节效应较为显著，而西部地区农业机械化的调节效应并不显著；农业机械化对外出非农就业的调节效应较为稳健，而对本地非农就业的调节效应并不稳健。

第三，非农就业对于农户土地转出具有显著的影响，具体表现为非农就业程度越高的农户，农户越倾向于实现将土地流转给他人。在基准回归中，无论是面板数据固定效应模型、Bootstrap-xtlogit 二步法模型，还是考虑滞后项和二阶段最小二乘估计法的结果均表明，非农就业与农户土地转出两者之间呈现显著且较为稳健正向关系。非农就业与农户土地转出不仅存在就业类型的异质性，也存在区域的异质性。其中，非农就业时间比例对农户土地转出具有显著且稳健的正向影响，即使考虑到非农就业的类型异质性，这一结论仍成立；而非农就业劳动力比例促进农户土地转出的结论并不稳健，本地非农就业劳动力越多的农户越不倾向于将土地流转给他人，而外出非农就业劳动力越多的农户则更倾向于将土地流转出去。东部地区非农就业与农户土地转出两者之间并没有出现显著且稳健的估计结果，此外本地非农就业与外出非农就业对农户土地转出也存在差异。中部地区和西部地区非农就业与农户土地转出的结果与基准回归相一致，即非农就业与农户土地转出具有显著且较为稳健的正向影响。作用机制分析表明，农户农业生产能力与非农就业能力的差异是农户非农就业与土地转出两者背后的作用机制，即农户非农就业能力低于或者等同于从事农业生产的能力，农业生产能力越高的农户越不倾向于将土地流转给他人。考虑到区域的异质性，这一结论在不同区域之间依然成立。

第四，当土地资源得到有效配置，能够实现农户全要素生产率的提升。当前，全要素生产率水平越高的农户面临的要素扭曲程度越高，基于不同参数校准下的稳健性检验结果也证实了这一点；中国农户土地要素存在配置扭曲，如果能够消除土地要素的配置扭曲，能够实现农户"加总"全要素生产率提升 22.6%，稳健性检验的结果也证实了这一点，对"加总"全要素生产率提升最高可达 38.4%，最低为 7.5%。将土地资源配置进一步分为不同情况，可以得出如下结论：在给定技术条件下，一是如果能够实现将农户闲置的承包地加以盘活利用，能够实现农户"加总"全要素生产率额外增加 0.5 个百分点，最终实现"加总"全要素生产率增加 23.1%；二是当前小农户在种植结构选择中种植土地密集型农作物相对于种植劳动密集型农作物能够实现农户"加总"全要素生产率额外增加 3.9 个百分点，最终实现"加总"全要素生产率增加 24.5%；三是当前小农户经营规模为 5~10 亩能实现农户"加总"全要素生产率额外增加幅度最高，最终实现"加总"全要素生产率增加 25.4%，且这一结论在不同参数校准下的结果相一致；基于宏观加总分析的视角，小农户土地经营规模的最优区间为 5～10 亩，且这一结论在不同参数校准下的结果相一致。

第五，案例分析表明有能力的经营主体种植更多的土地，关键是要通过提升配置效率，以及运用新技术通过技术进步的方式予以实现。首先，如果经营主体只注重经营规模，没有考虑到要素合理配置，也不与时俱进发挥技术进步所产生的红利，农业规模化经营的路子也将会走偏。合理确定规模经营半径，是实现农业规模化经营的重要前提。规模化经营与小农户种植相比，优势是"统"，缺点是"分"。规模化经营依托"统"获得规模收益，但"统"得过多会产生生产成本较高的弊端。规模化经营依托"分"能够降低规模化成本，但"分"得不足会产生低积极性问题。合理地确定规模经营的半径，是消除要素配置扭曲，实现资源有效配置的关键。

通过以上分析，本书解释了"在劳动力转移数量不断增加的背景下，为什么中国农户全要素生产率仍实现稳中有升"的问题。更为重要的是本书厘清了非农就业影响农户土地资源配置进而影响农户全要素生产率的关系。与以往研究不同的是，本书还构建了非农就业、土地资源配置和农户全要素生产率的理论框架，提出了相应的研究假说，并通过大量且严格的实证方法验证了假说，实证测度了消除土地要素扭曲对全要素生产率的提升效果，证实了在农户分化的大背景下，"地随人动"导致土地资源再配置进而实现全要素生产率水平得到提升这一结论。

9.2　政策含义

如何培育农业农村发展新动能，提升全要素生产率水平是发展目标。全要素生产率提升是小农户与现代农业发展有机衔接的重要标志。小农户融入现代农业，尤其是在农户分化的大背景下，一部分农户离开农业进入非农领域，而一部分农户从事农业生产经营成为兼业农户，这就需要针对不同类型的农户，设计出衔接现代农业的路径。

从劳动力要素的角度出发，本书可以得出如下启示：

第一，大量农村劳动力转移出去已是不争事实，兼业农户是农户未来的主流类型。研究发现，农户非农就业时间呈现不断上升的趋势，兼业农户比例不断提升。兼业农户既从事非农就业又从事农业生产，大多数兼业农户家庭中大量青壮年劳力外出务工。农业生产保障粮食安全离不开兼业农户。因此，需要全方位对兼业农户予以扶持。针对兼业农户的特点，在农业生产中需要充分发挥农业社会化服务和新型农业经营主体的带动效应，在构建完备的风险防范体系前提下鼓励支持工商资本进入农业农村提供非农就业机会，引领兼业农户融入现代农业发展全过程：

（1）发展农业社会化服务是兼业农户衔接现代农业的一条重要路径，数量和质量并重是其基本要求。一方面，农业社会化服务组织数量需要提升，尽可能为需要服务的农户提供服务。当前农户对社会化服务需求较为旺盛，突出表现为农业生产中某些具体环节（农业机械、技术、金融），部分农业生产环节的社会化服务出现供不应求现象，解决数量不足是初级要求，以满足现阶段农户社会化服务的需求。另一方面，农业社会化服务质量需要稳步提升，由原先的单一性服务体系向多元性、专业性和市场性体系迈进。提供高效、便捷、先进的农业生产要素，不仅是高度市场化的社会化大生产，也是农业生产专业化和分工协作下的产物。农业社会化服务发展要牢牢以"市场化为导向、服务农业农民、创新发展、注重服务质量"为原则，以"专业的人做专业的事"作为社会化服务质量提升的标志，解决未来兼业农户因自身劣势在市场对接、技术应用、要素投入等方面的劣势。

（2）创新符合新型农业经营主体发展的体制机制，在规范各类新型农业经营主体的基础上，鼓励支持新型农业经营主体衔接带动小农，形成合力为实现乡村振兴中的产业兴旺奠定基础。兼业农户自身农业发展也离不开新型农业经营主体的带动，新型农业经营主体作为农业现代化演进过程中出现的主体，在坚持激励与监管、扶持和规制并重的思路下，发挥新型农业经营主体的溢出效应，更好地发挥规模经营所产生的"红利"。新型农业经营主体可以通过与小农户之间建立具有"股份制"和"合作制"的利益联结机制，并构建利益协调机制、利益调节分配机制，强化对新型农业经营主体的激励，以建立紧密型股份制利益联结机制为政策目标。

（3）在构建完备的风险防范体系前提下鼓励支持工商资本进入农业农村，为兼业农户提供丰富非农就业机会，这应是未来的政策走势。引导和规范工商资本下乡，充分发挥工商资本重构乡村振兴主体、优化配置要素资源等方面的重要作用，是工业反哺农业、城市支持农村的重要体现。在实践层面，大量工商资本进入农业、农村，为当地农户提供了诸多就业机会，例如笔者调研的部分工商资本进入农业农村后提供了大量就业机会，浙江省平湖市双龙葡萄园艺有限公司以平均每亩1200元的价格流入农户土地，并以每月2000元的工资雇佣劳工、贵州黔茶联盟茶业发展有限公司流入农户土地10万亩，雇佣农民200多人，每天工资80~200元并按照每斤高出市场价格2~5元收购农民茶叶。工商资本进入农业农村并不是洪水猛兽，而应该在构建完备的风险防范体制机制的基础上科学引导，以解决兼业农户就业的问题。

第二，纯农户中种粮农户的经营规模将会增加，多措并举设计针对种粮农户的扶持政策。本书第 5 章的研究结论表明，随着非农就业程度增加，农户越来越倾向于种植机械化程度高的作物（如土地密集型农产品）。当前粮食作物农业机械化水平较高，农业种植结构"趋粮化"也日益显现，这就说明未来纯农户中种粮农户的经营规模可能将会增加。鉴于粮食种植具有较低的比较效益，较低的经营规模可能导致农户被"挤出"市场。"手中有粮、心中不慌"，粮食安全作为国家重大战略，保障粮食安全刻不容缓。因此，政府应该对纯农户中种粮农户予以政策上的扶持，引导种粮农户以现代理念经营农业，加大扶持力度。

（1）有序引导有能力的农户适度扩大农业经营规模，重点依托政府和市场等多方主体为种粮农户提供全方位服务。政府需要为种粮农户营造良好的农业经营环境，激发种粮农户自身内在动力，同时尽可能保证主要农产品的供需平衡，稳步推进农产品价格形成机制和收储制度改革。消除不利于种粮农户的环境因素，例如产粮大县与财政收入的"粮财倒挂"现象，加大产粮大县的奖励资金力度。逐步改善"撒胡椒面"式农业补贴制度，重点改革财政支农制度体制机制，完善农业补贴制度与改革财政支农投入机制，农业补贴需要逐步转向针对特定群体的特惠制补贴，尤其要瞄准从事粮食种植的纯农户。

（2）转变农业经营方式，发挥规模效应并降低经营成本。一段时期以来，较低的粮食价格让大量农户苦不堪言，尤其是 2016 年出现东北地区玉米价格断崖式下降与华北地区小麦供大于求的现象，大量种粮农户利益得不到保障。笔者调研时发现，河南省荥阳市新田地种植专业合作社转变农业经营方式，采用"统中有分、统分结合"的模式实现了合作社农产品供不应求而且价格普遍每斤高出市场价格 0.1~0.2 元，实现种粮农户增收。实践经验符合党的十七届三中全会所指出的统一经营发展方向，即统一经营要向发展农户联合与合作，形成多元化、多层次、多形式经营服务体系的方向转变，培育农民新型合作组织，发展各种农业社会化服务组织，着力提高组织化程度，等等。

从土地要素的角度出发，本书可以得出如下启示：

第一，鼓励土地集中到有能力经营者手中，做到政策与市场保障"双管齐下"。结论表明，如果将农户闲置的承包地加以盘活利用，能够实现农户"加总"全要素生产率额外增加 0.5 个百分点，最终实现"加总"全要素生产率增加 23.1%。鼓励土地向有能力经营者集中，首先，离不开政策层面的支持，这就需要扎实推进农村土地确权登记颁证政策。闲置耕地的盘活需要确权赋能，有效地解决农户承包地块存在面积不准、四至不清、空间位置不明、登记簿不健全等问题，尽可能降低土地纠纷事件，农民土地权益难以得到依法保障。从 2009 年开始，农村土地承包经营权确权登记颁证试点工作按照一村一组、整乡整镇、整县推进和整省试点的方式稳步推进。2014 年中央一号文件和同年出台的《中共中央办公厅　国务院办公厅关于引导农村土地经营权有序流转发展农业适度规模经营的意见》都对农村土地承包经营权确权登记原则进行了说明，既在充分尊重农民意愿的前提下确权到户到地，也可以确权确股不确地。土地承包关系稳定并长久不变，通过确权赋能的方式保障农户土地权益不仅消除了农民承包土地的顾虑，也能够极大地盘活闲置承包地。

其次，鼓励土地流转的政策方向不能变。早在 1984 年中央一号文件便指出鼓励土地逐步向种田能手集中。当前，农业规模化经营面临着成本上升的压力，尤其是土地租金的上涨，部分地区农业规模化经营出现"开倒车"现象。虽然以土地流转为核心的农业规模化经营受到了质疑，但是不能完全否定土地流转的积极意义，而应该科学地解决当前土地流转面临着的诸多难题。鼓励土地流转首先是要盘活农村闲置承包地。盘活闲置承包地需要构建市场交易平台。依托"互联网+"的方式，打造以农村土地流转交易平台为核心的农村综合产权交易中心，建立健全土地流转交易市场，提供线上线下土地流转信息，消除农村土地承包市场信息不对称，有助于盘活撂荒承包地。例如笔者调研的辽宁海城，该地采用问题导向、试点先行、政策激励、平台搭建、梯次推进等手段，试点建立了东北地区第一家建立农村综合产权交易中心，通过线上线下交易累计流转土地 23.2 万亩，实现农村产权流转交易额 4.9 亿元。此外，规范工商资本租赁农地行为。监管和防范工商资本长时间、大面积租赁农地风险，完善并制定工商资本租赁农地的时间上限，重点是防止工商资本与行政力量相结合，在违背农户意愿的情况下租赁土地，建立健全工商资本租赁农地风险保障金制度，不能因流转土地把农民的利益改少了。

最后，加强土壤污染治理修复。闲置承包地除了因流转不畅外，还可能是因土壤肥力不足、重金属污染等因素所导致的闲置。加强土壤修复工作。农业生产中深入推进化肥、农药零增长行动，切实把过量的化肥降下来，增施有机肥和绿肥，多施用环境友好的有机肥，并加强对农户施肥行为进行技术指导，对不同经营规模的农业经营户分类指导施肥，精准化给予生产经营指导。扎实开展重金属修复工作，推广湖南省长株潭地区开展的重金属污染耕地修复及农作物种植结构调整试点的成功经验，全面排查重金属污染源、对重金属污染分区分类治理，按照优先保护区、安全利用区、严格管控区和休耕试点区分类保护。通过政府购买服务的方式，允许企业作为主体实施第三方治理，同时确定第三方监理企业对第三方治理进行全程监管和验收考核。

第二，加大对土地密集型农户的扶持力度，以提升土地密集型农产品品质为核心。农户从事土地密集型农作物生产对"加总"全要素生产率具有较高的促进效用，能够实现农户"加总"全要素生产率额外增加 3.9 个百分点，最终实现"加总"全要素生产率增加 24.5%。一方面是得益于土地密集型农作物自身抗风险的特性，另一方面也得益于现代农业发展带来的技术革新。现阶段，鉴于农产品贸易"逆差"趋势难以在短期内扭转，主要农产品对外依存度不断上升，需要加大对土地密集型农产品生产者的扶持力度，创新扶持方式，重点完善农业支持保护体系构建，充分发挥市场机制和宏观调控有机结合的政策优势，以解决土地密集型农产品的比较劣势。正因于土地密集型农产品具有较低的技术进入门槛和市场风险，国际竞争力较弱，因此亟须加强对土地密集型农户的扶持力度，重点以提升土地密集型农产品品质为核心，强化土地密集型农产品品质安全监控，完善农产品规范体系建设，打造品牌。

第三，支持小农户政策是正确的，坚定扶持小农生产的政策方向不动摇。适度规模经营不仅适用于新型农业经营主体，也同样适用于小农户。小农户作为中国农业生产经营主体的重要组成部分，并没有在农业发展中而被抛弃，将长期存在。本书发现在技术不变的情况下，样本农户经营规模为 5 ~ 10 亩能实现农户"加总"全要素生产率额外增加幅度最高。首先，当前全国承包农户平均经营耕地面积为 7.5 亩，经营规模超过 10 亩的农户大都是流转土地的农户，考虑到流转土地具有较高的成本，在一定程度上压缩了小农户的利润空间，而低于 5 亩的农户难以发挥规模收益。其次，按照当前农户的技术水平、社会化服务水平和劳动力配置水平，经营面积在 5 ~ 10 亩的农户对"加总"全要素生产率额外增加幅度最高，当前中国大多数农户的经营面积都在这个区间，这进一步表明了支持小农户政策的正确性。最后，进一步放宽研究假设，经营面积在 5 ~ 10 亩的农户对"加总"全要素生产率额外增加幅度最高是假定技术不变的情况下，当技术服务和其他各项农业社会化服务水平提升，农户的全要素生产率曲线将会向上移动，经营规模面积也将随之变化。加强技术服务，新技术的采纳均能够实现全要素生产率水平的额外提升。农户农业生产经营不能一味扩大经营规模，而是需要实现经营规模与自身经营能力的动态匹配。未来，应该全方面加强对小农户的扶持，改造小农的路径，不是消灭小农，而是改善小农户发展的条件，需要对小农户进行分类指导，对从事较大规模生产的小农户予以技术等方面的扶持，重点是技术服务和先进管理经验的服务。近年来，随着信息技术对农业全方位渗透，新产业、新业态不断涌现。通过引入新技术、新产业和新业态，让更多的农户加入产业链，分享价值链增值收益，增强获得感、幸福感、安全感，激发小农户发展现代农业的内生动力和创造、创新活力。

9.3 进一步思考

根据本书的研究结论，有如下延伸性思考：

第一，政策设计应充分考虑"人地关系"的改变对农业生产的影响，重点激发农村土地市场的活力，以解决要素错配的问题。在城乡融合与乡村振兴战略的大背景下，解决城乡要素错配的核心是优化农村要素的有效配置。劳动力要素从农村释放出来，核心在于劳动力要素的边际收益在城乡之间的不平衡，劳动力在城乡之间不断流动。研究发现，当土地要素得到有效配置能够实现全要素生产率提升，那么如何实现土地要素得到有效配置？土地要素因其自身特性，如何提升要素配置合理化，需要增强要素流动的协同性，让市场形成价格，让价格引导土地要素的配置，让农村的土地要素"活"起来。让愿意流转出土地的农户实现"人地分离"，让愿意转入土地的农户能够扩大土地规模经营，这就需要市场体制的相关配套。相关中央文件都重点强调要素流动。因此，让农村要素"动起来"和"活起来"应成为当前调整"人地关系"的政策抓手。"人地关系"的调整也会带来"谁来种地"和"如何种地"的问题。根据本书的研究结果，人地关系的调整重点考虑的是如何能够实现土地要素的有效配置，未来让有能力的农户种更多的地，既可以是新型农业经营主体，也可以是农业社会化服务组织。

第二，小农户存在具有必要性，要用动态和发展的眼光去看待衔接方式。"重农固本，是安民之基"。中国自古以农立国，农业的丰歉和社会兴衰紧密相连，历史上盛世多源于农丰，败亡必因于农衰。自新中国成立以来的实践也反复证明，农业是保障国民经济持续健康发展的"压舱石"，是调节劳动力就业波动的"蓄水池"，"三农"向好则全局主动。小农户作为农业生产的重要微观主体，当前的形势是数量多并且长期存在。小农户的经营方式必然会随着农业功能的改变以及农业发展形势的改变而改变。当前，随着新型农业经营主体、新型职业农民、新型农业服务主体的不断涌现，农业产业链不断纵向延伸，小农户与现代农业发展的有机衔接形势会随着现代农业内涵和小农户的自身历史使命的转变而转变。本书研究结果表明，当前小农户经营面积在 5~10 亩对于"加总"全要素生产率的提升效果最大，但需要说明的是不能一成不变地看待 5~10 亩是小农户最优经营面积，而应该明确研究结论是在技术水平不变的假定下所得出的。随着现代农业的进一步发展，当新技术逐步应用于农户之中、农业社会化服务质量不断提升，最优经营面积也将提升并随之发生改变，因此，需要用动态和发展的眼光去看待小农户衔接现代农业发展的衔接形式，亟须在政策中予以明确。

参考文献

［1］Abebe G G. Off-farm Income and Technical Efficiency of Smallholder Farmers in Ethiopia［R］. European Erasmus Mundus Master Program: Agricultural Food and Environmental Policy Analysis, 2014.

［2］Adamopoulos T, Brandt L, Leight J, Restuccia D. Misallocation, Selection and Productivity: A Quantitative Analysis with Panel Data from China［R］. National Bureau of Economic Research, Working Paper, University of Toronto, 2017.

［3］Adamopoulos T, Restuccia D. Land Reform and Productivity: A Quantitative Analysis with Micro Data［R］. University of Toronto, Working Paper, 2014.

［4］Adams Jr R H, Cuecuecha A. Remittances, Household Expenditure and Investment in Guatemala［J］. World Development, 2010, 38 (11): 1626-1641.

［5］Ahituv A, Kimhi A. Off-Farm Work and Capital Accumulation Decisions of Farmers Over the Life-cycle: The Role of Heterogeneity and State Dependence［J］. Journal of Development Economics, 2002, 68 (2): 329-353.

［6］Ahmed M H, Melesse K A. Impact of Off-farm Activities on Technical Efficiency: Evidence from Maize Producers of Eastern Ethiopia［J］. Agricultural and Food Economics, 2018, 6 (1): 3.

［7］Akgüc M, Liu X, Tani M, Zimmermann, K F. Risk Attitudes and Migration［J］. China Economic Review, 2016, 37 (2): 166-176

［8］Amemiya T. Nonlinear Regression Models［J］. Handbook of Econometrics, 1983 (1): 333-389.

［9］Anríquez G, Daidone S. Linkages between the Farm and Nonfarm Sectors at the Household Level in Rural Ghana: A Consistent Stochastic Distance Function Approach［J］. Agricultural Economics, 2010, 41 (1): 51-66.

［10］Ayerst S, Brandt L, Restuccia D. Market Constraints, Misallocation, and Productivity in Vietnam Agriculture［R］. University of Toronto. Working Paper, 2018.

［11］Banerjee A V, Moll B. Why Does Misallocation Persist？［J］. American Economic Journal: Macroeconomics, 2010, 2 (1): 189-206.

［12］Baron R M, Kenny D A. The Moderator-mediator Variable Distinction in Social Psychological Research: Conceptual, Strategic, and Statistical Considerations ［J］. Journal of Personality and Social Psychology, 1986, 51 (6): 1173-1182.

［13］Benjamin D, Brandt L, Giles J. The Evolution of Income Inequality in Rural China ［J］. Economic Development and Cultural Change, 2005, 53 (4): 769-824.

［14］Bezemer D, Balcombe K, Davis J, Fraser I. Livelihoods and Farm Efficiency in Rural Georgia ［J］. Applied Economics, 2005, 37 (15): 1737-1745.

［15］Bojnecš, Fertöl. Farm Income Sources, Farm Size and Farm Technical Efficiency in Slovenia ［J］. Post-Communist Economies, 2013, 25 (3): 343-356.

［16］Bozoǧlu M, Ceyhan V. Measuring the Technical Efficiency and Exploring the Inefficiency Determinants of Vegetable Farms in Samsun Province, Turkey ［J］. Agricultural Systems, 2007, 94 (3): 649-656.

［17］Brandt L, Tombe T, Zhu X. Factor Market Distortions across Time, Space and Sectors in China ［J］. Review of Economic Dynamics, 2013, 16 (1): 39-58.

［18］Brown L R. Who will Feed China?: Wake-up Call for a Small Planet ［M］. New York: WW Norton & Company, 1995.

［19］Brümmer B, Glauben T, Lu W. Policy Reform and Productivity Change in Chinese Agriculture: A Distance Function Approach ［J］. Journal of Development Economics, 2006, 81 (1): 61-79.

［20］Cai F, Du Y. Wage Increases, Wage Convergence, and the Lewis Turning Point in China ［J］. China Eco mic Review, 2011, 22 (4): 601-610.

［21］Cai F, Wang M. Growth and Structural Changes in Employment in Transition China ［J］. Journal of Comparative Economics, 2010, 38 (1): 71-81.

［22］Chang H H, Mishra A K. Chemical Usage in Production Agriculture: Do Crop Insurance and Off-farm Work Play a Part? ［J］. Journal of Environmental Management, 2012 (105): 76-82.

［23］Chang H H, Wen F I. Off-farm Work, Technical Efficiency, and Rice Production Risk in Taiwan ［J］. Agricultural Economics, 2011, 42 (2): 269-278.

［24］Chavas J P, Petrie R, Roth M. Farm Household Production Efficiency: Evidence from the Gambia ［J］. American Journal of Agricultural Economics, 2005, 87 (1): 160-179.

［25］Che Y. Off-farm Employments and Land Rental Behavior: Evidence from Rural China ［J］. China Agricultural Economic Review, 2016, 8 (1): 37-54.

［26］Cheremukhin A, Golosov M, Guriev S, et al. The Economy of People's Republic of China from 1953 ［R］. National Bureau of Economic Research, 2015.

［27］Chen C. Untitled Land, Occupational Choice, and Agricultural Productivity ［J］. American Economic Journal: Macroeconomics, 2017, 9 (4): 91-121.

［28］Chen C, Restuccia D, Santaeulàlia-Llopis R. The Effects of Land Markets on Resource Allocation and Agricultural Productivity ［R］. National Bureau of Economic Research, 2017.

［29］Chen P, Yu M, Chang C, Hsu S. Total Factor Productivity Growth in China's Agricultural Sector ［J］. China Economic Review, 2008, 19 (4): 580-593.

［30］Cortina J. Subsidizing Migration? Mexican Agricultural Policies and Migration to the United States ［J］. Policy Studies Journal, 2014, 42 (1): 101-121.

［31］Croll E J, Ping H. Migration for and Against Agriculture in Eight Chinese Villages ［J］. The China Quarterly, 1997, 149 (2): 128-146.

［32］Damon A L. Agricultural Land Use and Asset Accumulation in Migrant Households: The Case of El Salvador ［J］. The Journal of Development Studies, 2010, 46 (1): 162-189.

［33］de Brauw A, Rozelle S. Migration and Household Investment in Rural China ［J］. China Economic Review, 2008, 19 (2): 320-335.

［34］de Brauw A. Seasonal Migration and Agriculture in Vietnam ［R］. The Food and Agriculture Organization of the United Nations: Paper Prepared for Presentation at the FAO-sponsored Workshop on "Migration, Transfers and Household Economic Decision Making", Rome, 2007.

［35］Dedehouanou S F A, Araar A, Ousseini A, et al. Spillovers from Off-farm Self-employment Opportunities in Rural Niger ［J］. World Development, 2018 (105): 428-442.

［36］Deininger K, Jin S, Xia F, et al. Moving Off the Farm: Land Institutions to Facilitate Structural Transformation and Agricultural Productivity Growth in China ［J］. World Development, 2014 (59): 505-520.

［37］Deininger K, Jin S. The Potential of Land Rental Markets in the Process of Economic Development: Evidence from China ［J］. Journal of Development Economics, 2005, 78 (1): 241-270.

［38］Deng Z Y, Zhang Q, Pu J Y, et al. Impact of Climate Warming on Crop Planting and Production in west China ［J］. Stxben, 2008, 28 (8): 3760-3768.

［39］Diao P, Zhang Z, Jin Z. Dynamic and Static Analysis of Agricultural Productivity in China ［J］. China Agricultural Economic Review, 2018, 10 (2): 293-312.

［40］Dustmann C, Weiss Y. Return Migration: Theory and Empirical Evidence from the UK ［J］. British Journal of Industrial Relations, 2007, 45 (2): 236-256.

［41］Dustmann C. Return Migration, Uncertainty and Precautionary Savings ［J］. Journal of Development Economics, 1997, 52 (2): 295-316.

［42］Eisenhardt K M. Better Stories and Better Constructs: The Case for Rigor and Comparative Logic ［J］. Academy of Management Review, 1991, 16 (3): 620-627.

［43］Fei J C H, Ranis G. A Theory of Economic Development ［J］. The American Economic Review, 1961 (51), 533-565.

［44］Feng S, Heerink N, Ruben R, et al. Land Rental Market, Off-farm Employment and Agricultural Production in Southeast China: A Plot-level Case Study ［J］. China Economic Review, 2010, 21 (4): 598-606.

［45］Feng S, Heerink N. Are Farm Households' Land Renting and Migration Decisions Inter-related in Rural China? ［J］. NJAS-Wageningen Journal of Life Sciences, 2008, 55 (4): 345-362.

［46］Fernandez-Cornejo J. Nonradial Technical Efficiency and Chemical Input Use in Agriculture ［J］. Agricultural & Resource Economics Review, 1994, 23 (1): 11-21.

［47］Gautam M, Yu B. Agricultural Productivity Growth and Drivers: A Comparative Study of China and India ［J］. China Agricultural Economic Review, 2015, 7 (4): 573-600.

［48］Gedikoglu H, McCann L, Artz G. Off-farm Employment Effects on Adoption of Nutrient Management Practices ［J］. Agricultural and Resource Economics Review, 2011, 40 (2): 293-306.

［49］Giles J, Mu R. Village Political Economy, Land Tenure Insecurity, and the Rural to Urban Migration Decision: Evidence from China ［J］. American Journal of Agricultural Economics, 2017, 100 (2): 521-544.

［50］Glauben T, Tietje H, Weiss C. Agriculture on the Move: Exploring Regional Differences in Farm Exit Rates in Western Germany ［J］. Jahrbuch für regionalwissenschaft, 2006, 26 (1): 103-118.

［51］ Gong B. Agricultural Reforms and Production in China Changes in Provincial Production Function and Productivity in 1978-2015 ［J］. Journal of Development Economics, 2018 (132): 18-31

［52］ Haji J. Production Efficiency of Smallholders' Vegetable-dominated Mixed Farming System in Eastern Ethiopia: A Non-parametric Approach ［J］. Journal of African Economies, 2007, 16 (1): 1-27.

［53］ Han H, Li H, Zhao L. Determinants of Factor Misallocation in Agricultural Production and Implications for Agricultural Supply-side Reform in China ［J］. China & World Economy, 2018, 26 (3): 22-42.

［54］ Harris J R, Todaro M P. Migration, Unemployment and Development: A Two-sector Analysis ［J］. American Economic Review, 1970, 60 (1): 126-142.

［55］ Hart G P. Disabling Globalization: Places of Power in Post-apartheid South Africa ［M］. California: University of California Press, 2002.

［56］ Heitmueller A. Unemployment Benefits, Risk Aversion, and Migration Incentives ［J］. Journal of Population Economics, 2005, 18 (1): 93-112.

［57］ Ho G T. Labor Market Policies and Misallocation in India ［R］. V Mimeo, UCLA, 2010.

［58］ Hoang T X, Pham C S, Ulubaşoğlu M A. Non-farm Activity, Household Expenditure, and Poverty Reduction in Rural Vietnam: 2002-2008 ［J］. World Development, 2014 (64): 554-568.

［59］ Hsieh C T, Klenow P J. Misallocation and Manufacturing TFP in China and India ［J］. The Quarterly Journal of Economics, 2009, 124 (4): 1403-1448.

［60］ Hu D, Reardon T, Rozelle S, et al. The Emergence of Supermarkets with Chinese Characteristics: Challenges and Opportunities for China's Agricultural Development ［J］. Development Policy Review, 2004, 22 (5): 557-586.

［61］ Huang J, Gao L, Rozelle S. The Effect of Off-farm Employment on the Decisions of Households to Rent out and Rent in Cultivated Land in China ［J］. China Agricultural Economic Review, 2012, 4 (1): 5-17.

［62］ Huang J, Zhi H, Huang Z, et al. The Impact of the Global Financial Crisis on Off-farm Employment and Earnings in Rural China ［J］. World Development, 2011, 39 (5): 797-807.

［63］ Jacoby H G. Access to Markets and the Benefits of Rural Roads ［J］. The Economic Journal, 2000, 110 (465): 713-737.

[64] Ji X, Qian Z, Zhang L, et al. Rural Labor Migration and Households' Land Rental Behavior: Evidence from China [J]. China & World Economy, 2018, 26 (1): 66-85.

[65] Key N, McBride W, Mosheim R. Decomposition of Total Factor Productivity Change in the US Hog Industry [J]. Journal of Agricultural and Applied Economics, 2008, 40 (1): 137-149.

[66] Kilic T, Carletto C, Miluka J, et al. Rural Nonfarm Income and its Impact on Agriculture: Evidence from Albania [J]. Agricultural Economics, 2009, 40 (2): 139-160.

[67] Kimura S, Otsuka K, Sonobe T, et al. Efficiency of Land Allocation through Tenancy Markets: Evidence from China [J]. Economic Development and Cultural Change, 2011, 59 (3): 485-510.

[68] Kousar R, Abdulai A. Off-farm Work, Land Tenancy Contracts and Investment in Soil Conservation Measures in Rural Pakistan [J]. Australian Journal of Agricultural and Resource Economics, 2016, 60 (2): 307-325.

[69] Kuiper M H. Village Modeling: A Chinese Recipe for Blending General Equilibrium and Household Modeling [M]. Berlin: Sl: sn, 2005.

[70] Kumbhakar S C, Biswas B, Bailey D V. A Study of Economic Efficiency of Utah Dairy Farmers: A System Approach [J]. The Review of Economics and Statistics, 1989 (2): 595-604.

[71] Kumbhakar S C, Lovell C A K. Stochastic Frontier Analysis [M]. Cambridge: Cambridge University Press, 2003.

[72] Kung J K. Off-farm Labor Markets and the Emergence of Land Rental Markets in Rural China [J]. Journal of Comparative Economics, 2002, 30 (2): 395-414.

[73] Lagakos D, Waugh M E. Selection, Agriculture, and Cross-country Productivity Differences [J]. American Economic Review, 2013, 103 (2): 948-980.

[74] Lewis W A. Economic Development with Unlimited Supplies of Labor [J]. The Manchester School, 1954, 22 (2): 139-191.

[75] Li H, Li L, Wu B, Xiong Y. The End of Cheap Chinese Labor [J]. The Journal of Economic Perspectives, 2012, 26 (4): 57-74.

[76] Li Q, Huang J, Luo R, Liu C. China's Labor Transition and the Future of China's Rural Wages and Employment [J]. China and World Economy, 2013, 21 (3): 4-24.

[77] Lin Y. The Household Responsibility System Reform in China: A Peasant's Institutional Choice [J]. American Journal of Agricultural Economics, 1987, 69 (2): 410-415.

[78] Liang Q, Hendrikse G. Cooperative CEO Identity and Efficient Governance: Member or Outside CEO? [J]. Agribusiness, 2013, 29 (1): 23-38.

[79] Lien G, Kumbhakar S C, Hardaker J B. Determinants of Off-farm Work and its Effects on Farm Performance: The Case of Norwegian Grain Farmers [J]. Agricultural Economics, 2010, 41 (6): 577-586.

[80] Lucas Jr R E. On the Size Distribution of Business Firms [J]. The Bell Journal of Economics, 1978, 9 (2): 508-523.

[81] Lucas R E B. Emigration to South Africa's Mines [J]. American Economic Review, 1987, 77 (3): 313-330.

[82] Ma W, Abdulai A, Ma C. The Effects of Off-farm Work on Fertilizer and Pesticide Expenditures in China [J]. Review of Development Economics, 2018, 22 (2): 573-591.

[83] Ma Z, Zhang W, Liang Z, Cui H. Labor Migration as A New Determinant of Income Growth in Rural China [J]. Population Research, 2004, 28 (3): 2-10.

[84] Mao W, Koo W W. Productivity Growth, Technological Progress, and Efficiency Change in Chinese Agriculture after Rural Economic Reforms: A DEA Approach [J]. China Economic Review, 1997, 8 (2): 157-174.

[85] Mathenge M K, Smale M, Tschirley D. Off-farm Employment and Input Intensification among Smallholder Maize Farmers in Kenya [J]. Journal of Agricultural Economics, 2015, 66 (2): 519-536.

[86] McCarthy N, Carletto G, Davis B, et al. Assessing the Impact of Massive Out-migration on Agriculture [R]. Rome: FAO, Agricultural and Development Economics Division (ESA) Working Paper Series, 2006.

[87] McMillan J, Whalley J, Zhu L. The Impact of China's Economic Reforms on Agricultural Productivity Growth [J]. Journal of Political Economy, 1989, 97 (4): 781-807.

[88] Mesnard A. Temporary Migration and Capital Market Imperfections [J]. Oxford Economic Papers, 2004, 56 (2), 242-262.

[89] Micco A, Repetto A. Productivity, Misallocation and the Labor Market [J]. Documentos de Trabajo, 2012 (6): 142-184.

[90] Miles M B, Huberman A M. Qualitative Data Analysis: An Expanded Sourcebook, 2nd Edition [M] . New York: Sage, 1994.

[91] Miluka J, Carletto G, Davis B, et al. The Vanishing Farms? The Impact of International Migration on Albanian Family Farming [M] . The World Bank, 2007.

[92] Minot N, Epprecht N, Trung Q L. Income Diversification and Poverty in the Northern Uplands of Vietnam [R] . IFPRI Research Report 145: 1 - 111. Washington, D. C. , 2006.

[93] Nakajima C. Subjective Equilibrium Theory of the Farm Household [M] . Amsterdam: Elsevier, 1986.

[94] Nguyen D L, Grote U. Migration, Agricultural Production and Diversification: A Case Study from Vietnam [C] //2015 Conference, August 9 - 14, 2015, Milan, Italy. International Association of Agricultural Economists, 2015.

[95] Oseni G, Winters P. Rural Nonfarm Activities and Agricultural Crop Production in Nigeria [J] . Agricultural Economics, 2009, 40 (2): 189-201.

[96] Pfeiffer L, López-Feldman A, Taylor J E. Is Off-farm Income Reforming the Farm? Evidence from Mexico [J] . Agricultural Economics, 2009, 40 (2): 125-138.

[97] Phimister E, Roberts D. The Effect of Off-farm Work on the Intensity of Agricultural Production [J] . Environmental and Resource Economics, 2006, 34 (4): 493-515.

[98] Qian W, Wang D, Zheng L. The Impact of Migration on Agricultural Restructuring: Evidence from Jiangxi Province in China [J] . Journal of Rural Studies, 2016 (47): 542-551.

[99] Ranis G, Fei J C H. A Theory of Economic Development [J] . American Economic Review, 1961, 51 (4): 533-565.

[100] Reardon T, Timmer C P, Barrett C B, BerdeguéJ. The Rise of Supermarkets in Africa, Asia, and Latin America [J] . American Journal of Agricultural Economics, 2003, 85 (5): 1140-1146.

[101] Restuccia D, Santaeulalia-Llopis R. Land Misallocation and Productivity [R] . National Bureau of Economic Research, 2017.

[102] Rozelle S, Taylor J E, de Brauw A. Migration, Remittances, and Agricultural Productivity in China [J] . American Economic Review, 1999, 89 (2): 287-291.

[103] Savastano S, Scandizzo P L. Farm Size and Productivity: A "Direct-inverse-direct" Relationship [R]. The World Bank, 2017.

[104] Schmook B, Radel C. International Labor Migration from A Tropical Development Frontier: Globalizing Households and An Incipient Forest Transition [J]. Human Ecology, 2008, 36 (6): 891-908.

[105] Sheng Y, Ding J, Huang J. The Relationship Between Farm Size and Productivity in Agriculture: Evidence from Maize Production in Northern China [J]. American Journal of Agricultural Economics, 2019, 101 (3): 790-806.

[106] Shi X, Heerink N, Futian Q U. Does Off-farm Employment Contribute to Agriculture-based Environmental Pollution? New Insights from A Village-level Analysis in Jiangxi Province, China [J]. China Economic Review, 2011, 22 (4): 524-533.

[107] Stark O. The Migration of Labor [M]. Cambridge, MA: Basil Blackwell, 1991.

[108] Strauss J. Does Better Nutrition Raise Farm Productivity? [J]. Journal of Political Economy, 1986, 94 (2): 297-320.

[109] Su W, Eriksson T, Zhang L. Off-farm Employment, Land Renting and Concentration of Farmland in the Process of Urbanization [J]. China Agricultural Economic Review, 2018, 10 (2): 338-350.

[110] Taylor J E, Lopez-Feldman A. Does Migration Make Rural Households More Productive? Evidence from Mexico [J]. The Journal of Development Studies, 2010, 46 (1): 68-90.

[111] Taylor J E, Rozelle S, de Brauw A. Migration and Incomes in Source Communities: A New Economics of Migration Perspective from China [J]. Economic Development and Cultural Change, 2003, 52 (1): 75-101.

[112] Taylor J E. Remittances and Inequality Reconsidered: Direct, Indirect, and Intertemporal Effects [J]. Journal of Policy Modeling, 1992, 14 (2): 187-208.

[113] Tian W, Wan G H. Technical Efficiency and its Determinants in China's Grain Production [J]. Journal of Productivity Analysis, 2000, 13 (2): 159-174.

[114] Tijani A A. Analysis of the Technical Efficiency of Rice Farms in Ijesha Land of Osun State, Nigeria [J]. Agrekon, 2006, 45 (2): 126-135.

[115] Valentinyi A, Herrendorf B. Measuring Factor Income Shares at the Sectoral Level [J]. Review of Economic Dynamics, 2008, 11 (4): 820-835.

[116] Von Thünen J H. Isolated State: An English Edition of Der isolierte Staat

[M]. Oxford: Pergamon Press, 1966.

[117] Wachong Castro V, Heerink N, Shi X, Qu W. Water Savings Through Off-farm Employment? [J]. China Agricultural Economic Review, 2010, 2 (2): 167-184.

[118] Wang X, Huang J, Zhang L, Rozelle S. The Rise of Migration and the Fall of Self Employment in Rural China's Labor Market [J]. China Economic Review, 2011, 22 (4): 573-584.

[119] Wang X, Rungsuriyawiboon S. Agricultural Efficiency, Technical Change and Productivity in China [J]. Post - Communist Economies, 2010, 22 (2): 207-227.

[120] Wouterse F, Taylor J E. Migration and Income Diversification: Evidence from Burkina Faso [J]. World Development, 2008, 36 (4): 625-640.

[121] Wu H X, Meng X. The Direct Impact of the Relocation of Farm Labour on Chinese Grain Production [J]. China Economic Review, 1996, 7 (2): 105-122.

[122] Yan X, Huo X. Drivers of Household Entry and Intensity in Land Rental Market in Rural China: Evidence from North Henan Province [J]. China Agricultural Economic Review, 2016, 8 (2): 345-364.

[123] Yang D T. China's Land Arrangements and Rural Labor Mobility [J]. China Economic Review, 1997, 8 (2): 101-115.

[124] Yang J, Wang H, Jin S, et al. Migration, Local Off-farm Employment, and Agricultural Production Efficiency: Evidence from China [J]. Journal of Productivity Analysis, 2016, 45 (3): 247-259.

[125] Yao Y. The Development of the Land Lease Market in Rural China [J]. Land Economics, 2000 (2): 252-266.

[126] Yin N, Huang Q, Wang Y. Impacts of Off-farm Employment on Groundwater Irrigation in North China [J]. Environment and Development Economics, 2018, 23 (2): 161-183.

[127] Zhang J, Gan L, Xu L C, Yao Y. Health Shocks, Village Elections, and Household Income: Evidence from Rural China [J]. China Economic Review, 2014 (30): 155-168.

[128] Zhang L, Su W, Eriksson T, et al. How Off-farm Employment Affects Technical Efficiency of China's Farms: The Case of Jiangsu [J]. China & World Economy, 2016, 24 (3): 37-51.

[129] Zhang L, Yi H, Luo R, Liu C, Rozelle S. The Human Capital Roots of

the Middle Income Trap: The Case of China [J]. Agricultural Economics, 2013, 44 (s1): 151-162.

[130] Zhang Y, Li X, Song W. Determinants of Cropland Abandonment at the Parcel, Household and Village Levels in Mountain Areas of China: A Multi-level Analysis [J]. Land Use Policy, 2014 (41): 186-192.

[131] Zou B, Mishra A K, Luo B. Aging Population, Farm Succession, and Farmland Usage: Evidence from Rural China [J]. Land Use Policy, 2018 (77): 437-445.

[132] 白重恩, 钱震杰. 国民收入的要素分配: 统计数据背后的故事 [J]. 经济研究, 2009 (3): 27-41.

[133] 蔡昉. 人口转变、人口红利与刘易斯转折点 [J]. 经济研究, 2010 (4): 4-13.

[134] 蔡基宏. 关于农地规模与兼业程度对土地产出率影响争议的一个解答——基于农户模型的讨论 [J]. 数量经济技术经济研究, 2005 (3): 28-37.

[135] 蔡键, 唐忠. 华北平原农业机械化发展及其服务市场形成 [J]. 改革, 2016 (10): 65-72.

[136] 曹志宏, 郝晋珉, 梁流涛. 农户耕地撂荒行为经济分析与策略研究 [J]. 农业技术经济, 2008 (3): 43-46.

[137] 陈飞, 翟伟娟. 农户行为视角下农地流转诱因及其福利效应研究 [J]. 经济研究, 2015 (10): 163-177.

[138] 陈风波, 丁士军. 农村劳动力非农化与种植模式变迁——以江汉平原稻农水稻种植为例 [J]. 南方经济, 2006 (9): 43-52.

[139] 陈卫平. 中国农业生产率增长、技术进步与效率变化: 1990~2003 年 [J]. 中国农村观察, 2006 (1): 18-23.

[140] 陈锡文. 落实发展新理念 破解农业新难题 [J]. 农业经济问题, 2016 (3): 4-10.

[141] 陈训波. 资源配置、全要素生产率与农业经济增长愿景 [J]. 改革, 2012 (8): 82-90.

[142] 董晓霞, 黄季焜, 王红林. 地理区位、交通基础设施与种植业结构调整研究 [J]. 管理世界, 2006 (9): 59-63.

[143] 杜鑫. 劳动力转移、土地租赁与农业资本投入的联合决策分析 [J]. 中国农村经济, 2013 (10): 63-75.

[144] 段万利, 林忠, 熊云清. 基于农民外出务工原因的农村撂荒现象的对策分析 [J]. 农村经济, 2007 (3): 16-19.

［145］方鸿．非农就业对农户农业生产性投资的影响［J］．云南财经大学学报，2013（1）：77–83.

［146］方利平，等．极端天气致我国粮食减产粮价飞涨　农民未受惠［N］．广州日报，2011–02–14.

［147］盖庆恩，朱喜，程名望，史清华．土地资源配置不当与劳动生产率［J］．经济研究，2017（5）：117–130.

［148］盖庆恩，朱喜，程名望，史清华．要素市场扭曲、垄断势力与全要素生产率［J］．经济研究，2015（5）：61–75.

［149］盖庆恩，朱喜，史清华．劳动力市场扭曲、结构转变和中国劳动生产率［J］．经济研究，2013（5）：87–97.

［150］盖庆恩，朱喜，史清华．劳动力转移对中国农业生产的影响［J］．经济学（季刊），2014（3）：1147–1170.

［151］高佳，李世平．产权认知、家庭特征与农户土地承包权退出意愿［J］．西北农林科技大学学报（社会科学版），2015（4）：71–78.

［152］高强．理性看待种粮大户"毁约弃耕"现象［J］．农村经营管理，2017（4）：1.

［153］高原．大农场和小农户：鲁西北地区的粮食生产［J］．中国乡村研究，2014（1）：126–144.

［154］韩立岩，王哲兵．我国实体经济资本配置效率与行业差异［J］．经济研究，2005（1）：77–84.

［155］侯杰，陆强，石涌江，戎珂．基于组织生态学的企业成长演化：有关变异和生存因素的案例研究［J］．管理世界，2011（12）：116–130.

［156］胡敏，王成超．劳动力非农转移对农户耕地撂荒的影响［J］．亚热带资源与环境学报，2013，8（2）：56–63.

［157］黄宗智，高原．中国农业资本化的动力：公司、国家、还是农户？［J］．中国乡村研究，2013（0）：28–50.

［158］黄宗智，彭玉生．三大历史性变迁的交汇与中国小规模农业的前景［J］．中国社会科学，2007（4）：74–88.

［159］黄宗智．华北小农经济和社会变迁［M］．北京：中华书局，1986.

［160］黄宗智．中国农业面临的历史性契机［J］．读书，2006（10）：118–129.

［161］黄祖辉，王建英，陈志钢．非农就业、土地流转与土地细碎化对稻农技术效率的影响［J］．中国农村经济，2014（11）：4–16.

［162］黄祖辉，杨进，彭超，陈志钢．中国农户家庭的劳动供给演变：人

口、土地和工资 [J]．中国人口科学，2012（6）：12-22.

[163] 纪月清，钟甫宁．非农就业与农户农机服务利用 [J]．南京农业大学学报（社会科学版），2013（5）：47-52.

[164] 冀县卿．企业家才能、治理结构与农地股份合作制制度创新——对江苏渌洋湖土地股份合作社的个案解析 [J]．中国农村经济，2009（10）：42-50.

[165] 姜保国，刘珊，雷贵，曾佳佳，陈楚红．关于我国土地撂荒现状的思考——基于对武陵山片区土地撂荒的调查分析 [J]．今日中国论坛，2013（17）：52-54.

[166] 孔祥智．健全农业社会化服务体系　实现小农户和现代农业发展有机衔接 [J]．农业经济与管理，2017（5）：20-22.

[167] 孔祥智，张琛，张效榕．要素禀赋变化与农业资本有机构成提升——对1978年以来中国农业发展路径的解释 [J]．管理世界，2018（10）：147-160.

[168] 孔祥智，张效榕．从城乡一体化到乡村振兴——十八大以来中国城乡关系演变的路径及发展趋势 [J]．教学与研究，2018（8）：5-14.

[169] 孔祥智，周振，路玉彬．我国农业机械化道路探索与政策建议 [J]．经济纵横，2015（7）：65-72.

[170] 匡远配，杨佳利．基于农地流转视角的中国农业技术效率分析 [J]．南京农业大学学报（社会科学版），2018（2）：138-148.

[171] 李谷成，冯中朝，范丽霞．农户家庭经营技术效率与全要素生产率增长分解（1999—2003年）——基于随机前沿生产函数与来自湖北省农户的微观证据 [J]．数量经济技术经济研究，2007（8）：25-34.

[172] 李谷成，冯中朝，范丽霞．小农户真的更加具有效率吗？来自湖北省的经验证据 [J]．经济学（季刊），2009（1）：95-124.

[173] 李力行，黄佩媛，马光荣．土地资源错配与中国工业企业生产率差异 [J]．管理世界，2016（8）：86-96.

[174] 李明艳，陈利根，石晓平．非农就业与农户土地利用行为实证分析：配置效应、兼业效应与投资效应——基于2005年江西省农户调研数据 [J]．农业技术经济，2010（3）：41-51.

[175] 李升发，李秀彬，辛良杰，王学，王仁靖，蒋敏，王亚辉．中国山区耕地撂荒程度及空间分布——基于全国山区抽样调查结果 [J]．资源科学，2017（10）：1801-1811.

[176] 李宪宝，高强．行为逻辑，分化结果与发展前景——对1978年以来我国农户分化行为的考察 [J]．农业经济问题，2013（2）：56-65.

[177] 李祎君，王春乙．气候变化对我国农作物种植结构的影响 [J]．气

候变化研究进展，2010（2）：123-129.

［178］林坚，李德洗．非农就业与粮食生产：替代抑或互补——基于粮食主产区农户视角的分析［J］．中国农村经济，2013（9）：54-62.

［179］刘承芳，樊胜根．农户农业生产性投资影响因素研究——对江苏省六个县市的实证分析［J］．中国农村观察，2002（4）：34-42.

［180］刘乃全，刘学华．劳动力流动、农业种植结构调整与粮食安全——基于"良田种树风"的一个分析［J］．南方经济，2009（6）：15-24.

［181］刘同山，张云华，孔祥智．市民化能力、权益认知与农户的土地退出意愿［J］．中国土地科学，2013（11）：23-30.

［182］刘同山．农业机械化、非农就业与农民的承包地退出意愿［J］．中国人口·资源与环境，2016（6）：62-68.

［183］龙冬平，李同昇，苗园园，刘超，李晓越，孟欢欢．中国农村人口非农化时空演变特征及影响因素［J］．地理科学进展，2014（4）：517-530.

［184］龙开胜，陈利根．基于农民土地处置意愿的农村土地配置机制分析［J］．南京农业大学学报（社会科学版），2011（4）：80-87.

［185］鲁晓东．金融资源错配阻碍了中国的经济增长吗［J］．金融研究，2008（4）：55-68.

［186］陆文聪，梅燕，李元龙．中国粮食生产的区域变化：人地关系、非农就业与劳动报酬的影响效应［J］．中国人口科学，2008（3）：20-28.

［187］路玉彬，孔祥智．农机具购置补贴政策的多维考量和趋势［J］．改革，2018（2）：75-88.

［188］罗必良．农地保障和退出条件下的制度变革：福利功能让渡财产功能［J］．改革，2013（1）：66-75.

［189］罗必良，仇童伟．中国农业种植结构调整："非粮化"抑或"趋粮化"［J］．社会科学战线，2018（2）：39-51.

［190］马克思．资本论（第一卷）［M］．北京：人民出版社，2004.

［191］马晓河，崔红志．建立土地流转制度，促进区域农业生产规模化经营［J］．管理世界，2002（11）：63-77.

［192］冒佩华，徐骥．农地制度、土地经营权流转与农民收入增长［J］．管理世界，2015（5）：63-74.

［193］潘珊，龚六堂，李尚骜．中国经济的"双重"结构转型与非平衡增长［J］．经济学（季刊），2017（1）：97-120.

［194］钱龙，洪名勇．非农就业、土地流转与农业生产效率变化——基于CFPS的实证分析［J］．中国农村经济，2016（12）：2-16.

［195］钱龙，袁航，刘景景，洪名勇．农地流转影响粮食种植结构分析［J］．农业技术经济，2018（8）：63-74.

［196］钱忠好．非农就业是否必然导致农地流转——基于家庭内部分工的理论分析及其对中国农户兼业化的解释［J］．中国农村经济，2008（10）：13-21.

［197］秦凤明，李宏斌．警惕土地流转后"毁约弃耕"［N］．中国国土资源报，2015-05-27（7）．

［198］仇童伟，罗必良．种植结构"趋粮化"的动因何在？——基于农地产权与要素配置的作用机理及实证研究［J］．中国农村经济，2018（2）：65-80.

［199］全炯振．中国农业全要素生产率增长的实证分析：1978~2007年——基于随机前沿分析（SFA）方法［J］．中国农村经济，2009（9）：36-47.

［200］史清华，张惠林．农户家庭经营非农化进程与历程研究［J］．经济问题，2000（4）：45-48.

［201］世界银行．2008年世界银行发展报告：以农业促发展［M］．北京：清华大学出版社，2008.

［202］宋铮．解构中国经济高速增长的源泉：一个制度转轨的视角［M］//袁志．中国经济增长：制度、结构、福祉．上海：复旦大学出版社，2008.

［203］苏群，汪霏菲，陈杰．农户分化与土地流转行为［J］．资源科学，2016（3）：377-386.

［204］苏卫良，刘承芳，张林秀．非农就业对农户家庭农业机械化服务影响研究［J］．农业技术经济，2016（10）：4-11.

［205］孙小龙，郭沛．非农就业对农户土地转出行为的影响［J］．财经科学，2015（11）：121-128.

［206］田玉军，李秀彬，马国霞，郝海广．劳动力析出对生态脆弱区耕地撂荒的影响［J］．中国土地科学，2010（7）：4-9.

［207］田玉军，李秀彬，辛良杰，马国霞，李占明．农业劳动力机会成本上升对农地利用的影响——以宁夏回族自治区为例［J］．自然资源学报，2009（3）：369-377.

［208］童玉芬．中国农村劳动力非农化转移规模估算及其变动过程分析［J］．人口研究，2010（5）：68-75.

［209］王春超．收入波动中的中国农户就业决策——基于湖北省农户调查的实证研究［J］．中国农村经济，2007（3）：48-57.

［210］王林辉，袁礼．资本错配会诱发全要素生产率损失吗［J］．统计研究，2014（8）：11-18.

［211］王亚辉，李秀彬，辛良杰，谈明洪，蒋敏．中国土地流转的区域差异及其影响因素——基于 2003—2013 年农村固定观察点数据［J］．地理学报，2018（3）：487-502．

［212］王翌秋，陈玉珠．劳动力外出务工对农户种植结构的影响研究——基于江苏和河南的调查数据［J］．农业经济问题，2016（2）：41-48．

［213］王兆林，杨庆媛，张佰林，藏波．户籍制度改革中农户土地退出意愿及其影响因素分析［J］．中国农村经济，2011（11）：49-61．

［214］王子成．外出务工、汇款对农户家庭收入的影响——来自中国综合社会调查的证据［J］．中国农村经济，2012（4）：4-14．

［215］温忠麟，张雷，侯杰泰，刘红云．中介效应检验程序及其应用［J］．心理学报，2004（5）：614-620．

［216］文红星，韩星．非农就业如何影响农村居民家庭消费——基于总量与结构视角［J］．中国农村观察，2018（3）：91-109．

［217］伍山林．农业劳动力流动对中国经济增长的贡献［J］．经济研究，2016（2）：97-110．

［218］项继权，周长友．"新三农"问题的演变与政策选择［J］．中国农村经济，2017（10）：13-25．

［219］谢秋山，赵明．家庭劳动力配置、承包耕地数量与中国农民的土地处置——基于 CGSS2010 的实证分析［J］．软科学，2013（6）：59-63．

［220］徐家鹏．城镇就业风险、环境、条件与外出务工农村劳动力的逆向回流［J］．统计与信息论坛，2013（8）：84-90．

［221］许庆，章元．土地调整、地权稳定性与农民长期投资激励［J］．经济研究，2005（10）：59-69．

［222］许庆．技术效率、配置效率与中国的粮食生产——基于农户的微观实证研究［J］．人民论坛·学术前沿，2013（16）：84-95．

［223］闫小欢，霍学喜．农民就业、农村社会保障和土地流转——基于河南省 479 个农户调查的分析［J］．农业技术经济，2013（7）：34-44．

［224］闫振宇，霍学喜．中国低效苹果园改造现状、效果及建议［J］．林业经济问题，2014，34（3）：262-267．

［225］杨进，钟甫宁，陈志钢，彭超．农村劳动力价格、人口结构变化对粮食种植结构的影响［J］．管理世界，2016（1）：78-87．

［226］杨照，栾义君．粮食安全条件下我国农产品消费的"三元结构"［J］．改革，2014（9）：61-66．

［227］姚洋．小农经济完全过时了吗［N］．北京日报，2017-03-06．

［228］姚毓春，袁礼，董直庆．劳动力与资本错配效应：来自十九个行业的经验证据［J］．经济学动态，2014（6）：69-77.

［229］叶剑平，蒋妍，丰雷．中国农村土地流转市场的调查研究——基于2005年17省调查的分析和建议［J］．中国农村观察，2006（4）：48-55.

［230］易小燕，陈印军．农户转入耕地及其"非粮化"种植行为与规模的影响因素分析——基于浙江、河北两省的农户调查数据［J］．中国农村观察，2010（6）：2-10.

［231］袁航，段鹏飞，刘景景．关于农业效率对农户农地流转行为影响争议的一个解答——基于农户模型（AHM）与CFPS数据的分析［J］．农业技术经济，2018（10）：4-16.

［232］袁志刚，解栋栋．中国劳动力错配对TFP的影响分析［J］．经济研究，2011（7）：4-17.

［233］张琛，孔祥智．农民专业合作社成长演化机制分析——基于组织生态学视角［J］．中国农村观察，2018（3）：128-144.

［234］张琛，彭超，孔祥智．农户分化的演化逻辑、历史演变与未来展望［J］．改革，2019（2）：5-16.

［235］张琛，彭超，孔祥智．中国农户收入极化的趋势与分解——来自全国农村固定观察点的证据［J］．劳动经济研究，2019（2）：21-41.

［236］张琛，周振，孔祥智．撤县（市）设区与农村劳动力转移——来自江苏省的经验证据［J］．农业技术经济，2017（7）：18-30.

［237］张璟，程郁，郑风田．市场化进程中农户兼业对其土地转出选择的影响研究［J］．中国软科学，2016（3）：1-12.

［238］张乐，曹静．中国农业全要素生产率增长：配置效率变化的引入——基于随机前沿生产函数法的实证分析［J］．中国农村经济，2013（3）：4-15.

［239］张雄，张安录，邓超．土地资源错配及经济效率损失研究［J］．中国人口·资源与环境，2017（3）：170-176.

［240］张学敏，刘惠君．离农农民退出承包地影响因素分析——基于河南、湖南、四川和重庆1086农户的实证研究［J］．西部论坛，2013（2）：1-10.

［241］张永丽．农户劳动力资源配置及其对农业发展的影响——我国西部地区8个样本村的调查与分析［J］．农业技术经济，2009（2）：4-16.

［242］张云华，彭超，张琛．氮元素施用与农户粮食生产效率——来自全国农村固定观察点数据的证据［J］．管理世界，2019（4）：109-119.

［243］赵小风，黄贤金．基于分层视角的工业用地集约利用机理研究以江苏省为例［M］．北京：科学出版社，2012.

［244］郑兴明，吴锦程．基于风险厌恶的农户弃耕撂荒行为及其影响因素分析——以福建省农户调查为例［J］．东南学术，2013（1）：89-96．

［245］中共中央政策研究室农业部农村固定观察点办公室．农户收入结构变动分析［J］．中国农村观察，1997（6）：2-7．

［246］中国社会科学院农村发展所．农村经济绿皮书：2000~2001中国农村经济形势分析与预测［M］．北京：社会科学文献出版社，2002．

［247］钟甫宁，纪月清．土地产权、非农就业机会与农户农业生产投资［J］．经济研究，2009（12）：43-51．

［248］钟甫宁，刘顺飞．中国水稻生产布局变动分析［J］．中国农村经济，2007（9）：39-44．

［249］钟甫宁，陆五一，徐志刚．农村劳动力外出务工不利于粮食生产吗？——对农户要素替代与种植结构调整行为及约束条件的解析［J］．中国农村经济，2016（7）：36-47．

［250］钟太洋，黄贤金．非农就业对农户种植多样性的影响：以江苏省泰兴市和宿豫区为例［J］．自然资源学报，2012（2）：187-195．

［251］周振．农业机械化与中国粮食生产［D］．北京：中国人民大学，2016．

［252］周振，马庆超，孔祥智．农业机械化对农村劳动力转移贡献的量化研究［J］．农业技术经济，2016（2）：52-62．

［253］周振，孔祥智．资产专用性、谈判实力与农业产业化组织利益分配——基于农民合作社的多案例研究［J］．中国软科学，2017（7）：28-41．

［254］朱喜，史清华，盖庆恩．要素配置扭曲与农业全要素生产率［J］．经济研究，2011（5）：86-98．